LA DOUANE CAMEROUNAISE À L'ÈRE DE LA FACILITATION DES ÉCHANGES COMMERCIAUX

Droits africains et malgache
Collection dirigée par Magloire ONDOA

La collection « Droits africains et malgache » accueille les travaux de chercheurs, enseignants et étudiants, ou praticiens, soucieux de contribuer à cette œuvre de réconciliation du droit en vigueur avec le droit étudié, d'une part ; de l'autre, d'élimination de la distance séparant les citoyens africains de leurs droits vivants, c'est-à-dire, ceux qui leur sont effectivement appliqués.

Déjà parus

Joseph OWONA, *Le contentieux administratif de la République du Cameroun*, 2011.
Joseph OWONA, *La décentralisation camerounaise*, 2011.
Joseph OWONA, *Droit de la fonction publique camerounaise*, 2011.
Anicet ABAN ATANGANA, *Administration fiscale et contribuable au Cameroun*, 2010.

Gustave NGUEDA NDIEFOUO

LA DOUANE CAMEROUNAISE À L'ÈRE DE LA FACILITATION DES ÉCHANGES COMMERCIAUX

Préface de Magloire Ondoa

Avant-propos de Jean Nkuete

L'Harmattan

5-7, rue de l'Ecole-Polytechnique, 75005 Paris

http://www.librairieharmattan.com
diffusion.harmattan@wanadoo.fr
harmattan1@wanadoo.fr

ISBN : 978-2-296-55422-1
EAN : 9782296554221

PRÉFACE

Prendre la parole publique pour s'exprimer sur la douane camerounaise, est lourd de significations et de risques. Le sujet se trouve au cœur du débat ; il suscite des passions. Sans être tabou, il relève de ceux qui exigent courage, lucidité et expertise.

Depuis longtemps, son organisation et son fonctionnement nourrissent des pratiques répréhensibles qui désorientent les usagers, tout en suscitant leur ire. Importateurs et exportateurs, grands et moins grands, professionnels et occasionnels, égrènent à son égard un chapelet de récriminations. Selon eux, précieux outil de développement, la douane camerounaise obstrue les chemins y conduisant : opacité des mécanismes, procédures longues et tracassières, coûts prohibitifs des opérations de dédouanement, facturations à la "tête du client", non-respect des règles établies, etc. Elle souffre, comme tous les "collecteurs d'impôts" évoqués dans la Bible, d'une désaffection psychologique. Celle-ci empêche de percevoir, d'appréhender et de reconnaître les efforts fournis en vue de l'amélioration de la qualité de ses prestations, alors que ceux-ci sont de plus en plus évidents, et par exemple, attestés par l'instauration d'un guichet unique.

S'imposait par conséquent, le besoin de réconcilier la douane camerounaise avec le public et les usagers. Les assurances, réformes, informations et éclairages apportés à cet effet par les responsables du ministère chargé des Finances ou, plus directement, ceux de la direction générale des Douanes se perdent dans les profondeurs du scepticisme populaire et de la défiance générale. Le discours officiel, sans doute pertinent, mais toujours suspect de masquer la réalité, peine à convaincre, tant les maux décriés, bien que combattus, tardent à disparaître ou résistent au changement. Il demandait et même implorait un renfort spontané, libre et averti des nuances et complexités du sujet.

Qui d'autre, sinon un inspecteur principal des douanes, enrichi par de nombreuses années d'expérience professionnelle, formé à la rigueur et à l'ingéniosité du juriste publiciste et possédant son métier, pour l'avoir pratiqué dans ses aspects les plus délicats, pouvait donc venir au secours de ce discours, afin de lui apporter un supplément de crédibilité ? Une crédibilité fondée sur la nature scientifique de l'argumentation développée, autant que sur la sobriété de l'analyse, celle-ci se bornant à la réalisation de constats vérifiables et avérés ; une crédibilité confortée par le ton neutre, froid, insensible et rassurant de l'auteur, ainsi que par son détachement et son orientation non militante.

La douane camerounaise en avait besoin ; et c'est fort du profil requis que **M. Gustave NGUEDA NDIEFOUO** réussit ce pari. Le mérite revient en effet à l'auteur, de montrer que malgré les apparences, apperceptions et critiques, la douane camerounaise se modernise, en s'arrimant aux exigences de transmutation résultant elles-mêmes des transformations de la société internationale. La célébration de l'action nationale, c'est-à-dire, celle liée au besoin des autorités locales de réconcilier la douane camerounaise avec les usagers, indiffère l'auteur. Non point que cette action n'existe pas ; mais seulement, elle ne rentre pas fondamentalement dans le propos. L'auteur la laisse seulement subodorer, à travers la description des actes étatiques posés en vue de l'alignement de la douane camerounaise, sur les objectifs de facilitation des échanges commerciaux. L'option est fine qui, au surplus, anesthésie le reproche de chantre et ajoute à la crédibilité et à la scientificité de l'analyse ou des conclusions avancées.

Peut-être justifie-t-elle également, que l'auteur évite la polémique à laquelle aurait forcément conduit l'appréciation des résultats des opérations entreprises. Le souci de s'épargner ce risque, a naturellement incliné **M. Gustave NGUEDA NDIEFOUO** à différer cet aspect de son travail. Même repoussé à un proche avenir, celui-ci se montre certain. Indispensable à la réflexion, il devra compléter l'ouvrage qui revendique pour l'instant une admirable modestie. Son objet la découvre : restituer les procédés et procédures mis à contribution, en vue de moderniser la douane camerounaise, en la mettant en harmonie avec les objectifs de facilitation des échanges commerciaux.

En clair, selon l'auteur, la douane camerounaise change ; et beaucoup est fait pour qu'elle change profondément. Les sources de l'entreprise engagée à cet effet sont internationales. Elles résultent de l'unipolarisation de la société internationale, consécutive à la chute du mur de Berlin, à la dislocation de l'Union des Républiques Socialistes Soviétiques et à l'effondrement du bloc de l'Est. Loin de se confiner dans ses aspects politiques initiaux, elle a impacté l'ensemble des secteurs de la vie internationale et de l'État, en particulier, ceux relatifs aux échanges commerciaux de ce dernier. Elle affirme ainsi son lien de solidarité avec la création en 1994, de l'Organisation mondiale du commerce (OMC), dont le cycle de Doha exprime les ambitions de facilitation des échanges, ou même des organisations sous-régionales, à l'instar de la Communauté économique et monétaire de l'Afrique centrale (CEMAC). Chacune de ces institutions internationales, dans son champ géographique de compétence et dans le cadre de ses attributions et missions, contribue en effet à la réalisation de cet objectif ; car elle élabore des règles de fond et de procédure devant régir les échanges commerciaux de ses membres.

Les États leur donnent corps au plan national. Dans cet ordre de préoccupations, s'inscrit le mouvement de « **déréglementation** » imprimé à la douane camerounaise. Il conduit à l'abandon du Programme général des échanges qui matérialisait la politique nationale de contingentement, et à l'alignement, avec la contribution de l'Organisation mondiale des douanes, sur une véritable politique commune de facilitation des échanges commerciaux. Celle-ci postule la rationalisation et la simplification des procédures relatives au commerce international. En termes plus concrets, elle vise la réduction du temps et des coûts de passage des marchandises en douane.

C'est la restitution des actions mises en œuvre au Cameroun, en vue de la réalisation de cet objectif, qui occupe et préoccupe **M. Gustave NGUEDA NDIEFOUO**, en première approximation. Il les décrit avec rigueur. Il en dresse une peinture non clinique, en évoquant des faits et actes dans le style et avec l'autorité d'un véritable exégète de la douane. Et comme tout exégète, il adopte une démarche pluridisciplinaire qui l'amène à recourir tour à tour au droit, à la statistique et à la sociologie.

Que ceux qui pourraient reprocher à l'auteur son approche descriptive se rassurent : cette approche impose sa nécessité en tant que socle d'une réflexion plus profonde. Elle mature, en effet, la question fondamentale de la redéfinition des missions de la douane, en cette période de mondialisation. Avec subtilité, l'auteur l'infiltre dans son propos ; car au fond, derrière les développements consacrés aux opérations en cause, se dissimule une question essentielle : la douane camerounaise peut-elle et doit-elle s'arc-bouter sur ses missions fiscale, économique et de surveillance ?

Celles-ci ne doivent-elles pas subir une purge d'adaptation, ou s'imposer une mutation fondamentale, destinées à insuffler au couple douane-mondialisation, une harmonie idéologique ? L'antinomie philosophique qu'il donne à voir ou inspire, affecte en effet l'objectif de réduction du temps et des coûts de passage des marchandises au port, d'un fort coefficient de modestie, par rapport aux enjeux. Dans son essence, la douane initiale rime en effet avec protectionnisme et contingentement ; or, la mondialisation s'accommode peu ou mal de cette approche et commande son évolution. Dans ces conditions et ce contexte, le confinement de la réforme exigée, demandée ou même quémandée, dans la simple réduction du temps et des coûts de passage des marchandises, même conduite à bon port, ne prend-il pas les allures d'une réformette ? La mondialisation n'appelle-t-elle pas la suppression ou la refondation complète de l'institution douanière ? Dans le même temps, l'alignement servile ou aveugle sur ses exigences philosophiques et idéologiques, ne sonnera-t-il pas le glas de l'État et le tocsin du libéralisme sauvage ?

La réponse réside sans doute dans la mesure et dans l'option de privilégier la solution la plus respectueuse du bien-être des citoyens. Elle n'est pas de conception, de formulation et de mise en œuvre aisées. Mais elle doit être recherchée, au risque d'abdiquer devant une question qui engage l'avenir de la nation tout entière. D'où la nécessité qu'elle soit de haute science conçue, formulée et implémentée.

C'est dire que, sans le mot, mais avec la conscience de la subtilité utilisée, l'auteur lance un débat citoyen, actuel et nécessaire. Quiconque, comme lui, aime la douane, croit en la douane camerounaise et a foi dans le Cameroun, devrait y participer. L'ouvrage de **M. Gustave NGUEDA NDIEFOUO** lui fournira à cet effet, de précieux repères.

Pr. ONDOA Magloire
Agrégé des Facultés de Droit
Professeur Titulaire à l'Université de Yaoundé II-Soa. (Cameroun)

AVANT-PROPOS

Le développement économique de nos pays repose fondamentalement sur la double dynamique interne et externe du processus de production installé. Leur équilibre interne, pour être stable, doit bénéficier du constant soutien de l'apport des échanges extérieurs qui constituent aussi un processus de production par voie indirecte ; lequel implique à son tour la transparence des principaux protagonistes intervenant dans la constitution et la répartition des résultats de cette dynamique, c'est-à-dire du revenu national. Il s'agit essentiellement des entreprises, des ménages et des administrations dont l'État. Ce dernier va représenter d'autant plus le centre de notre présentation qu'il constitue la base de l'objet de l'ouvrage que publie l'Inspecteur principal des douanes ***Gustave NGUEDA NDIEFOUO*** puisqu'il porte plus précisément sur ***La douane camerounaise à l'ère de la facilitation des échanges commerciaux***.

Comme l'État fonctionne sur la base des prélèvements effectués sur la manifestation des éléments du revenu national, l'importance et l'actualité de l'ouvrage de ***Gustave NGUEDA*** dont j'ai le plaisir d'écrire l'avant-propos ne sont plus à démontrer. Elles traduisent en effet l'intérêt grandissant que la maîtrise par le public des mécanismes de gestion des finances publiques suscite chez certains professionnels de la même matière qui n'hésitent fort heureusement pas à prendre la plume pour répondre positivement au désir exprimé.

Gustave NGUEDA détaille dans un volumineux ouvrage ramassé en trois parties principales, les différentes actions conduites par le ministère des Finances pour organiser le bon fonctionnement de la douane dans le but d'une plus grande facilitation des échanges commerciaux.

Le sujet est d'autant bien venu qu'il constitue à l'heure actuelle une très grande préoccupation des administrations douanières situées elles-mêmes dans un contexte mondial marqué par la volonté collective regroupée au sein de l'OMC de démanteler tous les obstacles au commerce international.

Organisé comme je l'ai relevé ci-dessus de manière suffisamment détaillée pour illustrer les différentes problématiques en dégager les limites et proposer des solutions, l'ouvrage que ***Gustave NGUEDA*** publie a donc le mérite de mettre en évidence l'essentiel des grandes articulations de cette politique développée par le gouvernement camerounais et dont l'appropriation par les services de la douane progresse de manière remarquable.

Bref, avec la mise en place des institutions destinées à accompagner efficacement le processus de facilitation, des adaptations institutionnelles, technologiques et logistiques, des instruments juridiques spécifiques destinés au même but, on peut dire que la douane camerounaise est entrée dans l'ère de sa métamorphose pour devenir un instrument moderne, performant et compatible avec l'évolution accélérée du monde. Il assure en même temps à l'économie nationale une meilleure compétitivité qui préserve son caractère de moteur de la croissance au sein de la sous-région de l'Afrique centrale.

Il reste à relever que cet ouvrage n'est pas une construction théorique ou une analyse critique stérile des mécanismes douaniers au Cameroun. Son caractère beaucoup plus descriptif et le vide qu'il comble dans la maîtrise, par le public, des mécanismes douaniers essentiels qui sont un document destiné au grand public et plus particulièrement aux personnels des institutions financières, aux chercheurs, aux étudiants des grandes écoles et aux gestionnaires des entreprises privées et parapubliques.

En attendant l'accomplissement de ce réveil d'intérêt, il convient de reconnaître le mérite de ce précieux document qui demeure un appel au développement et à la diversification de la recherche financière. A cet appel, je joins volontiers, comme par le passé, ma modeste voix, notre retard en la matière constituant une des grandes causes des difficultés du continent africain.

Jean NKUETE

Vice Premier Ministre, Ministre de l'Agriculture et du Développement Rural,
Ancien secrétaire exécutif de la CEMAC.

LISTE DES ABRÉVIATIONS

ANOR :	Agence des normes et de la qualité
AVD :	Attestation de vérification documentaire
AVI :	Attestation de vérification à l'importation
BDT :	Bordereau de taxation
CAD :	Commissionnaire agrée en douane
CEMAC :	Communauté économique et monétaire d'Afrique centrale
CIVIO :	Contrôle d'identification des véhicules importés d'occasion,
CNCC :	Conseil national des chargeurs du Cameroun
CNUCED :	Conférence des nations unies pour le commerce et le développement
CRAD :	Comité de réformes de l'administration des douanes
DI :	Déclaration d'importation,
DIT :	Douala international terminal
GICAM :	Groupement inter patronal du Cameroun
GPAC :	Groupement professionnel des acconiers du Cameroun,
GUCE :	Guichet unique des opérations du commerce extérieur
OCDE :	Organisation de coopération et de développement économique
OMC :	Organisation mondiale du commerce
OMD :	Organisation mondiale des douanes
OMI :	Organisation maritime internationale,
PAD :	Port autonome de Douala
PAGODE :	Procédure automatisée de gestion des opérations de la douane et du commerce extérieur,
PGE :	Programme général des échanges
PUC :	Point unique de contrôle
SGS :	Société générale de surveillance
SYDONIA	Système douanier automatisé

INTRODUCTION

I- L'exigence d'orientation vers la facilitation

L'histoire du commerce international depuis la révolution industrielle du 18e siècle, a toujours été dominée par l'affrontement et la confrontation permanents entre le protectionnisme et le libre-échange. La plupart des États ont toujours élaboré et appliqué une politique protectionniste bien structurée. À cet effet, ils ont édicté des mesures et des mécanismes visant à protéger leur marché intérieur de la concurrence étrangère en mettant en place un véritable dispositif législatif et réglementaire de prohibitions.

Le commerce international est resté très longtemps soumis à de nombreuses barrières tarifaires et non tarifaires qui ont freiné son expansion. Fort du constat qu'aucun État ne dispose de toutes les ressources naturelles et ne peut s'auto suffire, la nécessité d'échanger et de commercer avec les autres États s'est imposée d'elle-même. Cette réalité incontournable a conduit chaque État à élaborer une politique de libre-échange encadrée et d'ouverture contrôlée au commerce international.

Cette prise de conscience collective des États de leur interdépendance multiforme et multisectorielle a conduit à définir et à promouvoir une véritable politique commune de libre-échange matérialisée par des règles précises et des procédures bien définies. L'avènement du GATT[1] puis de l'OMC[2] sont la traduction institutionnelle de cette volonté collective.

Héritière des pratiques commerciales protectionnistes, la douane a joué un rôle essentiel et déterminant dans la mise en œuvre et la consolidation de cette politique. De par sa position privilégiée aux frontières, la douane peut entraver ou bloquer les échanges commerciaux avec un pays donné. Ce rôle est fortement tributaire de la politique que chaque État ou gouvernement veut implémenter à un moment donné. Ce rôle est donc marqué par son caractère variable et contextuel.

---

[1] General Agreement on Tariffs and Trade, premier Accord régissant le commerce international.

[2] Organisation mondiale du commerce.

Dans un passé récent et jusqu'en 1994, la politique du commerce extérieur du Cameroun était élaborée et définie annuellement dans un document désigné Programme général des échanges.

Le programme général des échanges était du seul fait de son existence une limitation des échanges commerciaux du Cameroun à travers une politique de contingentement bien articulée. Ce document consacrait en son temps une quadruple classification des produits à l'importation notamment les produits libérés, les produits sensibles (ciment, allumettes, tissus), les produits jumelés et les produits simplement réglementés.

À l'exportation, le programme général des échanges mettait en place une triple classification : les produits contingentés, les produits libérés et les produits contrôlés.

Globalement, l'importateur ou l'exportateur devait obtenir, selon le cas, une autorisation d'importer ou d'exporter du ministre du Commerce. Dans le prolongement de celle-ci, il devait faire une demande en vue de l'obtention d'une licence en bonne et due forme. Cette licence mentionnait limitativement les quantités à importer, la position et l'espèce tarifaires et le délai de validité qui variait de 4 à 9 mois.

Pour les exportations, l'agrément en qualité d'exportateur devait être obtenu préalablement chaque année ou renouvelé selon le cas. S'agissant des produits contingentés et contrôlés, chaque opération d'exportation était soumise de surcroît à une autorisation spécifique.

Toutes ces formalités rigides et préalables, en amont de l'importation proprement dite ou de l'exportation, généraient de façon certaine des délais et des lenteurs répétitives de nature à émousser l'ardeur d'un opérateur économique peu engagé.

À la fin des années 1990, à cause de la dislocation de l'Union des républiques socialistes soviétiques (URSS), noyau dur du socialisme, et consécutivement à la fin de la guerre froide, le commerce international a connu une évolution et une accélération exponentielles avec une nouvelle philosophie des échanges marquée par un profond mouvement de libéralisation et de déréglementation. Le passage quasi généralisé du régime de la licence d'importation à celui de la simple déclaration d'importation dans les pays en voie de développement en est la matérialisation documentaire la plus visible et tangible.

Cette nouvelle vision axée sur le démantèlement des entraves et des barrières de toute sorte au commerce mondial a connu sa pleine consécration institutionnelle avec la création en 1994 de l'Organisation mondiale du commerce[3]. Cette organisation regroupe aujourd'hui plus de 150 pays à travers le monde y compris ceux de l'ancien bloc socialiste.

Son rôle principal est de promouvoir le commerce international en élaborant des règles équitables, des procédures harmonisées pour l'ensemble des pays membres ; de jouer le rôle d'arbitre ou de régulateur en cas de litiges ou obstacles liés au commerce. Dans le cadre du cycle de Doha, les membres de l'OMC négocient en vue de parvenir à un accord sur la facilitation des échanges.

Ce mouvement international de déréglementation a poussé toutes les administrations des douanes du monde à une adaptation conséquente à cette politique du *laisser importer* ou du *laisser exporter* sous l'impulsion croisée de l'Organisation mondiale des douanes, de l'Organisation mondiale du commerce et des pays concernés pris individuellement ou dans le cadre d'une Organisation communautaire à vocation économique et monétaire telle la CEMAC pour le Cameroun.

Dans ce monde désormais unipolaire, il n'existait plus la peur de voir des produits technologiques occidentaux de haute facture tomber entre « les mains ennemies » et d'être éventuellement une arme redoutable. Ce phénomène s'est amplifié, chose impensable avant 1990, avec les délocalisations de certaines industries importantes tant américaines qu'européennes vers des anciens pays du bloc communiste ou socialiste.

En raison de ces mutations profondes, il est vite devenu impératif de transposer ces nouvelles pratiques dans la réalité juridique du commerce mondial. Il s'est avéré nécessaire au niveau de l'ensemble des douanes du monde, individuellement considérées et sous la houlette de l'Organisation mondiale des douanes, d'élaborer puis d'adopter une véritable politique commune de facilitation des échanges commerciaux ou du commerce international, terme composé qui constitue son substitut sémantique.

La facilitation des échanges se décline en la rationalisation et la simplification des procédures relatives au commerce afin de favoriser et d'accélérer les flux commerciaux aux niveaux national, régional et international en vue de réduire progressivement le temps de passage des marchandises et des coûts y relatifs.

---

[3] L'Organisation mondiale du commerce (OMC) a vu le jour sur les cendres du GATT, son précurseur immédiat.

Cet objectif ne peut être réalisé que par le démantèlement de toutes les entraves, facteurs de coûts additionnels ou de surcoûts dans ce processus. Il est donc impératif, en dehors de l'allègement des procédures, d'éliminer les multiples points de contrôle informels existants dans le cadre de l'enlèvement des marchandises du port de Douala. « *À titre d'illustration, un véhicule régulièrement dédouané devait franchir entre le parc automobile et la guérite quelques huit points de contrôle dont la pertinence restait toujours à démontrer* »[4].

À cet effet, selon l'OCDE, « *les coûts liés aux procédures peuvent représenter jusqu'à 5% du coût total d'une transaction commerciale. Réduire ces coûts permettrait d'économiser environ 300 milliards de F CFA par an, qui pèsent essentiellement sur des petites et moyennes entreprises et sur les intermédiaires des pays en développement* ».

Le développement du commerce international nécessite en effet, d'assurer plus vite et à moindre coût le dédouanement des marchandises. Les enjeux attachés à la facilitation des échanges sont multiples et variables en fonction des différents acteurs du commerce international et des États. Le Cameroun est un exemple type de pays en développement concerné par les enjeux de la facilitation des échanges compte tenu de sa position géographique privilégiée en Afrique centrale. D'une manière générale, cette démarche vise à :

- alléger l'ensemble des procédures ;
- réduire le temps de passage des marchandises dans les places portuaires et aéroportuaires ;
- réduire les coûts de dédouanement ;
- favoriser une meilleure compétitivité de l'économie nationale ;
- rationaliser les contrôles douaniers ;
- inciter et promouvoir l'utilisation tous azimuts des TIC[5] ;
- assurer la croissance des échanges.

Afin de suivre ce mouvement global et irréversible résumé dans le terme Facilitation, la douane camerounaise se doit d'impulser une véritable politique de réduction des délais de passage des marchandises

---

[4] Marcellin DJEUWO, « Le dispositif de facilitation des opérations du commerce extérieur au port de Douala : Fondements, bilan et perspectives » in *Revue des douanes camerounaises*, n°19, mars 2005, p.43.

[5] Technologies de l'information et de la communication.

sur la place portuaire de Douala en ramenant les délais actuels de 19 jours à 3 jours de façon progressive et décisive.

Il en découle que la problématique de la facilitation des échanges commerciaux au niveau de la douane camerounaise se décline en une double exigence à savoir, l'allégement de l'ensemble des procédures à travers des mesures et réformes appropriées d'une part, et la pleine consécration des délais, de la culture de la célérité dans le dédouanement des marchandises, tous modes de transport confondus comme objectif formel, quantifiable et mesurable à atteindre d'autre part.

Il s'agit, en d'autres termes, de mettre en œuvre toutes les mesures adéquates pour réduire au maximum le coût global d'une opération de dédouanement ou d'une transaction commerciale donnée dans sa globalité en évitant autant que possible tout surcoût additionnel résultant d'un séjour prolongé des marchandises dans les zones portuaires ou aéroportuaires.

Sur une plus grande échelle, il est question de mettre en place une véritable politique de réduction de l'ensemble des coûts directs et indirects liés au dédouanement des marchandises tant à l'importation qu'à l'exportation. Cette politique a également pour corollaire la conciliation des contrôles douaniers avec les mécanismes de la facilitation.

Sous un autre angle, il s'agit de trouver une combinaison harmonieuse entre les contraintes de l'allègement des procédures, de la réduction du temps de passage des marchandises et celles de la juste perception des droits et taxes de douane. Autrement dit, il est question de trouver l'équilibre entre la facilitation des échanges et les exigences permanentes de lutte contre la fraude et la contrebande.

La facilitation, c'est également se défocaliser des missions fiscale, économique et de surveillance de la douane pour consacrer une nouvelle vision des échanges, une nouvelle mission résultant des exigences de célérité attachées consubstantiellement à l'évolution exponentielle du commerce international. En effet, il faut éviter l'engorgement ou la paralysie des places portuaires et aéroportuaires en adaptant la vitesse des importations des marchandises à celle de leur dédouanement et de leur enlèvement. Il convient dès lors de prendre résolument l'option d'un dédouanement plus rapide et accéléré.

Car il est établi que « *l'autre source qui affecte la compétitivité des ports africains face aux autres ports du monde, réside dans la lenteur des procédures administratives préalables à l'enlèvement des marchandises, d' une part, et d'autre part, aux "faux frais" liés à l'acheminement des cargaisons en provenance ou à destination des pays de l'hinterland* »[6].

S'agissant particulièrement du port de Douala, « *il était difficile de comprendre qu'une marchandise ayant fait le trajet de l'Europe à Douala, en deux semaines, pouvait attendre jusqu'à trente jours avant de franchir la guérite du port. Ces délais étaient en partie dus à des procédures longues et harassantes* »[7].

Ce constat est relayé par la Banque mondiale dans le cadre d'une étude globale concernant l'Afrique en ces termes : « *Le temps moyen de passage des marchandises en Douane en Afrique est de 10,1 jours contre 2,1 jours pour les pays de l'OCDE, ce qui représente un surcoût de près de 8,1 % de la valeur totale de la transaction* ».

En raison des nombreux enjeux de la facilitation, la douane camerounaise se doit résolument d'entrer dans cette nouvelle ère du monde contemporain et du 21e siècle.

Au regard de ce qui précède, la facilitation apparaît fondamentalement comme un processus à inscrire dans le moyen et le long termes. Par ailleurs, elle induit dans son principe et pour son plein succès, la pluralité, une pluralité agissante, c'est-à-dire l'implication simultanée de l'ensemble des acteurs de la chaîne de dédouanement. Elle nécessite donc des adaptations aussi bien institutionnelles que normatives de tous les maillons de ladite chaîne.

Cet objectif ne peut être poursuivi individuellement et uniquement par la seule administration des douanes, tel un cavalier solitaire. La facilitation rend aussi nécessaire la modernisation des équipements d'inspection, de transport et de manutention des marchandises. Elle est donc pluridimensionnelle.

Dans la même lancée, la facilitation nécessite l'adoption par toute la chaîne de dédouanement des nouvelles technologies de l'information et de la communication. En effet, il s'agit de promouvoir une synergie collective de la célérité pour faire face aux évolutions technologiques

---

6 « Les ports africains : Principales mutations de l'époque coloniale à ce jour » in *Dynamique Portuaire*, n°3, avril 2010, p.38.

7 Marcellin DJEUWO, Op cit., p.43.

fulgurantes et aux nouvelles formes du commerce, notamment le e-commerce.

II- La préparation de la réforme vers la facilitation : le CRAD

La prise de conscience des multiples enjeux liés à la facilitation des échanges commerciaux mis en évidence dans les développements précédents, a conduit le gouvernement camerounais à prendre l'option ferme et résolue de réformer en profondeur les services des douanes. Cette option formelle a reçu le fort soutien de certains bailleurs de fonds notamment les institutions de Bretton Woods[8] et l'Union européenne (UE). Sur le plan local, elle a trouvé l'appui et l'adhésion des professions maritimes et des milieux d'affaires. Par ailleurs, ils ont été associés de façon permanente aux travaux et réflexions liés à cette réforme.

La volonté gouvernementale de réformer l'administration des douanes, surtout ses services opérationnels afin de mieux les préparer à la facilitation, s'est matérialisée par la création d'un support institutionnel entièrement consacré à cet objectif notamment le comité de réformes de l'administration des douanes (CRAD).

Cette institution de préparation à la facilitation du commerce extérieur a été créée par décision n°35/MINEFI/ du 14/09/1999 afin de mettre l'administration des douanes en phase avec cette nouvelle exigence du commerce international mais également de la rendre plus performante et efficace.

Dès sa création, le CRAD s'est vu assigner des objectifs précis dans le cadre d'un plan bien structuré notamment :

1. Simplifier les procédures et rationaliser les contrôles ;
2. Moderniser les services et les systèmes informatiques ;
3. Améliorer le système de suivi et de contrôle des exonérations et des régimes suspensifs ;
4. Assurer la protection de l'espace économique ;
5. Définir une politique de recrutement, de formation et de déploiement du personnel ;
6. Apporter des améliorations à l'environnement du travail et à l'éthique professionnelle du personnel ;

[8] Il s'agit du couple Banque mondiale (BM) / Fonds monétaire international (FMI).

7. Étudier et mettre en place des moyens efficaces de lutte contre la fraude et la contrebande.

Pour atteindre pleinement ces objectifs, il est vite apparu nécessaire de créer des démembrements spécialisés au sein du CRAD. À cet effet, par décision n°0288/MINEFI/CAB du 24/01/2002, quatre commissions techniques ont été mises en place à l'intérieur du CRAD pour mieux asseoir et cerner tous les contours de la réforme envisagée. Ces quatre commissions techniques étaient constituées de :

1. La commission technique en charge de l'organisation des procédures, de la formation et de l'information, également appelée commission technique n° 1 ;

2. La commission technique en charge des services et du système informatiques, commission technique n°2 ;

3. La commission technique en charge de la sécurité, de la fraude et de la contrebande, commission technique n°3 ;

4. La commission technique en charge des infrastructures et des équipements, Commission technique n°4 ;

Pour des raisons tenant essentiellement à l'efficacité, chaque commission technique a été spécialisée à un aspect bien précis de la réforme douanière. Car toute réforme d'une institution s'inscrit dans le cadre de l'amélioration de son organisation et de son fonctionnement à travers la correction de certains dysfonctionnements et insuffisances bien identifiés à l'avance dans le cadre d'un diagnostic préalable. C'est ainsi que « *dès 1990, le gouvernement a commandé plusieurs audits sur le fonctionnement de l'administration des douanes. Ces études ont abouti en 1996 à l'adoption par les pouvoirs publics d'un plan de modernisation et de réhabilitation des douanes camerounaises* »[9].

La commission technique n°1 s'est attelée à la dimension institutionnelle de la réforme et aux procédures. Par contre, la commission technique n°2 s'est consacrée à la sécurisation de PAGODE puis à l'adoption et à la migration vers SYDONIA, nouvel outil informatique plus performant et moderne.

En complément au champ d'action de ces deux commissions, la commission technique n°3 a centré son travail sur l'élaboration d'un plan

[9] Rapport général du comité de réformes de l'administration des douanes (CRAD), année 2004, p.6.

de lutte contre la fraude et la contrebande au regard des exigences nouvelles de la facilitation des mesures de sûreté et de sécurisation des marchandises dans les zones portuaire et aéroportuaire.

Enfin, la commission technique n°4 s'est chargée, exclusion faite du matériel informatique, de la définition d'un véritable plan d'acquisition des moyens modernes de communication, de locomotion et des moyens logistiques nécessaires à l'accomplissement efficace de la mission de surveillance et une meilleure prise en charge des marchandises.

Au terme de leurs travaux, ces commissions ont formulé des recommandations à l'attention du gouvernement sur la réforme de la douane. Elles sont contenues dans le rapport général du CRAD[10]. L'application progressive des actions et mesures issues de ces recommandations surtout celles classées prioritaires dans le plan stratégique adopté en 2003, a contribué à jeter les premiers jalons visibles du remodelage pluridimensionnel des services opérationnels de la douane.

Les données statistiques indiquent avec constance que plus de 95 % des importations et exportations du Cameroun se font par voie maritime et par le port de Douala. Par conséquent, le champ de notre travail sera essentiellement axé sur les importations réalisées via le port de Douala dans le cadre des mécanismes et procédures qui y ont cours. À titre subsidiaire, les exportations seront évoquées.

Sur une échelle plus grande, il est reconnu que « *le transport maritime est le principal vecteur du commerce international dont il assure plus de 90% des acheminements en tonnage* »[11]. Le continent africain n'échappe pas à cette réalité car *« en Afrique, le port, principale interface des différents modes de transport, est quasiment le passage obligé de la majeure partie des échanges internationaux qui s'effectuent à 90 % par voie maritime. Ici, le port joue un rôle encore plus déterminant dans le développement économique »*[12].

---

[10] Le Rapport général du CRAD a été élaboré puis adopté à Kribi en 2003 dans le cadre d'une plénière présidée par le ministre des Finances. Il définit de façon précise et exhaustive toutes les mesures et actions en vue de la mise en place d'une douane moderne et tournée vers la facilitation du commerce extérieur.

[11] Edwin ZIBI EBANGA, *Le Transport maritime en Afrique de l'Ouest et du Centre à l'aube du 3e millénaire,* MARK & CO ZICOM, mars 2008, p.12.

[12] « Réformes portuaires en Afrique : La part de responsabilité des gouvernements » in *Dynamique portuaire* n° 3, avril 2010, pp.12-13.

Sur le plan sous-régional, il importe de souligner que le Cameroun est de par sa position géographique une porte d'entrée de prédilection des importations de certains pays voisins tels le Tchad, la Centrafrique, la Guinée Équatoriale (partie continentale), le Congo (Nord) et même des pays plus éloignés tel le Soudan (partie méridionale). Il en découle qu'il faut assurer sans cesse une meilleure compétitivité du port de Douala à travers une politique globale de réduction des délais de passage des marchandises en transit et la promotion des prix plus attractifs et maîtrisés des différentes prestations portuaires afin de pérenniser le passage de ce flux de marchandises.

Pour mieux valoriser cette orientation vers une politique de facilitation des échanges commerciaux sur la place portuaire de Douala, nos développements seront centrés autour de trois grands axes notamment :

Première partie : **La réforme institutionnelle de la douane et les autres acteurs d'accompagnement de la facilitation**

Deuxième partie : **La modernisation des outils techniques de gestion de la douane liée à la facilitation**

Troisième partie : **Les instruments juridiques spécifiques d'appui à la facilitation**

PREMIÈRE PARTIE :

LA RÉFORME INSTITUTIONNELLE DE LA DOUANE ET LES AUTRES ACTEURS D'ACCOMPAGNEMENT DE LA FACILITATION

La douane a pour champ de prédilection le commerce international. Cette réalité recouvre un caractère mondial et invariable à travers le temps.

Le commerce international a connu au cours de ces dernières décennies une évolution marquée à la fois par l'accroissement du volume des marchandises et la réduction constante de la durée des voyages des navires marchands et par conséquent une vitesse accélérée des échanges commerciaux.

Si on s'en tient aux statistiques pour la période 2007, 2008 et 2009, on peut y voir la traduction chiffrée de cette évolution. En effet, il ressort qu'au cours des années visées en référence, le port de Douala a accueilli un volume constamment en hausse de marchandises importées au regard de leurs tonnages ainsi qu'il suit :

Périodes	**Quantités/ tonnes**
2007	3 560 223
2008	3 911 672
2009	3 955 433

Pour faire face à ce flux en croissance continue, la douane doit adapter ses procédures et ses moyens au mouvement irréversible du monde globalisé.

Le gouvernement camerounais a vite pris conscience de cette nécessité d'adaptation et de modernisation des services de la douane et mis en œuvre leur réforme institutionnelle au regard des exigences générales liées à la facilitation et celles propres à chaque acteur de la procédure de dédouanement.

Par ailleurs, pour conforter cette politique de facilitation des institutions nouvelles telles que le GUCE et le comité FAL, ont été créées à cet effet. Le remodelage institutionnel des services de la douane qui en est le résultat s'est accompagné d'une modernisation de ses principaux outils de gestion. Cependant, le succès de cette nouvelle orientation bien visible et structurée nécessite qu'elle soit partagée par tous les autres acteurs de la chaîne de dédouanement et de logistique.

CHAPITRE I :

LA CRÉATION D'INSTITUTIONS NOUVELLES CONSACRÉES À LA FACILITATION

L'avènement du Guichet unique des opérations du commerce extérieur (GUCE) s'inscrit dans le cadre de la politique de réduction des délais de passage des marchandises sur la place portuaire de Douala. Le guichet unique constitue un regroupement géographique sélectif et bien ciblé des principaux services opérationnels de la douane, des administrations et organismes directement impliqués dans la procédure de dédouanement.

Le GUCE est par essence le cadre institutionnel de la facilitation du commerce international au Cameroun. En effet, plus de 90 % des opérations de dédouanement tant à l'import qu'à l'export y sont traitées.

En dehors de cette institution nouvelle, vecteur par excellence de la facilitation, le gouvernement camerounais a également créé dans le but de consolider cette politique et cette orientation bien marquées, le comité FAL. Sa seule dénomination et son champ d'action en font la structure la plus spécialisée sur cette question au Cameroun.

Section I : Le Guichet unique des opérations du commerce extérieur : le regroupement de la facilitation

§1- Création, objectifs et composition

On ne peut mieux appréhender le GUCE qu'en s'appesantissant d'abord sur sa création et ses objectifs.

A- Création du GUCE

Le projet du GUCE a vu le jour dès 1999. Il résulte de la volonté du gouvernement camerounais appuyée par des groupements professionnels locaux et certains bailleurs de fonds, notamment l'Union européenne, de trouver une solution durable aux problèmes de délais très longs de dédouanement des marchandises tant à l'importation qu'à l'exportation.

À cet effet, toutes les parties prenantes ont convenu de trouver un site pour regrouper d'abord physiquement tous les services et organismes intervenant directement dans la procédure de dédouanement au port de Douala.

Le choix de toutes les parties associées s'est porté de façon unanime sur l'aile droite du complexe abritant le centre des affaires maritimes à Douala, au quartier Bonanjo à proximité du port. Les travaux d'aménagement et d'équipement des bureaux tous financés par l'Union européenne, ont été entrepris et menés à terme au bout d'un an.

Dès le 1er août 2000, le GUCE démarre ses activités avec l'achèvement du transfert effectif de tous les services retenus. Le GUCE a été l'un des premiers, sinon le premier, à devenir opérationnel en Afrique subsaharienne.

B- Les objectifs du GUCE

Le GUCE a été conçu pour accélérer le traitement des dossiers, en faisant en sorte que les documents passent le plus rapidement possible d'une entité à l'autre et que les temps morts liés aux démarches de portage d'un endroit à l'autre de la ville soient éliminés.

En effet, la dissémination des différents acteurs du commerce extérieur à travers la ville de Douala génère des temps morts. C'est pourquoi les objectifs spécifiques de cette institution se focalisent sur cette préoccupation. Ces objectifs sont ainsi énoncés à l'article 3 des statuts du GUCE :

- *« le regroupement physique et/ou virtuel des formalités relatives aux opérations d'import-export afin d'en faciliter le fonctionnement et réduire les délais, chaque intervenant y possédant une cellule où les formalités seront effectuées ;*

- *l'édition et la diffusion des documents ;*

- *l'édition et la diffusion des documents de déclaration des opérations du trafic maritime international du Cameroun en liaison avec les administrations et les opérateurs concernés ;*

- *la gestion d'un système informatique intégré destiné à la simplification des procédures de même que la maintenance des équipements y afférents ;*

- *Et plus généralement toutes opérations complémentaires ou connexes à l'objet social et susceptibles d'en améliorer l'effectivité et l'efficacité* ».

Par ailleurs, dès son démarrage, le GUCE s'est fixé comme objectif de ramener les délais de dédouanement à l'importation à 7 jours et 2 jours à l'exportation. Il est également nécessaire de souligner que l'évolution vers le GUCE électronique actuellement expérimenté permettra d'améliorer progressivement ces délais.

Au regard des statistiques actuelles, ces délais ont certes régressé en passant d'une moyenne de 30 jours, avant l'avènement du GUCE, à une moyenne actuelle de 17 jours. Des efforts importants restent à faire pour atteindre l'objectif initialement fixé.

C- Statut juridique et composition du GUCE

Conformément aux termes statutaires, le GUCE est un groupement d'intérêt économique régi par les articles 869-885 de l'Acte uniforme de l'Organisation pour l'harmonisation du droit des affaires en Afrique (OHADA) relatif aux droits des sociétés commerciales et aux Groupements d'intérêt économique.

Ce groupement comprend en son sein :

L'État du Cameroun conjointement représenté par :

- le ministre des Finances ;
- le ministre du Commerce ;
- le ministre des Transports d'une part,

et les organismes et organisations professionnels suivants :

- le Port autonome de Douala (PAD) représenté par son directeur général ;
- le Conseil national des chargeurs du Cameroun (CNCC) représenté par son directeur général ;
- la Chambre de commerce, d'industrie et des mines du Cameroun représentée par son directeur général ;
- le Groupement inter patronal du Cameroun (GICAM) représenté par son président ;
- l'Union des consignataires et armateurs du Cameroun (UCAM) représenté par son président ;
- le Syndicat des commissionnaires agréés en douane et transitaires du Cameroun représenté par son président ;
- le Syndicat des commerçants, importateurs et exportateurs du Cameroun (SCIEC) représenté par son président ;

- le Groupement des exportateurs du Cameroun (GEC) représenté par son président ;

- l'Association professionnelle des établissements de crédit du Cameroun (APECCAM) représenté par son président ;

- le Groupement des importateurs du Cameroun (GIC) représenté par son président ;

- le Syndicat national des transporteurs routiers du Cameroun représenté par son président ;

- l'Association bananière du Cameroun (ASSOBACAM) représentée par son président ;

- l'Association des sociétés d'assurance du Cameroun (ASAC) représentée par son président ;

- le Syndicat national des auxiliaires de transport et de transit (SYNAUTRATRA) représenté par son président, d'autre part.

À la seule observation, on peut constater ici la grande diversité des parties engagées et une grande représentation des organismes, groupements et syndicats directement liés au commerce extérieur du Cameroun. Cette composition plurielle apparaît comme le gage du succès du Guichet unique des opérations du commerce extérieur. Car toutes les préoccupations des différents acteurs y trouveront un cadre d'expression et de résolution.

§2- Les organes de gestion du GUCE

Le GUCE est administré par trois instances notamment l'assemblée générale (A), le conseil d'administration (B) et la direction générale (C).

A- L'assemblée générale

Elle est l'instance décisionnelle générale. À ce titre, elle arrête les grandes orientations en matière de procédure du commerce extérieur. De même, elle statue sur les rapports du commissaire aux comptes.

Par ailleurs, elle est également compétente dans l'examen des comptes sociaux et du bilan. L'assemblée générale est composée de l'État du Cameroun et de l'ensemble des organismes et syndicats repris plus haut.

B- Le conseil d'administration

Il constitue avec la direction générale les deux principaux organes de gestion du GUCE.

Le conseil d'administration regroupe toutes les parties représentées à l'assemblée citées plus haut. Le président de cet organe est actuellement le directeur général des Douanes.

À titre de rappel sommaire, les parties concernées sont l'État du Cameroun à travers les ministères des Finances, du Commerce, des Transport et les principaux organismes et organisations professionnels que compte le Cameroun.

La composition bipartite de cette instance participe de la volonté des pouvoirs publics de promouvoir une politique de concertation avec le secteur privé pour régler de façon consensuelle toutes les préoccupations liées au développement du commerce extérieur.

C- La direction générale

Elle constitue l'instance opérationnelle qui est responsable du fonctionnement quotidien du guichet unique. Cet organe central est animé par un directeur général désigné par le conseil d'administration du GUCE.

Il existe d'autres services internes dont la visibilité de l'action contribue à donner plus de réalité au GUCE notamment ceux en charge de l'accès, de l'établissement et de la délivrance de la fiche de suivi d'un dossier dans les différentes cellules du guichet unique.

§3- Les cellules du guichet unique et leur statut juridique

Le fonctionnement du GUCE s'articule autour des différentes cellules qui constituent véritablement son squelette institutionnel.

A- Identification des cellules du GUCE

Il s'agit des services opérationnels des administrations et organismes aussi bien publics, parapublics que privés directement impliqués dans la procédure de dédouanement et qui, à ce titre, émettent ou délivrent des documents indispensables à l'enlèvement des marchandises de l'enceinte portuaire.

1- Les cellules relevant des services publics

Elles sont au nombre de quatre et sont constituées principalement des services déconcentrés du ministère des Finances et du ministère de l'Agriculture et du Développement rural.

a- La douane

À titre indicatif, il convient de mentionner qu'il s'agit *stricto sensu*, sur le plan géographique, de 06 bureaux principaux hors classe des douanes dont l'action se matérialise par la délivrance du Bon à enlever (BAE) des marchandises qui sont domiciliées dans le bâtiment du GUCE.

b- Le trésor

Ces recettes des douanes sont compétentes pour recevoir les paiements des droits de taxes pour les marchandises dont la valeur FOB est inférieure à 2 millions et qui de ce fait sont exclus du champ d'application du Programme de sécurisation des recettes douanières (PSRD) ou des exceptions réglementaires auxdits programmes.

Elles reçoivent également des banques commerciales agréées au PSRD, les lettres de confirmation de paiement et émettent en régularisation les quittances y relatives.

c- Le service des changes

Son intervention consiste, à l'importation comme à l'exportation, à assurer la régularité des transferts relatifs aux transactions commerciales qui ont pour cadre les opérations de dédouanement au GUCE.

c- Le service phytosanitaire

C'est le service spécialisé du ministère de l'Agriculture et du Développement rural qui délivre tant à l'importation qu'à l'exportation, le certificat phytosanitaire attestant que les produits sont indemnes de toute infestation.

2- Les cellules relevant des organismes parapublics

a- Le Port autonome de Douala (PAD)

Cette cellule est chargée de l'émission et de la collecte des redevances portuaires notamment la taxe de débarquement et d'embarquement. Les autres prestations du PAD donnent lieu à la facturation et au paiement auprès des services financiers rattachés à la direction générale du PAD.

b- L'Office national du cacao et du café (ONCC)

Son rôle consiste en la centralisation et l'enregistrement des ventes du cacao et du café avec l'extérieur et délivre à cet effet des certificats d'origine.

c- Le Conseil national des chargeurs du Cameroun (CNCC)

Le CNCC est un organisme consultatif chargé d'assurer la défense des intérêts des chargeurs vis-à-vis des armateurs et consignataires de navires. Dans le cadre de la procédure de dédouanement, il délivre le Bordereau électronique de suivi des cargaisons (BESC) dont la délivrance est subordonnée à des frais spécifiques.

En outre, cet organisme conseille et renseigne les chargeurs au moyen des séminaires et forums sur la meilleure manière de préparer et d'anticiper le dédouanement de leurs marchandises. Les différents documents maritimes et commerciaux mis en ligne sur leur site Web, sont d'une grande importance.

3- Les cellules relevant des organismes privés

a- Les banques

Elles reçoivent les paiements des droits et taxes relatifs aux marchandises soumises au PSRD. Seules 05 banques y sont actuellement représentées notamment : la BICEC, le Crédit lyonnais du Cameroun, Standard Chartered Bank, Afriland First Bank et Citibank.

b- La SGS (Société générale de surveillance)

Elle est au centre du Programme de sécurisation des recettes douanières (PSRD) et du programme CIVIO. Elle délivre à ce titre le BDT (Bordereau de taxation) et la fiche CIVIO relative à l'évaluation des véhicules d'occasion

Malgré le regroupement physique de toutes ces cellules sur le même site, elles gardent leur autonomie.

B- Le statut juridique de chaque cellule

Chaque cellule du GUCE se caractérise sur le plan juridique par son autonomie vis-à-vis des autres et de la direction générale du GUCE.

En effet, elle conserve son autonomie tant dans ses procédures internes que dans l'application des réglementations spécifiques.

Par ailleurs, il n'existe aucun lien de sujétion entre les personnels de chaque cellule et la direction du GUCE. En conséquence, aucune mesure disciplinaire directe ne peut être entreprise par la direction du GUCE à l'encontre d'un personnel relevant d'une cellule quelconque.

§4- Les insuffisances du GUCE

Les insuffisances du GUCE découlent pour l'essentiel de son caractère partiel et inachevé (§1) et de l'inexistence d'interconnexions entre les différentes cellules (§2).

A- Les insuffisances institutionnelles

Tous les services et organismes intervenant dans la procédure de dédouanement ne sont pas représentés au GUCE. Il faut regretter ici l'absence des acconiers et des consignataires de navires, surtout quand ils jouent aussi le rôle d'agents maritimes. Ces derniers interviennent dans les opérations juridiques essentielles de remise du *Bon à délivrer*, document capital sans lequel aucune marchandise ne peut être enlevée de l'enceinte portuaire.

Sa délivrance garantit et assure que le redevable s'est acquitté du paiement intégral des frais de manutention et éventuellement, en cas de dépassement du délai de franchise, des frais de stationnement et des surestaries s'il s'agit des conteneurs.

L'éparpillement géographique des acconiers et consignataires, à l'intérieur et à l'extérieur de l'enceinte portuaire peut générer des délais additionnels liés au port des documents et à l'accomplissement des formalités en vue de l'obtention du *Bon à délivrer* ou connaissement original[13].

Dans le souci de regrouper sur le même site toutes les structures administratives et les organismes privés intervenant dans le traitement des opérations de transit, à la demande expresse de la douane, les bureaux principaux des douanes hors classe de Douala port III et IV ne sont pas installés au GUCE mais dans le port, à côté du siège des secteurs du Littoral I et du Littoral II. Ce regroupement dans les anciens locaux

---

[13] Le connaissement original est une pièce exigible à la recevabilité de toute déclaration en douane à l'importation.

occupés jadis par les colis postaux aux fins de sécurisation du transit concerne le BGFT[14] et le Guichet unique centrafricain[15].

Par ailleurs, l'absence de certaines banques sur le site du GUCE handicape fortement les importateurs qui y ont domicilié leurs opérations dans le cadre du Programme de sécurisation des recettes douanières (PSRD). Ils se retrouvent ainsi obligés de repartir vers le centre-ville après la liquidation des droits et taxes pour effectuer le paiement. Cette situation constitue un réel facteur d'allongement des délais.

Enfin, dans la perspective de l'adoption de toute nouvelle mesure, il faudrait prendre le temps de consulter toutes les parties prenantes et leurs cellules au niveau hiérarchique le plus approprié.

B- Les insuffisances liées à l'absence d'interconnexions des différentes cellules du GUCE

Toutes les cellules du GUCE ne sont pas interconnectées sur le plan de leur système informatique. Cette situation compromet les échanges d'informations susceptibles d'accroître la célérité dans le traitement des dossiers.

En effet, dans le cadre de la promotion de la célérité, ces cellules sont susceptibles d'échanger des informations ou des documents pour le traitement de leurs opérations respectives. Toutefois, le démarrage du GUCE électronique composé d'une plate-forme d'intermédiation documentaire pour les formalités du commerce extérieur, d'un réseau de télécommunications garantissant un accès sécurisé, d'un portail communautaire et d'un infocentre, est venu atténuer cette situation.

Au-delà de ces insuffisances mineures, le démarrage du GUCE a permis effectivement de réduire les délais de passage des marchandises sur la place portuaire de Douala et de susciter une prise de conscience collective de l'impact économique des délais de dédouanement qu'il faut continuer à réduire.

---

[14] Le BGFT, Bureau de gestion du fret terrestre est un organisme centrafricain qui a une représentation à Douala dans le cadre de l'habilitation des moyens de transport destinés à acheminer les marchandises en transit à partir du port de Douala vers la Centrafrique.

[15] Le Guichet unique centrafricain basé au port de Douala est chargé de la pré-liquidation de certains droits et taxes sur les marchandises destinées à la Centrafrique. Son installation à Douala vise à lutter contre la fraude sur le transit des marchandises ayant pour destination finale ce pays et résulte d'une action concertée avec le gouvernement camerounais.

Tel est en réalité le sens de l'avènement du comité FAL dont la vocation porte la marque de la volonté du gouvernement de contrôler et de veiller à la réduction progressive et globale des délais de passage des marchandises au port de Douala.

Section II : Le comité national de facilitation : le gendarme des délais

Le sigle FAL est une contraction formelle du terme facilitation. Tel que son nom l'indique, le comité FAL a vocation à promouvoir la facilitation des échanges sur l'ensemble de la place portuaire de Douala en impliquant tous les acteurs. Il s'agit d'une institution *sui generis* n'ayant aucune existence physique permanente et localisable à un endroit précis.

Dans le cadre du diagnostic préalable mené avant son entrée en fonctionnement, le comité FAL avait dressé les constats suivants, s'agissant de la place portuaire de Douala en général :

1. Éparpillement des intervenants au dédouanement ;
2. Procédures import et export complexes ;
3. Maîtrise approximative des coûts et notamment ceux des travaux en heures extra légales ;
4. Délais de passage à l'import très longs (supérieur à trois semaines) ;
5. Méconnaissance du rôle des services techniques ;
6. procédures de transit complexes, notamment en ce qui concerne la gestion des cautions ;
7. Clôture portuaire précaire occasionnant des entrées illicites dans le port ;
8. Tracasseries le long des corridors de transit ;
9. Absence de professionnalisme de la plupart des chargeurs et commissionnaires agréés en douane ;
10. Méconnaissance de la préoccupation des délais par les importateurs ;
11. Difficultés financières retardant la disponibilité documentaire ;
12. Ordres de transit tardifs et incomplets ;
13. Validations tardives des manifestes ;

14. Inertie et faible réactivité dans la structure de certains Commissionnaires agréés en douane (CAD) ;

15. Écart considérable et préjudiciable entre le niveau professionnel des personnels des commissionnaires agréés en douane et celui des douaniers ;

16. Inorganisation des procédures techniques ;

17. Initiatives désordonnées des visites (douanes, services techniques) ;

18. Livraison tardive des conteneurs ;

19. Difficultés d'échange de connaissements en continu ;

20. Redondance des contrôles aux guérites du port avec la présence de la brigade mobile des douanes ;

21. Monnayages divers (tentes, PUC, relevage des conteneurs) ;

22. Ventes aux enchères limitées et non systématiques ;

23. Contrôles multiples à l'intérieur du port, etc.

Toutes ces entraves, dysfonctionnements et maux récurrents ont contribué au démarrage rapide du comité FAL. Cette structure n'emploie aucun personnel à temps plein. Son plan d'action se veut global et fédérateur de toutes les entités qui interviennent dans le dédouanement des marchandises importées par voie maritime sur la base du texte initial de sa création, notamment le décret n° 97/715/PM du 29 décembre 1997.

Toutefois, selon un décret[16] plus récent, le champ d'action du comité FAL a été élargi aux transports aérien et terrestre.

§1- Organisation, fonctionnement et missions

Le comité FAL est une institution destinée à implémenter la facilitation à l'échelle nationale.

A- Création et missions

Il a été créé par le décret N° 97/715/PM du 29 décembre 1997. Cela est clairement énoncé à l'article 1 du décret sus cité en ces termes : « *Il est créé auprès du premier ministre un comité national de facilitation de trafic maritime international, ci-après désigné, le comité FAL* ». Sa

---

[16] Décret n°2009/1719/PM du 01 septembre 2009 portant réorganisation du comité FAL.

création marque la ferme volonté du gouvernement camerounais de faciliter le trafic maritime international d'où son rattachement direct au Premier ministre.

S'agissant des objectifs du comité FAL, l'article 2 du décret susmentionné dispose :

« Le comité a pour mission d'assurer le suivi et la coordination de la mise en œuvre des mesures destinées à faciliter et accélérer le trafic maritime international. À ce titre, il est notamment chargé :

- de mener ou faire mener des études relatives à la facilitation du transport maritime international ;

- de proposer au gouvernement un programme national de simplification et de réduction des procédures, des formalités et des documents requis pour l'entrée, le séjour au port et la sortie des navires effectuant des voyages internationaux ;

- de faire des recommandations aux administrations, aux organismes publics et aux organismes professionnels privés intervenant dans le trafic maritime international sur les pratiques et les méthodes appropriées en vue de faciliter les opérations d'importation, d'exportation et de transit ».

Comme mentionné plus haut, les missions du comité FAL ont fait l'objet d'une révision marquée par leur extension au trafic terrestre et aérien. Le comité FAL vise désormais à promouvoir et à faciliter le transport multimodal.

L'article 2 du nouveau décret n°2009/1719/PM du 01 septembre 2009 consacre cette réalité en ces termes : « *Placé auprès du premier ministre, le Comité FAL est un organe consultatif paritaire. Il a pour mission d'assurer le suivi et la coordination de la mise en œuvre des mesures destinées à faciliter et à accélérer le trafic international* ».

S'agissant des missions du comité FAL en général et de ses moyens d'action, il est indiqué plus loin à l'article 2 qu'il est chargé « *de formuler des recommandations à l'intention des administrations, des organismes publics et des organismes professionnels privés intervenant dans les opérations du commerce extérieur, sur les pratiques et les méthodes appropriées en vue de faciliter les opérations d'importation, d'exportation et de transit* ».

Dans le cadre des innovations, le décret susvisé consacre le rattachement institutionnel du comité FAL au Conseil national des chargeurs du Cameroun à titre permanent. Selon les termes de l'article 6, il y est précisé que « *le Comité FAL dispose d'un secrétariat technique assuré par le Conseil National des Chargeurs du Cameroun en liaison avec le Groupement inter patronal du Cameroun* ».

Pour conforter cette réalité l'article 8 du décret sus cité ajoute : « *Les frais de fonctionnement du Comité FAL sont supportés par le Conseil National des Chargeurs du Cameroun* ».

Toutefois, il est nécessaire de s'appesantir davantage sur le statut juridique de cette structure, vecteur par essence de la facilitation dans toutes les opérations du commerce extérieur du Cameroun.

B- Statut juridique et composition du comité FAL

Le statut juridique du comité FAL trouve sa plus grande visibilité dans la nature des actes qu'il prend.

1- Statut juridique

Le comité FAL est un organisme consultatif spécialisé dans la facilitation du trafic international. C'est à ce titre qu'il émet des recommandations à l'attention du Premier ministre en relation directe avec les objectifs inhérents à sa création.

Ces recommandations qui sont des avis techniques ne comportent aucun caractère coercitif et ne s'imposent pas aux structures et organismes ciblés comme le ferait une loi ou un décret.

Cette réalité est confirmée par le président du comité FAL en ces termes : « *Structure de proposition, le Comité FAL ne décide malheureusement pas. Si cela était le cas, il y a longtemps que le délai de passage au port aurait baissé drastiquement car sa vision sur les procédures est connue et claire* »[17].

Par ailleurs, le comité FAL est fondamentalement une structure intermittente dont les réunions sont marquées par une périodicité variable compte tenu du nombre élevé de ses membres et des organismes qui constituent son ossature.

---

[17] André SIAKA, président du comité FAL, Publication spéciale, « Le Comité FAL, 10 ans après, décembre 1997- décembre 2007 », in *Éditorial*, décembre 2007, p.6.

2- Composition du comité FAL

Le Comité FAL est présidé par le président du Groupement inter patronal du Cameroun (GICAM). Il compte en outre les membres ci-après :

- un (1) représentant des services du Premier ministre ;
- deux (2) représentants du ministère chargé des Finances ;
- deux (2) représentants du ministère chargé des Transports ;
- deux (2) représentants du ministère chargé du Commerce extérieur ;
- un (1) représentant du ministre chargé de l'Agriculture ;
- un (1) représentant du ministre chargé de la Santé publique ;
- un (1) représentant du ministre chargé de l'Élevage, des Pèches et des Industries animales ;
- un (1) représentant du ministre chargé de la Défense ;
- un (1) représentant de la délégation générale à la Sûreté nationale ;
- un (1) représentant du ministère chargé du Tourisme ;
- un (1) représentant de la Société générale de surveillance (SGS) ;
- un (1) représentant de chaque chambre consulaire ;
- un (1) représentant de l'Office national des postes du Cameroun ;
- deux (2) représentants du Conseil national des chargeurs du Cameroun (CNCC) ;
- un (1) représentant de la Régie nationale des chemins de fer du Cameroun ;
- un (1) représentant du Groupement inter patronal du Cameroun ;
- un (1) représentant du Syndicat des industriels du Cameroun ;
- un (1) représentant du Groupement des importateurs du Cameroun ;
- un (1) représentant des Commissionnaires agréés en douanes du Cameroun ;
- un (1) représentant du Syndicat des acconiers du Cameroun ;
- un (1) représentant des Armateurs et consignataires de navires du Cameroun ;
- un (1) représentant des armements camerounais ;

- un (1) représentant de chaque syndicat et/ou association de la profession forestière ;
- un (1) représentant de l'Association des sociétés d'assurances ;
- un (1) représentant du Syndicat national des transporteurs routiers du Cameroun ;
- un (1) représentant de l'Association professionnelle des établissements de crédit (APECCAM) ;
- un (1) représentant de l'Association bananière du Cameroun (ASSOBACAM) ;
- un (1) représentant du Guichet unique des opérations du commerce extérieur (GUCE) ;
- un (1) représentant des Aéroports du Cameroun ;
- un (1) représentant des Compagnies de navigation aérienne ;
- et un (1) représentant de la Cameroon Civil Aviation Authority.

Soit au total 32 membres, si on prend pour seule considération les organismes ou entités représentés. Les 3 derniers membres sont nouveaux et leur intégration est la conséquence de l'extension du champ d'action du comité FAL.

À côté du président, le comité FAL comprend en outre dans son organe exécutif, trois vice-présidents désignés par voie élective dont 02 représentent les administrations et les organismes publics et l'autre le secteur privé.

Pour raison d'efficacité opérationnelle, le comité FAL est organisé actuellement autour de 04 commissions notamment :

- la commission « audit opérationnel » ;
- la commission « procédure et délais de passage » ;
- la commission « sécurité, contrôle et transit » ;
- la commission « guichet unique électronique ».

Toutes ces commissions sont coiffées par le secrétariat permanent qui est actuellement assuré par le CNCC. Leurs travaux sont soumis à la sanction du conseil de validation qui se réunit tous les mois.

C- Les moyens juridiques d'exercice des missions du comité FAL

Les missions du comité FAL sont exercées à travers les supports juridiques que constituent **les recommandations**. Au terme du diagnostic préétabli avant le démarrage de ses activités, des recommandations correctives aux fins de mettre un terme aux dysfonctionnements identifiés, avaient été formulées. Elles s'articulent autour des grands axes bien précis qui seront déclinés au fur et à mesure.

1- Les recommandations à l'importation et à l'exportation

Il paraît judicieux de présenter d'abord les recommandations relatives à l'importation (a) puis celles liées à l'exportation (b)

a) Les recommandations relatives à l'importation

- ✓ Prise en charge anticipée des marchandises et mise à disposition du manifeste 48 heures avant l'arrivée du navire ;
- ✓ Mise à disposition des éléments d'appréciation de la transaction ;
- ✓ Pré facturation de la redevance portuaire ;
- ✓ Ciblage et analyse de risques multicritères des transactions ;
- ✓ Routage multisectoriel des transactions ; obtention et règlement de la redevance portuaire ;
- ✓ Sollicitation des services techniques ;
- ✓ Sollicitation du BESC ;
- ✓ Déclaration en douane ;
- ✓ Échange de connaissements ;
- ✓ Passage au scanner et visite si nécessaire ;
- ✓ Enlèvement.

b) Les recommandations liées à l'exportation

Elles sont constituées de **:**

- ✓ Prise en charge des marchandises à partir des sites de conditionnement ;
- ✓ Traitement technique ;
- ✓ Redevances diverses (PAD, BESC) ;
- ✓ Déclaration en douane ;
- ✓ Embarquement.

2- Les recommandations relatives aux corridors, et aux délais de passage

a) Les recommandations sur les corridors

Celles-ci concernent notamment :

✓ Le contrôle documentaire aux check points internationaux ;

✓ La suppression des tracasseries ;

✓ Le déplacement diligent et sécurisé des marchandises.

b) Les recommandations sur les délais de passage

Après un diagnostic précis de la situation des délais de passage au port de Douala, le Comité a préconisé des actions couplées aux recommandations déclinées successivement :

1. L'éparpillement des services intervenant dans les procédures de dédouanement a été réglé par leur regroupement physique et bientôt virtuel : le Guichet unique des opérations de commerce extérieur ;
2. Les procédures ont été simplifiées, des délais d'exécution ont été fixés à tout le monde ;
3. À l'intérieur du port, les contrôles intermédiaires ont été démantelés au profit des points uniques sur le contrôle ;
4. L'ouverture en continu de la place portuaire a été recommandée ;
5. Des séminaires et rencontres sont organisés sur la meilleure façon d'organiser les opérations du commerce extérieur ;
6. Le label qualifié a été instauré pour reconnaître le professionnalisme et la célérité des commissionnaires agréés en douane ;
7. Des espaces sont pris dans les journaux pour l'information du grand public et les conseils professionnels dans la manière de préparer les dossiers ;
8. La réinstauration du crédit d'enlèvement sécurisé a été votée par la loi de finances 2004 ;
9. La rationalisation des interventions des services techniques ;
10. La proposition d'une procédure d'importation sécurisée intégrant le scanner ;
11. La rationalisation des interventions de l'ONCC ;
12. La levée des blocages techniques à l'exportation ;

13. La rationalisation des visites des marchandises par institution du ciblage informatique ;

14. La pression permanente sur les cellules installées au GUCE pour qu'elles respectent le temps qui leur a été alloué pour leurs formalités ;

15. La signature du protocole douane-profession maritime avec pour effet la validation au plus tard 24h avant l'arrivée du navire et la garantie d'une présence des douaniers grâce à la forfaitisation de leurs TEL[18] ;

16. La signature de la note de service 77 du directeur des douanes pour accélérer les dépôts de déclarations en douane ;

17. La proposition d'instaurer au moins deux ventes aux enchères par an ;

18. Le retrait de la brigade mobile des points uniques de contrôle ;

19. L'instauration d'une analyse séquentielle pour comprendre et quantifier le déroulement des procédures ;

20. La définition d'un délai conventionnel à l'export.

3- Les recommandations sur la sécurité et le transit

L'ensemble des points qui constituent ces recommandations sont :

1. Recommandation faite au PAD d'aménager une aire d'attente des camions afin de fluidifier la circulation dans le port ;

2. Une coopération a été établie avec les chefs provinciaux d'unités de gendarmeries et de police en vue de la réduction des tracasseries le long des corridors de transit ;

3. Sur recommandation du comité FAL, la douane a mis en place l'utilisation des titres de transit et l'allégement de la caution de transit ;

4. La signature d'un protocole libéralisant la livraison des conteneurs ;

5. La recommandation demandant la création d'une commission mixte chargée de constater et de libérer l'espace portuaire des marchandises encombrantes non enlevées et non vendues depuis de longues années ;

6. L'instauration d'une opération de ratissage permanent du plan terrestre du port (opération RAPT) ;

[18] Travail extra légal : montant perçu par la douane au titre de ses prestations en dehors des heures légales d'ouverture du service dans le cadre du fonctionnement continu.

7. Les visites périodiques des corridors ;

8. Les recommandations ciblées vers le Gouvernement pour organiser des guichets uniques au point désigné, le long des corridors de transit et aux postes frontières ;

9. Les contrôles permanents dans le port pour relever les blocages opérationnels ;

10. Dans le cadre du projet de facilitation sur le projet de corridor Douala-N'Djamena, la recommandation faite de réhabiliter la place de l'UDEAC pour la transformer en véritable plate-forme logistique ;

11. La construction d'une nouvelle clôture par le PAD sur recommandation du comité ;

12. L'acquisition d'un scanner à conteneurs au port de Douala sur recommandation du comité ;

13. La recommandation faite au gouvernement de bitumer le tronçon Ayos-Bonis pour faciliter le transit et renforcer le tronçon Yaoundé-Ayos.

4- Recommandations sur l'audit permanent

Il porte sur la critique constructive et permanente des procédures en vue de les optimiser et de proposer le changement de comportement. Il a pour éléments d'apports principaux, des préoccupations exprimées par les opérateurs économiques et les intervenants aux procédures. De manière non exhaustive, de nombreuses préoccupations sont enregistrées. On peut en citer quelques-unes jugées capitales :

1. La nécessité de relire le texte instaurant le canal vert ;

2. La nécessité pour la douane et la SGS d'appliquer la valeur transactionnelle et de s'en tenir à la note définissant les procédures d'importation ;

3. L'impératif pour les intervenants portuaires de ne pas exiger des frais non prévus par les textes ;

4. L'audit des procédures non tarifaires.

5- Recommandations sur le guichet unique

Comme il avait été fait lors de la création du guichet unique sous sa forme actuelle, le comité FAL a mis en place depuis octobre 2004, une commission pour examiner tous les aspects liés à la mise en place du guichet unique électronique.

Ainsi :

1. Le cadre réglementaire régissant le commerce électronique a été élaboré et un projet de loi proposé ;

2. La tarification du guichet unique électronique a été élaborée ;

3. Les interfaces capitales Douane - GUCE ; PAD - GUCE ; CNCC - GUCE nécessaires aux échanges de données entre les systèmes informatiques sont en cours d'élaboration ;

4. La formation à l'usage du système informatique du GUCE a démarré ;

À ce jour, le décor est suffisamment planté en vue d'un démarrage du GUCE électronique.

À l'analyse, force est de constater que l'élaboration de ces recommandations ne suffit pas. Il faut surtout veiller à les traduire en textes juridiques de portée obligatoire et à leur application effective et permanente. Seule leur pleine application peut aboutir au démantèlement de tous les obstacles et entraves à la facilitation identifiés dans le cadre du diagnostic préalable au démarrage des activités du comité FAL. Cela contribuera à faire de cette structure un instrument efficace en faveur de l'instauration d'un climat plus favorable aux affaires.

§2- Les indicateurs spécifiques de mesure des délais de passage élaborés par le comité FAL et leur évolution

L'avènement du comité FAL marque la pleine consécration formelle de l'exigence de réduction des délais de passage des marchandises sur la place portuaire de Douala. À cet effet, dès son lancement, il a élaboré et mis en œuvre des indicateurs spécifiques de mesure des délais de passage portuaires.

Le comité FAL s'est assigné comme objectif primordial de ramener les délais de passage à l'import à 7 jours et 2 jours à l'export.

Ces indicateurs de mesure de délais concernent uniquement les marchandises en conteneurs importées par voie maritime à destination finale du Cameroun, celles en transit, les véhicules d'occasion et des importateurs majeurs.

La démarche d'évaluation des délais de passage nécessite fondamentalement la définition d'une période de référence pour mieux apprécier leur évolution et les tendances qui s'en dégagent.

A- La computation des délais de passage

Elle englobe le temps mis entre l'arrivée des navires et la sortie effective des conteneurs et des véhicules du port de Douala. Ce temps est exprimé en jours.

Sous un autre angle, il s'agit de la durée de traitement des dossiers dans les circuits et procédures propres à chaque acteur de la chaîne de dédouanement.

Dans l'acception du comité FAL, le délai de passage est *« le temps qui s'écoule entre le moment où le navire dépose la marchandise sur le quai et l'instant où un moyen de transport vient la chercher pour la livraison »*.

Il importe de rappeler qu'initialement, il s'agissait exclusivement des marchandises en conteneurs.

Afin de mettre en place une computation des délais plus réels et développer une approche d'imputabilité à chaque acteur, le comité FAL a élaboré la notion de « *critère portuaire* ».

Cette notion est appréhendée comme « la somme des temps d'exécution des procédures des intervenants portuaires[19] » dès lors qu'un dossier est enclenché d'un bout de la chaîne à un autre.

La notion de critère portuaire implique une approche segmentaire, notamment la détermination de la séquence temps à imputer à chaque acteur. Cette approche offre l'avantage de mieux identifier l'acteur ou les acteurs responsables des lenteurs ou des retards dans la chaîne de dédouanement.

Selon le comité FAL, ce critère portuaire a évolué de 10,2 jours en 2002 à 4,5 jours en 2006, laissant ainsi au couple commissionnaire agréé en douane / chargeur, la seule responsabilité des trois jours additionnels afin que le délai de passage import soit de 7 jours.

Le rôle du chargeur et du commissionnaire agréé en douane dans la computation des délais est essentiel. En effet, « *le chargeur et son commissionnaire agréé en douane constituent l'équipe des donneurs*

---

[19] Publication spéciale comité FAL, « Le Comité FAL, 10 ans après », p.31.

d'ordre. Ils sont ceux qui décident du déclenchement des étapes du dédouanement. Bien que des décisions incitatives et même punitives aient été prises pour les pousser à se hâter, la liberté d'importer et /ou d'exporter fait d'eux les seuls maîtres à chronométrer la durée de leurs interventions »[20].

Dans le but de mieux collecter et d'analyser les données statistiques liées au temps de chaque intervenant, une application spécifique dénommée TRADE[21] a été créée. Selon le directeur du GUCE, « *cet outil fournit une analyse séquentielle sur les délais qui sert de référence pour la place portuaire de Douala. Il résulte de ce qui précède que la collecte et le traitement des informations liées aux délais se sont considérablement améliorés »*[22].

Cet outil a permis une meilleure collecte et un traitement optimal des informations liées aux délais de passage et de mieux les mettre en relief sous différentes représentations graphiques et autres.

B- L'indicateur du délai de passage ou de séjour des conteneurs mis à la consommation (D3 – IM 4)

Cet indicateur permet de mesurer ou de quantifier le temps mis entre le débarquement d'un ou plusieurs conteneurs objet d'un même connaissement, déclarés sous le régime douanier de la mise à la consommation directe, et son ou leur enlèvement de l'enceinte portuaire. Il est déterminé en jours (j).

Depuis le lancement des activités du comité FAL et du GUCE, et corrélativement à la mise en place de cette application, on peut observer une baisse progressive de la durée de séjour dans l'enceinte portuaire des conteneurs placés sous ce régime douanier.

En prenant pour référence la période de 2005-2007, cette tendance est marquée par une très grande visibilité dans les tableaux et représentations graphiques ci-après :

---

20 Ibid.

21 TRADE : Traitement automatisé des délais.

22 Isidore BIHINA, Publication spéciale du Comité FAL, Op. cit., p.14.

Tableau 1 : Évolution du délai de séjour des conteneurs mis à la consommation (IM4) de 2005 à 2007.

Période	Année 2005	Année 2006	Année 2007
Janvier	-	12,15	10,86
Février	-	11,75	12,16
Mars	-	12,23	11,37
Avril	-	11,13	10,29
Mai	14,01	11,75	10,24
Juin	12,75	11,15	10,86
Juillet	12,15	10,26	11,75
Août	12,08	10,13	10,9
Septembre	11,51	10,36	10,56
Octobre	12,13	10,25	-
Novembre	12,07	11,11	-
Décembre	11,98	10,27	-

Source : Comité FAL.

Graphique 1 : Évolution du délai de séjour des conteneurs mis à la consommation (IM4) de 2005 à 2007.

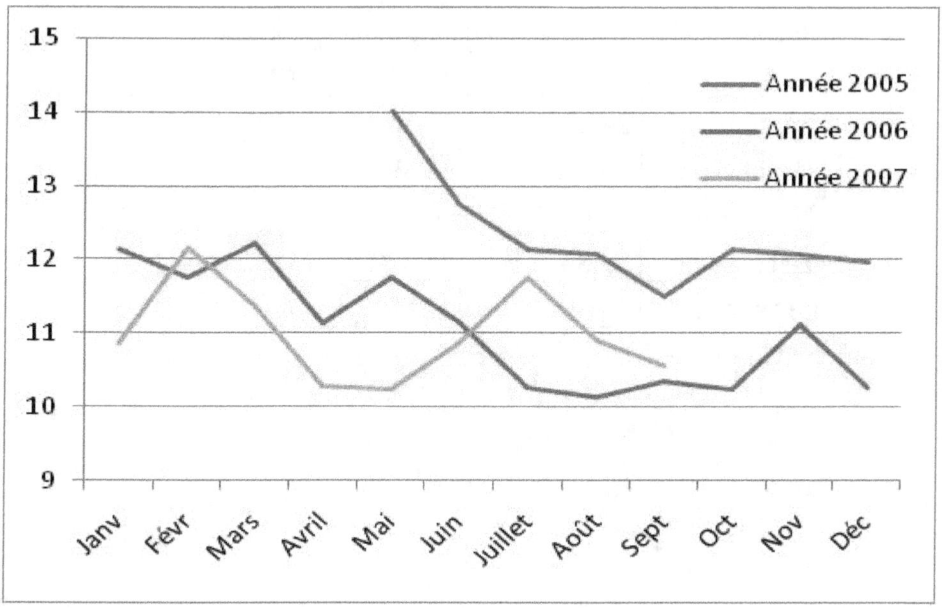

Source : Publication spéciale, « Le Comité FAL, 10 ans après ».

C- L'indicateur du délai de passage ou séjour des conteneurs en transit (D15 – IM8)

Il permet de mesurer ou de quantifier le temps mis par les conteneurs en transit vers le Tchad, la RCA ou d'autres pays depuis leur débarquement des navires jusqu'à leur enlèvement de l'enceinte portuaire. Ce temps, très élevé avant l'avènement conjoint du GUCE et du comité FAL, n'a pas connu une régression significative au cours de la période 2005-2007 comme le prouvent les données et représentations graphiques ci-après :

Tableau 2 : Évolution du délai de séjour des conteneurs en transit (D15/IM8) de 2005 à 2007

Période	Année 2005	Année 2006	Année 2007
Janvier	-	28,11	30,91
Février	-	33,63	32,70
Mars	-	35,15	28,00
Avril	-	33,20	21,39
Mai	24,31	28,71	25,85
Juin	21,98	24,10	25,05
Juillet	16,92	25,57	29,25
Août	19,19	23,04	25,17
Septembre	24,49	23,60	23,69
Octobre	24,13	24,39	-
Novembre	27,07	26,95	-
Décembre	29,80	28,32	-
Moyenne	23,49	27,89	-

Source : Comité FAL.

Graphique 2 : Évolution du délai de séjour des conteneurs en transit (D15/IM8) de 2005 à 2007

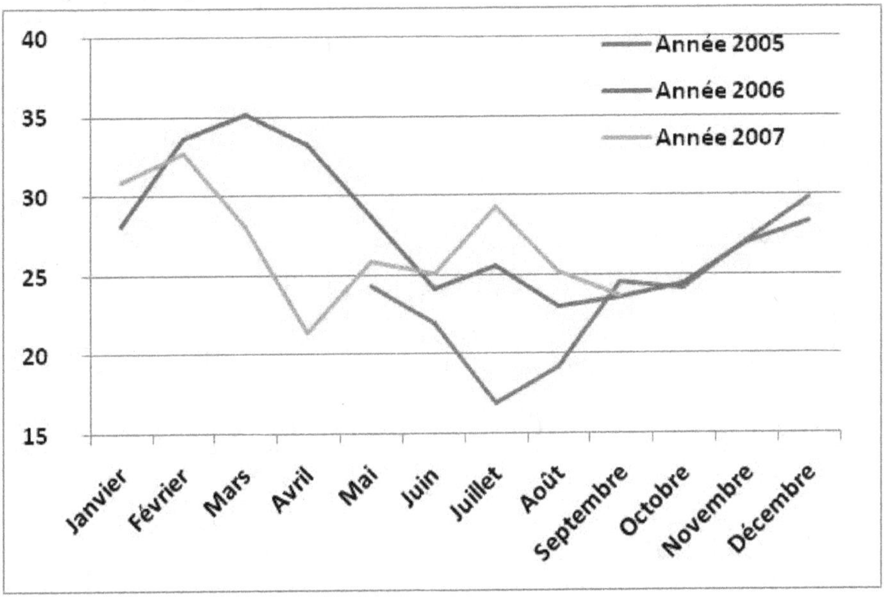

D- L'indicateur du délai de passage ou de séjour des véhicules usagés

À l'exemple des indicateurs précédents, il permet de mesurer le temps de séjour des véhicules d'occasion objet du programme CIVIO[23] dans l'enceinte portuaire notamment de leur débarquement à leur sortie. Il s'exprime en jours. La mise en place de cet indicateur est très récente comme le montre à suffisance la première année de référence dans les tableaux suivants :

Tableau 3 : Évolution des délais de séjour et du nombre de véhicules d'occasion

Années	2008		2009	
Mois	Délai	Nombre de véhicules	Délai	Nombre de véhicules
Janvier	20,4	1 915	18,1	2 749
Février	15,1	1 688	17,9	2 439
Mars	19,6	2 181	14,2	2 330

[23] CIVIO : Contrôle d'identification des véhicules importés d'occasion.

Avril	16,3	2 248	15,5	2 300
Mai	17,1	2 280	15,0	2 747
Juin	16,4	2 448	17,2	2 868
Juillet	18,1	2 479	17,9	2 776
Août	17,2	2 653	16,5	2 558
Septembre	16,4	2 000	17,3	2 769
Octobre	16,3	3 151	17,3	2 580
Novembre	18,1	2 267	16,8	2 737
Décembre	17,4	2 736	-	-

Source : Comité FAL.

Graphique 3 : Évolution des délais de séjour des véhicules d'occasion

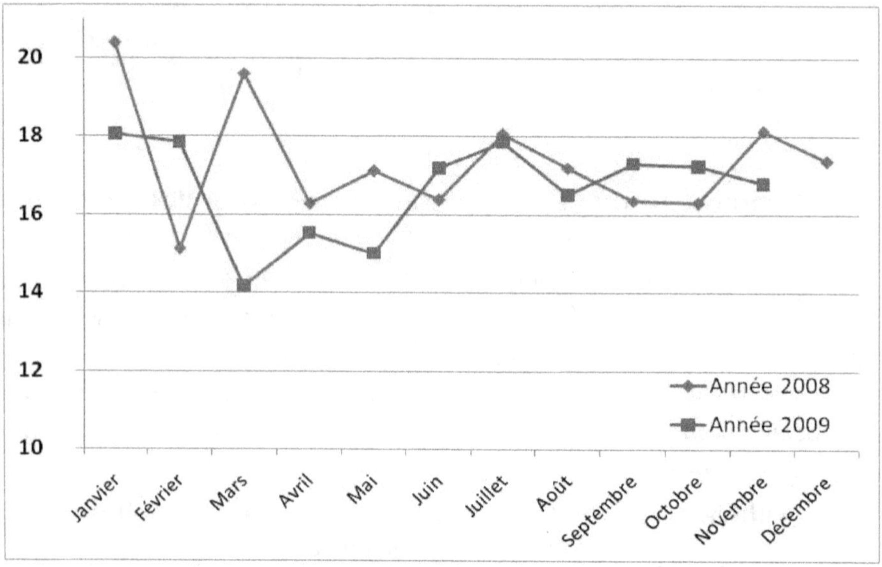

Graphique 4 : Évolution du nombre de véhicules d'occasion

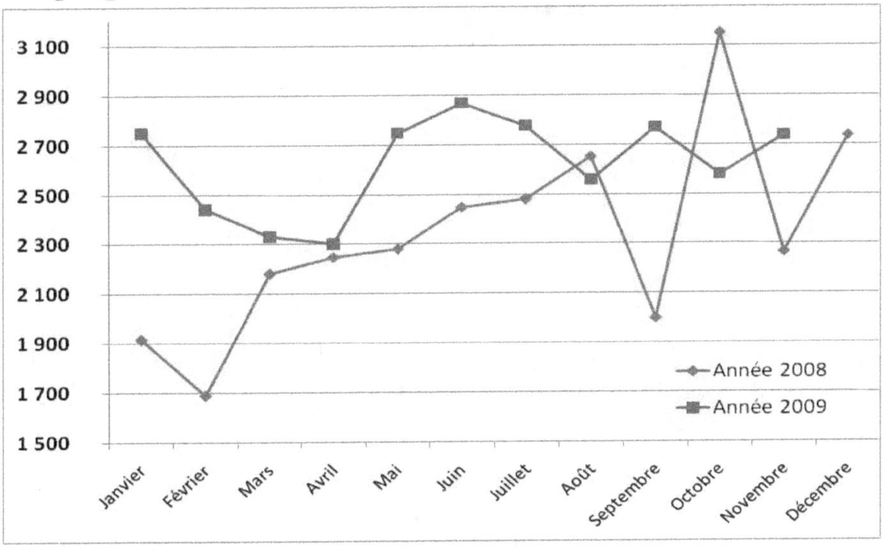

E- L'indicateur relatif aux importateurs majeurs

Cet indicateur sélectif combine à la fois la notoriété financière des entreprises, le nombre de conteneurs importés par ces dernières et la régularité des opérations d'importation au cours d'une année. Il mesure donc de façon spécifique le temps de séjour des conteneurs des entreprises identifiées[24] selon les critères sus cités depuis leur débarquement jusqu'à leur enlèvement du port de Douala.

Cette sorte de hit-parade porte globalement sur un échantillon de près de 100 entreprises. En affinant la taille de l'échantillon, le comité FAL a élaboré une sélection plus limitée des entreprises en retenant seulement 15 d'entre elles dans le cadre du « baromètre B15 ». Plus récemment, le comité FAL a mis au point le « baromètre B 20 » qui porte sur un échantillon de 20 entreprises.

L'analyse de toutes les données relatives à ces délais sur la période de 2002 à 2007 montre clairement un recul significatif et progressif illustré dans le tableau ci-après :

[24] Ces entreprises sont : NESTLE, SOREPCO, UCB, CDC, TOTAL, SABC, AGROCHEM, VAPSAN, UNILEVER, SODIACAM, CAMLAIT, SHO, CONGELCAM, TSEKENIS et PANZANI.

Tableau 4 : Évolution du délai des importateurs majeurs au port de Douala de 2002 à 2007.

	Année 2002	Année 2003	Année 2004	Année 2005	Année 2006	Année 2007
Janvier	19,70	21,34	17,78	13,15	12,15	10,27
Février	25,20	16,56	18,15	12,45	11,25	10,86
Mars	19,87	18,02	16,37	12,05	12,73	12,10
Avril	14,05	17,52	16,05	11,83	11,13	11,37
Mai	23,18	17,85	13,75	14,07	11,75	10,24
Juin	25,29	21,09	16,80	12,75	11,15	10,24
Juillet	19,07	17,64	14,17	12,15	10,75	10,85
Août	17,57	15,11	14,24	12,05	10,13	11,75
Septembre	19,63	19,20	15,04	13,51	10,75	10,90
Octobre	19,73	14,85	14,75	12,13	10,26	10,56
Novembre	17,82	17,54	13,85	12,07	11,11	-
Décembre	20,88	16,35	12,75	11,98	10,27	-
Moyenne	20,17	17,44	15,48	12,43	11,60	-

Source : Comité FAL.

Graphique 5 : Évolution du délai des importateurs majeurs au port de Douala de 2002 à 2007.

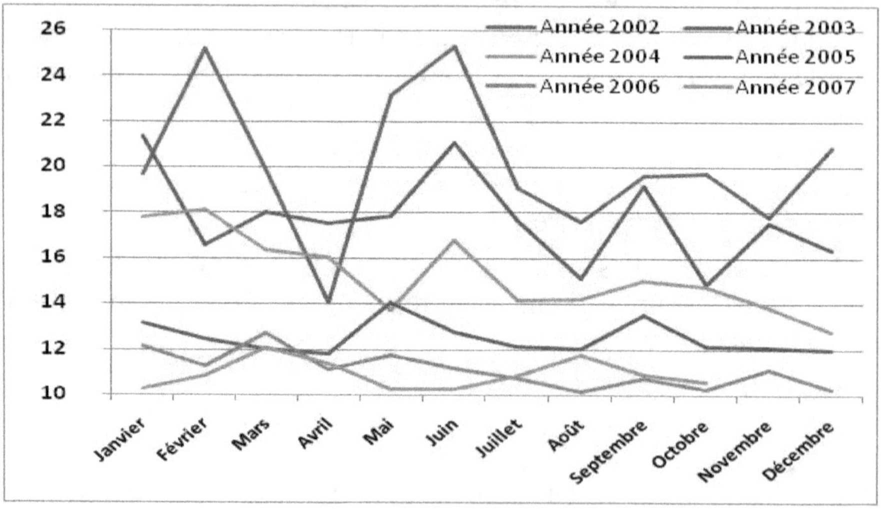

Pour le mois de février 2010, cette tendance baissière est confirmée au niveau des délais de passage des conteneurs ainsi ciblés :

	Nom chargeur	Nombre conteneurs	Durée moyenne (jours)	Écart type	CAD
1	NESTLE	1	1,44	0,00	AP M
2	SOREPCO	1	4,54	0,00	BELTRANS
3	UCB	1	5,54	0,00	SOPROTRANS
4	CDC	1	5,67	0,00	MAERSK-CAMEROUN
5	TOTAL	1	6,67	0,00	SDV/IMPORT
6	SABC	9	7,25	6,04	2M, STAR, TRANSCO
7	AGROCHEM	5	8,26	8,84	TRADOMA, SNTS, SOCANTES
8	VAPSAN	1	8,40	0,00	STC INDRATRANS
9	UNILEVER	5	8,95	8,18	POLYTRANS, LOGISCO
10	SODIACAM	5	11,27	9,10	SOCOMAR, SAGA, SITRANSIT
11	CAMLAIT	2	12,07	6,38	SOMATRANS
12	SHO	1	12,58	0,00	SDV/IMPORT
13	CONGELCAM	1	12,66	0,00	CITTMA
14	TSEKENIS	1	13,38	0,00	CARLOG
15	PANZANI	1	13,58	0,00	3T

Source : Comité FAL.

Pour le B 20, s'agissant du mois de novembre 2010, l'évolution des délais de passage des marchandises des entreprises qui constitue cet échantillon, est présentée dans le tableau ci-après :

Importateur	NB TC SGS	NB TC DIT <90j	séjour moyen
ADER	145	99	10,3
FOKOU FOBERD	259	148	15,6
GUINNESS CAMEROON INDUS.	214	162	15,2
CONGELCAM	146	84	5,1
BRASSERIES DU CAMEROUN	146	76	12,0
RIMEX SOCIETE	17	46	9,8
NESTLE CAMEROUN INDUSTRIE	99	65	10,1
SOREPCO	161	37	15,5

COGENI CAMEROUN	132	75	32,6
SOSUCAM	58	61	9,7
PANZANI CAMEROUN	41	30	16,3
ALUCAM	63	53	14,2
ARNO SOCIETE	50	29	19,2
FERMENCAM	62	55	12,7
PLASTICAM	15	1	7,0
GLOBAL DES 15	**1608**	**1021**	**14,1**
SOCAPALM INDUSTRIE		3	11,3
CAMRAIL	6	10	25,4
SODIACAM	31	10	9,8
UNILEVER CAMEROUN	7	7	10,1
HEVEA CAMEROUN	17	9	16,1
GLOBAL DES 20	**1669**	**1060**	**14,1**

Source : Comité FAL.

À l'observation, ce tableau fait également mention dans sa partie supérieure du B15. L'analyse globale de ces indicateurs tend à montrer une certaine variation des délais de passage.

F- La grande fluctuation des délais de passage

Les quatre indicateurs spécifiques de mesure des délais sus mis en évidence laissent apparaître de façon très expressive une grande fluctuation des délais de passage de marchandises sur la période de 2002 à 2009.

Il reste cependant constant que ces délais ont régressé au regard de l'intervalle de temps analysé. Cette tendance baissière générale doit être poursuivie et consolidée afin de faire passer les délais de passage pour l'ensemble de la place portuaire en dessous de sept jours à l'import et de deux jours à l'export.

Il faut pérenniser cette synergie collective de la célérité impulsée par le comité FAL car la compétitivité du port de Douala en dépend. La dématérialisation des procédures au niveau de l'ensemble de la chaîne de dédouanement déjà appliquée avec succès par les douanes françaises, est assurément à moyen terme la voie à suivre.

§3- Les limites du comité FAL

Elles participent pour l'essentiel de ce que le comité FAL est une structure intermittente. Il en découle qu'il ne peut pas au quotidien, en temps réel, assurer l'effectivité de l'application de toutes les mesures édictées en faveur de la réduction des délais de passage des marchandises. Dans ces conditions, il est difficile d'implémenter aussitôt en cas de dérives, des mesures correctives adaptées.

A- Les limites relatives aux délais actuels

Malgré tous les efforts entrepris, les délais de passage des marchandises au port de Douala restent assez élevés. Cette situation peut à terme rendre la place portuaire de Douala moins compétitive et aboutir à détourner des flux de marchandises en transit vers d'autres ports régionaux.

À cet effet, il est indispensable d'identifier tous les goulots d'étranglement afin d'y apporter les remèdes les plus appropriés. Dans ce cas, une analyse parcellaire des délais de passage est nécessaire pour mieux identifier l'acteur ou les acteurs dont les temps d'exécution sont les plus longs et leur suggérer les mesures correctives adéquates.

B- Les limites découlant du statut consultatif

Le comité FAL est par essence un organisme consultatif spécialisé dans la facilitation du trafic maritime international. À ce titre, il émet de simples recommandations dépourvues de tout caractère coercitif ou contraignant.

Seul le Premier ministre qui en est le destinataire peut leur donner une force légale ou réglementaire, soit en initiant un projet de loi, soit en prenant un décret ou un arrêté allant dans le sens de la valorisation des recommandations émises.

Or, quelle que soit la nature du texte juridique retenu, ce processus requiert du temps pour être mené à terme, temps qui peut être préjudiciable à la correction immédiate d'une dérive ou d'une situation de crise. Il faudrait que cette sentinelle donne l'alerte à une action immédiate sur les délais de passages portuaires.

Toutefois, toutes les administrations et les destinataires privilégiés de ces recommandations doivent se les approprier immédiatement en mettant en œuvre aussitôt les actions recommandées. La pratique donne à constater que la plupart des mesures correctives sont appliquées sans contrainte réglementaire.

C- Les limites attachées au champ de mesure des délais

Il est important de rappeler qu'actuellement, seuls les délais de passage des marchandises importées en conteneurs et les véhicules d'occasion objet du programme CIVIO sont mesurés.

Cette mesure sélective et ciblée laisse de côté les marchandises en vrac, vrac solide ou liquide alors qu'il existe un bureau principal des douanes hors classe spécialisé dans cette matière. Par ailleurs, les marchandises soumises à ce mode de conditionnement sont très importantes tant en volume qu'en valeur au cours d'une année.

À titre d'exemple, on peut citer le fer dans ses nombreuses présentations notamment le fer à béton, le fil machine ou les poutres et poutrelles.

On peut citer également le cas du blé. Pour les années 2007, 2008 et 2009, ces produits représentent les valeurs imposables et volumes cumulés repris dans le tableau ci- après :

Années de référence	Poids (kg)	Valeurs imposables (FCFA)
Fer des positions tarifaires du 72 06 au 72 29		
2007	120 070 872	39 706 375 383
2008	146 010 989	54 322 286 521
2009	108 294 021	37 252 870 714
Blé		
2007	219 906 707	35 510 665 727
2008	401 996 137	84 126 126 027
2009	390 359 583	57 882 998 771

Seule l'intégration de tous les produits importés dans le champ global de mesure des délais de passage le rendrait plus crédible et valoriserait davantage le comité FAL.

Il est opportun d'élargir le champ des indicateurs de mesure des délais de passage pour avoir une représentation plus globale et plus réelle de ces délais.

Enfin, il faut relever qu'aucune mesure des délais à l'export n'a été entreprise pour constater probablement leur régression d'où l'absence d'indicateur spécifique à ce champ.

Si la facilitation des échanges commerciaux a véritablement été impulsée sur la place portuaire à travers le Comité de réformes de l'administration des douanes (CRAD), le guichet unique et le comité FAL, sa plus grande visibilité réside dans les adaptations consécutives et plurielles des services opérationnels des douanes directement et quotidiennement impliqués dans le dédouanement des marchandises.

En effet, pour suivre et accompagner la croissance des échanges commerciaux du Cameroun, la douane camerounaise se doit d'opérer une véritable mutation multidimensionnelle mais surtout un remodelage institutionnel.

Ce remodelage devrait être axé sur des réformes spécifiques et une orientation vers l'adoption des technologies nouvelles de l'information et de la communication afin d'accélérer la procédure de dédouanement. Cette orientation à promouvoir devrait également viser l'amélioration des techniques d'inspection des marchandises.

L'accroissement de la célérité caractéristique majeure du commerce international aujourd'hui induit des exigences d'adaptation permanentes. Leur prise en compte a conduit la douane camerounaise surtout dans ses services opérationnels basés à Douala et directement impliqués dans la procédure de dédouanement des marchandises importées par voie maritime, à une mutation complète et pluridimensionnelle pour consacrer une véritable mission nouvelle, la mission de facilitation du commerce extérieur.

Ces services contrôlent au quotidien les déclarations en douane et l'enlèvement des marchandises y afférentes. Ils ont subi depuis la mise en œuvre de ce processus, un remodelage institutionnel profond pour les adapter aux mutations du commerce international.

Il sera question de mettre en lumière le nouveau dispositif institutionnel de facilitation du dédouanement dans sa globalité à travers les textes réglementaires qui en sont les vecteurs et dont l'application est séquencée dans le temps. Ces textes portent en eux-mêmes des réformes institutionnelles de grande ampleur qu'il faut identifier car ils constituent le support d'une nouvelle politique prônée par le gouvernement camerounais.

CHAPITRE II :

LA RÉORGANISATION DES SERVICES OPÉRATIONNELS DE LA DOUANE

L'examen de cette réorganisation institutionnelle ne peut être mieux appréhendé qu'à travers un aperçu historique de l'organisation des services opérationnels exerçant à Douala et des objectifs spécifiques attachés à leur réforme organique.

Cette réorganisation découle en grande partie du plan de réformes de l'administration des douanes et participe de la mise en œuvre des recommandations de la commission technique n°1. Elle a abouti à la mise en place d'une véritable armature institutionnelle destinée à promouvoir la facilitation.

Section I : Aperçu historique de l'organisation des services opérationnels et objectifs de la réforme organique

L'évolution de l'organisation des services opérationnels à Douala est mieux perceptible dans le cadre d'un regard rétrospectif sur leur ancienne configuration et les ressorts profonds de ce mouvement.

§1- Aperçu historique de l'organisation des services opérationnels

L'organisation des services opérationnels a toujours été marquée par la distinction fondamentale entre les services opérationnels sédentaires (A) et les services opérationnels actifs (B). Ils constituent le squelette institutionnel du secteur des douanes.

A- Les services opérationnels sédentaires

Toute institution est par essence dynamique et évolutive. Il existait à l'aube des années 1990 à Douala, quatre bureaux principaux des douanes ouverts à tous les régimes douaniers sous réserve du mode d'acheminement des marchandises dans le territoire douanier de l'UDEAC devenue plus tard CEMAC, de leur conditionnement, du statut fiscal de l'entreprise ou du destinataire final.

Ces bureaux principaux y compris les subdivisions actives constituaient le secteur des douanes du Littoral-ouest[25]. Seuls les services implantés dans la partie du Littoral retiendront notre attention. On distinguait notamment :

- le bureau principal des douanes de Douala I ;
- le bureau principal des douanes de Douala II ;
- le bureau principal des douanes de Douala III ;
- le bureau principal des douanes de Douala-aéroport.

Ces Bureaux avaient des compétences précises et spécifiées.

- Le bureau principal des douanes de Douala port I s'occupait du dédouanement des marchandises importées en conteneurs par voie maritime dans le cadre de la mise à la consommation directe.

- Le bureau principal des douanes de Douala port II était compétent pour le dédouanement des marchandises importées en vrac par voie maritime y compris les véhicules.

Ce bureau était également compétent dans tous les régimes suspensifs y compris le transit international à destination des pays tels le Tchad ou la Centrafrique nonobstant le mode de conditionnement des marchandises.

- Le bureau principal des douanes de Douala port III était compétent pour le dédouanement des marchandises importées par les entreprises agréées aux régimes fiscaux privilégiés tels la Taxe intérieure à la production (TIP) et la Taxe unique (TU). Ils traitaient également les opérations d'importations destinées aux missions diplomatiques.

- Le bureau principal des douanes de Douala-aéroport, était compétent pour le dédouanement de toutes les marchandises importées par voie aérienne nonobstant le régime douanier et la qualité du destinataire final.

On peut noter qu'il s'agissait d'une configuration organique assez compacte et peu différenciée dans le traitement global des importations par voie maritime.

---

[25] Ce secteur couvrait alors le ressort territorial des deux provinces du Littoral et de l'Ouest.

B- Les services opérationnels actifs

Il s'agit ici des services de surveillance dont l'unité élémentaire est la brigade, plusieurs formant une subdivision active des douanes. Dans la chaîne intra douanière de dédouanement, l'ultime visa de mainlevée des marchandises est donné par ces services.

Ces services sont également désignés sous le vocable de la douane en « tenue » ou en uniforme. C'est la branche militaire de la douane dotée d'armes et de munitions pour lutter contre les opérations de fraude et de contrebande sur le terrain. C'est à elle qu'incombent la surveillance de la conduite et la mise en douane des marchandises, le contrôle de l'enlèvement de celles régulièrement dédouanées, la surveillance du rayon maritime et terrestre des douanes.

1- La subdivision active de Douala port

Cette subdivision unique couvrait tout le port de Douala y compris la zone maritime.

Elle avait pour compétence l'arraisonnement des navires dans le cadre de la conduite et la mise en douane des marchandises. Enfin, elle assurait le contrôle de l'enlèvement des marchandises dédouanées.

Sur le plan organique, cette subdivision s'articulait autour de trois brigades notamment :

- la brigade des conteneurs ;
- la brigade des magasins ;
- la brigade de ligne.

2- La subdivision active des douanes de Douala - extérieur

Elle était compétente pour le contrôle à la circulation des marchandises en dehors des zones portuaires et aéroportuaires et de la surveillance des criques.

Cette subdivision comportait quatre brigades mobiles à savoir :

- la brigade mobile de Douala ;
- la brigade mobile de Bonabéri ;
- la brigade mobile d'Edéa ;
- la brigade mobile de Youpwé.

3- La subdivision active de Douala-aéroport

Cette subdivision qui a gardé son appellation après la réforme organique intervenue entre-temps, s'occupait de la conduite et de la mise en douane des marchandises importées par voie aérienne et du contrôle de leur enlèvement.

Elle comportait une brigade unique dénommée la brigade de l'aéroport.

L'accroissement progressif du volume des marchandises importées conjugué à celui des effectifs en personnel, a rendu nécessaire une réforme en profondeur des services opérationnels.

§2- Les objectifs de la réforme organique des services opérationnels

Il est admis et consacré en management qu'une structure qui ne se réforme pas dépérit. La douane dont le champ d'action se situe au centre du commerce international se doit d'adapter sans cesse ses services opérationnels à cette dynamique perpétuelle de mutation qui le caractérise. Il s'agit de suivre et d'accompagner cette dynamique de la célérité.

A- La spécialisation des bureaux de dédouanement

Avant la réforme fiscalo-douanière de 1994, le nombre de bureaux principaux des douanes à Douala était limité à 4. En raison de ce nombre peu élevé et d'une délimitation peu marquée de leurs compétences respectives, le traitement des déclarations en douane relatives aux régimes suspensifs n'était pas très différencié.

Il ne pouvait exister dans ce contexte général de leur traitement un suivi efficace et un apurement adéquat des déclarations en détail s'y rapportant.

Une spécialisation plus approfondie des bureaux de douanes est vite apparue comme un moyen de désengorgement des bureaux existants à travers l'accroissement de leur nombre.

Par ailleurs, en favorisant un meilleur contrôle de la matière taxable, cette option fructueuse a permis d'accroître les recettes douanières collectées au port de Douala au fil des années.

B- L'accroissement de la célérité

L'accroissement de la célérité dans le traitement des déclarations en douane découle en partie de l'éclatement des quatre bureaux principaux des douanes existant à Douala en onze bureaux principaux hors classe des douanes et un bureau principal des douanes.

Dans le prolongement de cette action et de façon consécutive, il convient de souligner l'augmentation des effectifs des inspecteurs de visite qui sont passés d'une quarantaine à une centaine dans un intervalle de temps dépassant à peine la décennie.

En conséquence, le traitement de la masse globale des déclarations en douane s'est trouvé réparti à un nombre plus élevé d'inspecteurs de visite. Cela a permis de réduire ainsi la durée moyenne de traitement d'une déclaration en douane. Cette situation a généré une plus grande célérité.

Il est utile de préciser, à titre de rappel, que l'étude et la vérification approfondies des déclarations en détail incombent aux inspecteurs de visite. Cette étude est sanctionnée de façon positive par la délivrance du « Bon à enlever » (BAE) des marchandises et ouvre ainsi la voie à leur enlèvement. Dans l'hypothèse de la découverte d'une infraction, s'ouvre alors la phase contentieuse qui a pour conséquence de différer l'enlèvement des marchandises objet de la déclaration en détail litigieuse.

Section II : Organisation actuelle des services opérationnels à Douala

Les services opérationnels de la douane à l'échelle nationale reposent tous sur la même configuration organique à l'intérieur du secteur des douanes. On y retrouve notamment :

- les bureaux principaux hors classe,
- les bureaux principaux ;
- les bureaux secondaires ;
- les subdivisions actives ;
- les brigades des douanes ;
- les postes de douanes.

La répartition et la délimitation géographique de ces services sont calquées presqu'à l'identique sur l'organisation administrative territoriale du Cameroun notamment les régions. Toutefois, leur dénomination conserve une certaine spécificité.

Cette organisation s'articule autour de deux secteurs des douanes à savoir le secteur des douanes du Littoral I et le secteur des douanes du Littoral II. Au regard des statistiques, il est établi que plus de 95% des importations du Cameroun se font par voie maritime à travers le port de Douala.

L'importance des ces secteurs est stratégique ; l'étude comparée du volume des importations par voie maritime et celles réalisées par voie aérienne donnent une meilleure visibilité sur la forte prédominance du fret maritime.

Le tableau qui suit relatif aux années 2007, 2008 et 2009 donne à travers ses indications chiffrées une illustration suffisante de cette réalité.

Rubrique/période	**Maritime**		**Aérien**	
Importations	**Quantité (tonnes)**	**Pourcentage (%)**	**Quantité (tonnes)**	**Pourcentage (%)**
2007	3 560 223	99,83%	5895	0,17%
2008	3 911 672	99,83%	6527	0,17%
2009	3 955 433	99,87%	5 339	0,13%

Globalement, ces deux secteurs des douanes traitent en termes de tonnage, plus 95 % des importations et exportations du Cameroun. Dans le cadre du dédouanement des marchandises, ces deux secteurs collectent à eux seuls plus de 90% des recettes douanières. La nécessité d'y implanter la facilitation s'en trouve davantage renforcée.

§1- Le secteur des douanes du Littoral I

Sa création est consacrée par l'arrêté n°192/CF/MINEFI du 05 février 2001 qui marque l'éclatement du secteur des douanes du Littoral en deux entités juridiquement distinctes et autonomes.

L'arrêté n° 04/67/CF/ MINFIB/ DD portant création des unités des douanes du 12 août 2004 définit de façon plus précise la répartition organique des différents services relevant de son ressort.

À la suite de cet arrêté, un autre plus récent pris dans le cadre du démarrage de SYDONIA en janvier 2007, a entraîné un réaménagement organique et fonctionnel des différents services des secteurs du Littoral I et du Littoral II. Il s'agit de l'arrêté N°07/004/CF/MINFI du 18 janvier

2007 portant création des unités des douanes dans les secteurs du Littoral.

Les services opérationnels des secteurs des douanes du Littoral fonctionnent actuellement sur la base de la configuration organique découlant de l'arrêté susvisé.

Le dernier arrêté relatif à la réorganisation des services dans les secteurs des douanes du Littoral I et du Littoral II date du 23 juillet 2010. Il a apporté des bouleversements et innovations très importants sur le plan organique et fonctionnel.

Les principales innovations consacrées par l'arrêté n° 0000101 MINFI du 23 juillet 2010 portant création et organisation des unités techniques de collecte et de contrôle dans les services déconcentrés du ministère des Finances (direction générale des Douanes) sont la création des Groupements actifs des douanes et une nouvelle classification et configuration des bureaux des douanes.

Le secteur des douanes du Littoral I est le premier secteur des douanes du Cameroun, compte tenu du niveau élevé des recettes qui y sont collectées. Pour l'année 2009 par exemple, pour des prévisions de 381 936 030 000 F CFA, soit 82% des recettes douanières, il a réalisé 390 797 600 000 F FCFA soit 100,3 %.

Par contre, les prévisions du secteur des douanes du Littoral II pour la même année s'élèvent à 47 448 300 000 C FCA, soit 10% du total des recettes douanières. Les réalisations, quant à elles, sont de l'ordre de 43 510 700 000 F CFA, soit 88,7 % des prévisions fixées.

L'organisation actuelle du secteur des douanes du Littoral I met en relief des services opérationnels sédentaires et des services opérationnels actifs. À sa tête se trouve un chef de secteur.

A- Les services opérationnels sédentaires

Ils sont constitués de sept bureaux principaux des douanes hors classe, d'un bureau principal des douanes tous en charge du dédouanement et d'une recette des douanes. À deux exceptions remarquables, la quasi-totalité des bureaux qui font son ossature sont tous domiciliés dans le cadre de la facilitation, à l'intérieur du bâtiment abritant le guichet unique des opérations du commerce extérieur.

Conformément à l'arrêté n°04/67/CF/MINFIB/DD du 12 août 2004 portant création des unités de douanes et celui n°0000101 /MINFI du 23 juillet 2010 repris plus haut, on distingue notamment :

- le bureau principal des douanes hors classe de Douala port I chargé du dédouanement pour la mise à la consommation directe des marchandises conditionnées en conteneurs à l'exception de celles relevant des bureaux principaux hors classe de Douala port IV et Douala port V ;
- le bureau principal des douanes hors classe de Douala port II, chargé des opérations de dédouanement des marchandises déclarées sous les régimes suspensifs et économiques à l'exception du transit et du transbordement ;
- le bureau principal des douanes hors classe de Douala port III chargé du dédouanement des marchandises placées sous les régimes du transit et du transbordement, de la gestion des garanties et du suivi des opérations par GPS ;
- le bureau principal des douanes hors classe de Douala port IV chargé du dédouanement pour la mise à la consommation directe des hydrocarbures et matériels importés par les sociétés pétrolières sous convention d'établissement, de matériels et d'équipements acquis dans le cadre des marchés publics ;
- le bureau principal des douanes hors classe de Douala port V chargé du dédouanement pour la mise à la consommation directe des véhicules importés à nu ou en conteneurs y compris des marchandises contenues dans lesdits conteneurs ;
- le bureau principal des douanes hors classe de Douala port VI chargé du dédouanement pour la mise à la consommation directe des marchandises en vrac ou conditionnées autrement qu'en conteneur (conventionnel), stockées dans les magasins et aires de dédouanement de l'enceinte portuaire ;
- le bureau principal des douanes hors classe de Douala port VII chargé du dédouanement pour l'exportation des marchandises nationales, la réexportation des marchandises en transit originaires de la CEMAC et les expéditions des marchandises.

À ces bureaux principaux hors classe, il faut ajouter, le bureau principal des douanes du parc automobile, chargé du dédouanement des munities et marchandises contenues dans les véhicules. Sa reclassification comme bureau principal est récente et découle de l'arrêté du 23 juillet 2010 sus cité.

À côté de ces bureaux principaux, existe la recette des douanes du Littoral I compétente pour recevoir tous les paiements liés aux opérations de dédouanement domiciliés dans les bureaux principaux du ressort dudit secteur.

Toutefois, selon les termes de l'arrêté n°0000101/MINFI/du 23 juillet 2010 sus cité, chaque bureau des douanes dispose désormais d'une recette des douanes propre pour le paiement des liquidations qui y sont effectuées.

Mais techniquement la mise en place d'une recette des douanes auprès de chaque bureau principal hors classe sera difficile à réaliser. Car dans son architecture, le système SYDONIA est basé sur le principe organisationnel suivant : un manifeste, un bureau des douanes, une recette des douanes. Dans le cadre de l'architecture technique et organisationnelle de ce système, chaque secteur est considéré comme un bureau des douanes.

Par ailleurs, il sera difficile en raison de l'exiguïté des locaux du GUCE d'y domicilier toutes les recettes nouvellement créées. Et toute domiciliation en dehors du cadre du GUCE va constituer un facteur d'allongement de la durée du dédouanement. En effet, dans une telle hypothèse, il faudrait se rendre en dehors du bâtiment abritant le GUCE pour effectuer les paiements des droits de douane liquidés.

Les recettes des douanes dans leur globalité font partie intégrante de l'armature institutionnelle des secteurs des douanes. En conséquence, les receveurs des douanes sont placés sous la sujétion directe du chef de secteur de rattachement.

Elles sont organisées par l'arrêté n°00272 MINEFI/DD du 11 juin 2001 s'agissant de leur création et pour leur fonctionnement par l'instruction ministérielle 03035/MINEFI/DD du 31 août 2001.

Toutefois, la composition plurielle des services opérationnels sédentaires visant à accroître la célérité se retrouve également dans les services actifs.

B- Les services opérationnels actifs

La présentation de ces services ne peut être mieux schématisée qu'autour de l'ancienne configuration des services opérationnels actifs (1) et de la nouvelle configuration des services opérationnels actifs (2).

1- L'ancienne configuration des services opérationnels actifs

L'ancienne configuration organique des services opérationnels actifs du secteur des douanes du Littoral I fait ressortir une ossature centrée sur deux subdivisions.

a) La subdivision des accès portuaires

Elle a pour compétence principale le contrôle des marchandises et le suivi de l'enlèvement de celles dédouanées de l'enceinte portuaire.

Cette subdivision comporte en son sein trois brigades :

- la brigade commerciale des douanes de contrôle 1 ;
- la brigade commerciale des douanes de contrôle 2 ;
- la brigade commerciale des douanes de contrôle 3.

Toutes ces trois brigades sont installées aux trois guérites. Elles contrôlent les mouvements des marchandises tant à l'entrée qu'à la sortie du port de Douala.

b) La subdivision active des opérations maritimes et portuaires

Cette subdivision a pour champ de compétence les opérations de conduite en douane et la prise en charge des marchandises par voie maritime. Elle s'articule autour de quatre brigades :

1- La brigade d'arraisonnement ;

2- La brigade d'écor ;

3- La brigade des douanes du parc automobile ;

4- La brigade des douanes du parc à bois.

Chaque subdivision active est dirigée par un commandant alors que chaque brigade a à sa tête un chef de brigade.

2- La nouvelle configuration des services opérationnels actifs

Elle est issue de l'arrêté du 23 juillet 2010 précité. Il introduit des bouleversements marqués par le fait que tous les services opérationnels actifs relevant de la structure organique de chaque secteur des douanes, sont désormais coiffés par le groupement actif des douanes.

Le groupement actif des douanes constitue une innovation majeure visant à regrouper sous un commandement unique l'ensemble des services actifs notamment toutes les subdivisions d'un secteur des douanes précis. On retrouve à la tête de chaque groupement actif, un commandant qui est placé sous l'autorité du chef de secteur conformément aux termes de l'article 6 de l'arrêté n°0000101/MINFI/ du 23 juillet 2010.

Dans le cadre des innovations institutionnelles, s'agissant des subdivisions des douanes, on distingue désormais deux types de subdivisions à savoir : les subdivisions commerciales ou fonctionnelles et les subdivisions actives ou territoriales.

Cette distinction est consacrée par l'article 7 de l'arrêté n°0000101 /MINFI/du 23/07/10. Les subdivisions commerciales ou fonctionnelles ont pour compétence l'appui aux unités de dédouanement des marchandises notamment la conduite et la mise en douane, y compris la surveillance des marchandises.

Par contre, les subdivisions actives ou territoriales qui s'articulent autour des brigades mobiles ont pour compétence la recherche, la constatation et la répression de la fraude, la contrebande dans leur ressort de compétence. De même, elles veillent au contrôle de la circulation et la détention des marchandises dûment couvertes par des documents douaniers.

Le groupement actif du secteur des douanes du Littoral I regroupe en son sein deux Subdivisions Commerciales.

La réforme des subdivisions des douanes attachée à l'arrêté du 23 juillet 2010 consacre la disparition de la subdivision active des accès portuaires compétente pour le contrôle de l'enlèvement des marchandises dédouanées de l'enceinte portuaire.

La subdivision active des opérations maritimes et portuaires compétente pour les opérations de conduite en douane et de prise en charge des marchandises importées par voie maritime disparaît également. En lieu et place de celles-ci, deux subdivisions nouvelles avec des dénominations spécifiques ont été créées avec leurs démembrements internes.

a) La subdivision commerciale de Douala-conteneurs

Son organisation est simple et s'articule autour de deux brigades des douanes notamment :

- la brigade des conteneurs import ;
- la brigade des conteneurs export.

b) La subdivision commerciale des magasins du port

Elle se caractérise par une structure organique plus dense avec sept brigades commerciales des douanes à savoir :

1- La brigade commerciale des magasins I (tentes 1, 2 et 3) ;

2- La brigade commerciale des magasins II (tentes 4, 5, et 6) ;

3- La brigade commerciale des magasins III (tentes 7, 8 et 9) ;

4- La brigade commerciale des magasins IV (tentes 10, 11 et 6 bis) ;

5- La brigade commerciale des magasins V (tentes 7 bis, 7 Ter et 8 bis) ;

6- La brigade du parc auto ;

7- La brigade du parc à bois.

À ce niveau, on peut observer que l'arrêté du 23 juillet 2010 marque le retour en force des brigades des douanes et des tentes au sein des magasins situés dans l'enceinte portuaire.

Dans la précédente organisation des services déconcentrés des secteurs des douanes du Littoral I et du Littoral II, leur suppression avait été présentée comme une mesure d'allègement dans la procédure d'enlèvement des marchandises dédouanées et une mesure de facilitation voulue et appuyée par le comité FAL.

Cette mesure avait également été présentée comme un acte de lutte contre la fraude car « *quelques douaniers tenaient à demeurer présents dans les magasins, au nom d'une fraude généralisée de leurs exploitants. Lorsque cette fraude a été évaluée, mise en chiffres, l'utilité de ces douaniers à leur poste a été rendue objective, mesurable et s'est avérée trop faible pour justifier une quelconque présence* »[26].

Cependant, l'application de cette mesure avait provoqué une grande démobilisation et un désœuvrement du personnel qui exerçait ses tâches

---

[26] Thomas CANTENS, « La réforme : vers la mise en place d'un contrôle interne fondé sur des informations objectives » in *Journal Afrique Contemporaine*, février 2009, p. 9.

dans les unités ainsi supprimées. Il pourrait donc s'agir d'une mesure corrective qu'il faudra bien encadrer afin d'éviter toutes dérives et lenteurs nouvelles.

On peut relever d'emblée que toutes ces articulations organiques se retrouvent à quelques variantes près dans la structure du secteur des douanes du Littoral II.

§2- Le secteur des douanes du Littoral II

Son organisation épouse le même schéma organique que celui du secteur des douanes du Littoral I. Toutefois, les contraintes techniques relatives au démarrage de SYDONIA [27] ont conduit à le reconfigurer à la fois dans sa taille et dans ses compétences.

Le secteur des douanes du Littoral II se caractérise par sa structure organique plus allégée. Il est également doté d'un groupement actif des douanes et comporte quatre recettes des douanes.

A- Les services opérationnels sédentaires

À l'exemple du secteur des douanes du Littoral I, il s'agit ici des bureaux principaux en charge du dédouanement des marchandises sous réserve de leur mode d'acheminement et de leur conditionnement. Le secteur des douanes du Littoral II compte quatre bureaux principaux des douanes hors classe.

1. Le bureau principal hors classe de Douala transferts chargé du dédouanement, sous tous les régimes, des marchandises importées et transférées dans les magasins extérieurs ;

2. Le bureau principal hors classe de Douala aéroport est chargé du dédouanement, sous tous les régimes, des marchandises importées et exportées par voie aérienne, à l'exception des colis postaux et des envois de messageries ;

3. Le bureau principal hors classe des colis postaux et messageries, chargé du dédouanement, sous tous les régimes, des marchandises importées par la poste et les messageries rapides ;

4. Le bureau principal des douanes hors classe de Youpwé chargé du dédouanement, sous tous les régimes, des marchandises importées ou exportées par tous les quais secondaires du port de Douala.

---

[27] SYDONIA, Système douanier automatisé.

À côté de ces bureaux principaux des douanes hors classe, il existe, quatre recettes des douanes au sein du secteur des douanes du Littoral II notamment :

- La recette des douanes du bureau principal de Douala transferts ;
- La recette des douanes du bureau principal hors classe de Youpwé ;
- La recette des douanes du guichet unique pour les messageries situées dans la zone portuaire, lesquelles constituent le bureau principal hors classe des colis postaux et messageries ;
- La recette des douanes du bureau principal des douanes hors classe de Douala aéroport.

B- Les services opérationnels actifs

Il est judicieux comme dans la partie précédente de distinguer l'ancienne configuration des services opérationnels actifs (1) et la nouvelle configuration des services opérationnels actifs (2).

1- L'ancienne configuration des services opérationnels actifs

Contrairement au secteur des douanes du Littoral I, les services opérationnels actifs du secteur des douanes du Littoral II, ont une structure organique plus dense avec trois subdivisions actives coiffées par un groupement actif des douanes.

Avant l'arrêté du 23 juillet 2010 qui a entraîné d'importants bouleversements dans la structure organique des services opérationnels actifs, ce secteur des douanes disposait de trois subdivisions.

a) La subdivision active des douanes de Douala-extérieur

Elle était compétente dans le contrôle de la circulation des marchandises et la surveillance des criques à l'extérieur de la zone portuaire et dans l'ensemble du périmètre régional du Littoral, zone aéroportuaire exclue. Elle comporte sept brigades :

- la brigade mobile 1 ;
- la brigade mobile 2 ;
- la brigade mobile de Bassa ;
- la brigade mobile de Youpwé ;
- la brigade mobile Bonabéri 3 ;
- la brigade mobile Bonabéri 4 ;
- la brigade mobile Mbanga.

b) La subdivision active des douanes de Douala-transferts

Elle est chargée du contrôle des mouvements des conteneurs de groupage et du suivi des opérations de dégroupage et de l'enlèvement des marchandises y relatives.

Cette subdivision s'articule autour de trois brigades des douanes ou entités :

- l'Unité spéciale d'appui au transit (USAT I ; USAT II en charge du suivi du GPS) ;
- la brigade des magasins extérieurs ;
- la brigade des empotages.

c) La subdivision active des douanes de Douala-aéroport

Elle est compétente dans la prise en charge et le contrôle de la circulation des marchandises importées par voie aérienne.

Dans sa structure organique, elle comporte trois brigades :

- la brigade des douanes de l'escale ;
- la brigade des douanes des accès aéroportuaires ;
- la brigade des douanes du fret.

En dehors de l'innovation principale caractérisée par la création du groupement actif du Littoral II, il existe à l'intérieur de cette structure un nombre bien étoffé de subdivisions.

2- La nouvelle configuration des services opérationnels actifs

Cette configuration émane de l'arrêté du 23 juillet 2010 qui réorganise le secteur des douanes du Littoral II en six subdivisions.

a) La subdivision commerciale des magasins extérieurs

Elle est composée de six brigades :

- brigade commerciale des transferts ;
- brigade commerciale des magasins Extérieur I ;
- brigade commerciale des magasins Extérieur II ;
- brigade commerciale des magasins Extérieur III ;
- brigade commerciale des magasins Extérieur IV ;
- brigade commerciale de Youpwé.

b) La subdivision commerciale de Douala-aéroport

Elle comporte trois brigades :

- brigade touristique de l'escale ;
- brigade commerciale des magasins ;
- brigade des douanes des accès.

c) Subdivision active de Douala-Akwa

Elle est composée de deux brigades mobiles :

- brigade mobile de Douala 1er ;
- brigade mobile de Douala 2e.

d) Subdivision active de Douala-Bassa

Elle comprend deux brigades mobiles :

- brigade mobile Bassa ;
- brigade mobile de Bépanda-Bonamoussadi.

e) Subdivision active de Bonabéri

Elle est composée de deux brigades mobiles :

- brigade mobile de Mbanga ;
- brigade mobile de Bonabéri.

f) Subdivision active d'Edéa

Elle est composée d'une brigade unique, la brigade mobile d'Edéa.

Ce réaménagement participe du souci de mieux quadriller le territoire douanier local et de lutter efficacement contre les opérations de fraude et de contrebande.

À l'analyse, les adaptations institutionnelles des services opérationnels de la Douane basés à Douala ont contribué à leur remodelage en profondeur avec la création de nouvelles unités de douanes. Ces adaptations impulsées à la fois par la réforme fiscalo-douanière de 1994, par la dynamique propre de toute institution et par les mutations du commerce international, ont permis de passer d'un secteur des douanes du Littoral à deux secteurs des douanes dans le Littoral, de quatre bureaux principaux des douanes à Douala à onze bureaux principaux des douanes hors classe et un bureau principal des douanes.

En faisant abstraction de leur classement, il y a lieu de constater que le nombre de bureaux des douanes sur la place portuaire de Douala a été multiplié par trois en passant de quatre bureaux des douanes en 1990 à douze bureaux des douanes en 2010.

De plus, le nombre de subdivisions actives des douanes exerçant dans le périmètre de Douala a suivi également ce mouvement de croissance en passant de deux à cinq. Mais en s'appuyant sur l'arrêté du 23 juillet 2010, ce chiffre passe de cinq subdivisions à huit.

Par ailleurs, au niveau central notamment dans le récent organigramme de la direction générale des Douanes mis en place par le décret n°2008/365 du 08 novembre 2008 portant organisation du ministère des Finances, une cellule des études, de la facilitation et de la sécurisation a été créée par l'article 90 y relatif. Cette innovation institutionnelle majeure traduit la ferme volonté du gouvernement camerounais de donner à la politique de facilitation un intérêt primordial et une visibilité incontestable. Au surplus, l'article 84 alinéa 1 du décret susvisé définissant les missions de la direction générale des Douanes énonce qu'elle est chargée, entre autres, « *de l'étude et de la mise en œuvre, en liaison avec les autres administrations et opérateurs impliqués, des mesures de facilitation en vue de la réduction des délais de passage des marchandises au regard des exigences de compétitivité de l'économie Camerounaise* ». Il en découle qu'il s'agit d'une préoccupation forte, constante et lisible du gouvernement camerounais.

Pourtant, cette réforme institutionnelle et ses adaptations ne sauraient à elles seules suffire pour influer de façon significative et durable sur l'accélération des opérations de dédouanement. Il est indispensable que les autres acteurs de la chaîne de dédouanement s'y engagent résolument.

CHAPITRE III :

LES AUTRES ACTEURS D'ACCOMPAGNEMENT DE LA FACILITATION

Les articulations précédentes, notamment celles consacrées à l'identification des cellules du GUCE, donnent à constater de façon irréfutable que la facilitation du commerce international est par essence multidimensionnelle. Ce caractère spécifique résulte du nombre d'acteurs ou parties prenantes impliqués dans la chaîne et la procédure de dédouanement des marchandises.

La réussite de toute politique de facilitation passe par leur engagement et leur adhésion totale à cette nouvelle vision de promotion des échanges commerciaux développés et étendus à la planète entière.

Les autres acteurs de facilitation relèvent de la chaîne de dédouanement d'une part, et de logistique d'autre part. Cette réalité consacre l'existence d'une véritable chaîne de facilitation caractérisée par la solidarité de ses maillons.

En effet, le dysfonctionnement d'un seul maillon peut entraver ou bloquer sa fluidité et par conséquent compromettre tous les résultats attendus.

Section I : Les acteurs liés à la chaîne de dédouanement

Ces acteurs sont des auxiliaires de l'administration des douanes reconnus comme tels et ayant un lien juridique avec celle-ci. Ils sont directement ou indirectement liés à la chaîne de dédouanement. Ce lien juridique repose, soit sur un agrément, soit sur un contrat qui lui donne l'habilitation légale d'effectuer ou d'accomplir une prestation liée à la procédure de dédouanement des marchandises, soit sur un texte réglementaire précis.

Ces acteurs sont essentiellement le Commissionnaire agréé en douane (CAD) et la Société générale de surveillance (SGS). Toutefois, en dehors de ceux-ci, il y a lieu de citer l'Agence des normes et de la qualité (ANOR) qui partage désormais avec la SGS la mission de contrôle de la qualité des marchandises importées au Cameroun.

L'action de L'ANOR se situe en amont de la procédure de dédouanement et est susceptible d'influencer le délai global de mise en œuvre d'une transaction commerciale jusqu'à la mise à la consommation finale des marchandises dédouanées. L'ANOR est devenue un maillon important dans la chaîne du commerce extérieur du Cameroun.

§1- Le commissionnaire agréé en douane : un acteur majeur de la facilitation

Le commissionnaire agréé en douane sera appréhendé ici dans le cadre de son rôle individuel et quotidien dans la procédure de dédouanement. Dans un système de dédouanement essentiellement déclaratif, le CAD[28] est cette personne morale ayant l'expertise technique avérée pour lever une déclaration en douane et accomplir toutes formalités de douane en vue de l'enlèvement et de la livraison des marchandises conformément au mandat reçu de son client.

En dehors des exceptions édictées dans la Loi de finances 2004 et à l'article 112 alinéa 3 du Code des douanes de la CEMAC, le recours à un CAD est obligatoire pour toute opération de dédouanement.

D'un point de vue statistique, il existe environ 170 CAD[29] actifs dans SYDONIA qui ont validé sur la période 2007-2009, un nombre important de déclarations en douane. Cela apparaît avec constance dans les données chiffrées reprises dans le tableau ci-après :

Rubriques	2007	2008	2009	Période 2007-2009
Nombre total de déclarations validées	132 729	141 544	139 322	413 595
Nombre de déclarations validées par les CAD	100 208	104 606	99 606	304 420
Part relative de déclarations validées par les CAD	75,5%	73,9%	71,5%	73,6%

[28] CAD, ce sigle dont le substitut sémantique est CDA, signifie Commissionnaire agréé en douane.

[29] Ce chiffre varie en fonction des années visées en référence. Cette variation résulte notamment du niveau d'activité de chaque CAD et des mesures administratives de suspension (contentieux non réglé). En prenant en compte le critère lié à la validation d'au moins une déclaration en douane dans SYDONIA au titre d'une année, on constate qu'au cours de l'année 2007, 146 CAD ont été actifs. Pour l'année 2008, ce chiffre est de 151 CAD contre 166 CAD pour l'année 2009. S'agissant de l'année 2010, de janvier à novembre, 166 CAD ont été actifs. Cela donne à constater l'accroissement de leur nombre et en conséquence un rôle plus important.

Le nombre élevé de déclarations en douane validées par les CAD indique leur importance et leur influence probables sur la durée du dédouanement qui peut varier en fonction de leur niveau de maîtrise de la procédure de dédouanement.

A- La maîtrise technique des outils de la déclaration en détail

Comme indiqué plus loin, le déclenchement de l'action du CAD se fait dans le cadre de l'ordre de transit, véritable mandat par lequel un client lui donne l'habilitation nécessaire pour accomplir les formalités de dédouanement des marchandises en ses lieu et place. Sans l'ordre de transit, aucune procédure de dédouanement ne peut être menée ou déclenchée. Pour jouer efficacement son rôle, le CAD doit se mobiliser dès l'instant où il reçoit l'ordre de transit, afin de lever la déclaration en détail en conformité avec les pièces jointes. L'établissement de la déclaration en douane requiert du CAD une bonne maîtrise technique du Code et du tarif des douanes, des lois et textes spécifiques à certaines marchandises notamment ceux instituant des mercuriales et valeurs de référence.

L'approximation ou l'amateurisme n'a pas de place chez le CAD car une omission ou erreur sur un des éléments de la déclaration en détail, soit la valeur, l'espèce tarifaire ou l'origine, l'exposerait solidairement avec son client ou seul à une sanction fiscale.

L'importateur ou l'exportateur se doit donc de choisir un CAD bien outillé sur le plan technique et logistique jouissant d'une bonne réputation. Cette exigence capitale est ainsi soulignée : « *Les opérateurs doivent choisir des déclarants sérieux, avec une rémunération raisonnable* »[30]. Le choix du CAD est déterminant pour éviter toute lenteur liée à l'amateurisme et à l'insuffisante maîtrise des procédures douanières qui caractérisent certains commissionnaires en douane surtout compte tenu de leur nombre très élevé sur la place portuaire de Douala.

Cette situation engendre une concurrence exacerbée et des pratiques déloyales entre les CAD et nuit aux intérêts des clients parfois abandonnés à eux-mêmes par ces *valideurs sauvages* dès la perception de leurs honoraires.

---

[30] Pierre VEILLARD, « La responsabilité financière et professionnelle du déclarant agréé en douane » in *Douanes 2000, les cahiers des douanes françaises et européennes*, 2e trimestre 1997, p.23.

Ce qui est plus grave, c'est lorsque les déclarations en douane levées dans la précipitation ou l'ignorance recèlent de nombreux omissions, inexactitudes et manquements débouchant sur des infractions douanières.

Dans le cas d'espèce, la procédure contentieuse est enclenchée et se matérialise par un redressement nécessitant le paiement des droits additionnels ou compromis et d'une amende par l'importateur. Cela génère lenteurs et surcoûts qui grèvent le coût final des marchandises dédouanées et l'équilibre financier de l'entreprise concernée.

S'agissant des manquements et insuffisances des commissionnaires en douane en général, la commission technique n° 3 du Comité de réforme de l'administration des douanes, commission en charge de la sécurité, de la fraude et de la contrebande relève que le commissionnaire agréé en douane est « *un maillon essentiel dans la procédure de dédouanement par sa responsabilité vis-à-vis de la douane et de l'usager. Mais il y a lieu de déplorer un niveau de qualification médiocre dans la profession, lequel tend à s'aggraver par un excès de mercantilisme* »[31].

Le professionnalisme exige du CAD une formation continue et une ouverture sur les mutations fréquentes qui caractérisent le cadre légal et réglementaire du commerce international et des procédures de dédouanement. En effet, beaucoup d'instruments juridiques d'encadrement du commerce international subissent des modifications liées aux innovations technologiques. L'apparition des nouveaux produits exige des CAD ou transitaires, appellation plus commune, une maîtrise parfaite des règles de classement de ces produits.

De même, ils doivent disposer de notes de classement édictées par le service sur des produits spécifiques. Ils devraient aussi disposer d'un abonnement permanent au Système harmonisé de désignation et de codification des marchandises et à ses mises à jour. Ils devraient également disposer du recueil des avis de classement pour éviter de tomber sous le coup de fausses déclarations d'espèce résultant de l'actualisation du tarif. Faute de quoi ils seront déphasés car le commerce international est caractérisé par ses mutations perpétuelles et ses conséquences sur le tarif des douanes.

En définitive, le professionnalisme doit être la première qualité du commissionnaire en douane. Mais il lui appartient également de développer une véritable culture de la célérité.

---

[31] Rapport général du CRAD, commission technique n°3, p.10.

B- La culture de la célérité

Le commissionnaire agréé en douane apparaît comme un acteur de premier plan de la facilitation des opérations de dédouanement. À ce titre, il doit faire preuve de célérité dans l'ensemble des actes qui lui incombent dans la procédure de dédouanement.

Dans le cadre de la procédure informatisée et du fonctionnement 24h sur 24h et 7 jours sur 7 de SYDONIA, le CAD doit lever sa déclaration provisoire le plus tôt possible par rapport à la délivrance de l'ordre de transit. Il devrait procéder immédiatement aux corrections nécessaires et valider la déclaration définitive à déposer en douane avec les pièces jointes.

En dehors de la note de service n° 012/MINEFI/DGD/SDLT1 du 23 mars 2010 qui fait obligation au CAD de déposer auprès du bureau des douanes compétent la déclaration en douane le jour même de sa validation, ce dernier doit être habité par le reflexe propre de faire vite son travail et de bien le faire.

L'importance de la célérité chez le CAD n'est plus à démontrer. En effet, il ressort d'une étude du comité FAL menée dans le cadre de ses dix ans d'existence, que le couple CAD/importateur était responsable à lui seul de 9 jours de retard.

Par ailleurs, il doit s'atteler à payer les droits et taxes de douane dès leur liquidation même si dans certains cas la mobilisation rapide des fonds ne dépend pas de lui. Afin d'éviter des « temps morts » dans la procédure de dédouanement, il est souhaitable que le paiement soit effectué immédiatement après la liquidation des droits et taxes, soit auprès de la recette des douanes compétente, soit de la banque de l'importateur selon que les marchandises sont éligibles au Programme de sécurisation des recettes douanières (PSRD) ou non.

La disponibilité des fonds est nécessaire pour assurer au plus vite cette étape et évoluer vers la constatation de sortie, dernier acte marquant la fin de la procédure de dédouanement sous SYDONIA et ouvrant la voie à l'enlèvement des marchandises.

À cet égard, il appartient à l'importateur, hypothèse privilégiée ici, de mobiliser la totalité des moyens financiers pour assurer la couverture de toutes les charges et coûts liés au dédouanement. Il arrive cependant, et cela mérite d'être valorisé, que certains CAD à surface financière confortable, procèdent par eux-mêmes, au règlement des droits et taxes de douane afférents aux déclarations qu'ils ont validées et ne se font rembourser que postérieurement.

Il est indispensable que le commissionnaire en douane soucieux de réaliser des gains de temps, s'engage concomitamment dans le règlement des taxes portuaires et autres taxes ou redevances connexes.

Il est du devoir d'un commissionnaire en douane qui a reçu l'ordre de transit à temps et l'ensemble des pièces et documents nécessaires à une opération de dédouanement, de mener celle-ci à son terme dans le strict respect du délai de franchise qui est de 11 jours[32].

En cas d'inobservation de ce délai par le commissionnaire en douane, quelles qu'en soient les raisons, les marchandises dédouanées seront soumises aux pénalités dès le 12e jour. Le montant de ces pénalités sera fonction de la durée du dépassement du délai franc et du mode de conditionnement des marchandises. Il s'agit dans le cas d'espèce des pénalités liées au stationnement pour toutes les marchandises et au surplus des surestaries pour celles conteneurisées.

En définitive, il y a intérêt à développer la célérité afin d'éviter tout surcoût résultant d'un séjour prolongé des marchandises dans l'enceinte portuaire ou aéroportuaire. Ce surcoût qui sera intégré ou répercuté dans le prix de revient des marchandises aura pour effet de renchérir le prix final sur le marché local. Cela peut être un véritable facteur d'inflation.

C- Le poids statistique variable du commissionnaire en douane comme acteur de la facilitation

Depuis le lancement de SYDONIA en janvier 2007, il est possible de quantifier avec exactitude le nombre de déclarations en douane levées par un commissionnaire en douane déterminé.

Cette possibilité permet d'établir des comparaisons entre les CAD en prenant pour références des éléments comme le nombre des déclarations en douane validées au cours d'une année, le cumul de leurs valeurs imposables et la diversité des régimes douaniers mis en œuvre.

En fonction du nombre de déclarations en détail validées par un CAD, il est possible de déterminer son poids et son influence en tant qu'acteur de la facilitation. Il y a lieu de penser que, plus un CAD validera de déclarations en détail, plus il pourra influencer par son comportement les

[32] Il s'agit du délai au-delà duquel les pénalités liées au stationnement et éventuellement les surestaries sont appliquées aux marchandises.

délais de dédouanement des marchandises et au-delà, les délais de passage des marchandises en général.

Si on prend pour référence les années 2007, 2008 et 2009, il ressort globalement que sur 132 729, 141 544 et 139 322 déclarations en détail validées, la part des CAD représente respectivement au titre des années considérées 100 208, 104 606 et 99 606 déclarations, soit 75.5%, 73.9% et 71.5 %, en valeur relative, tous régimes douaniers confondus.

	Année 2007	**%**	**Année 2008**	**%**	**Année 2009**	**%**
Nombre total de déclarations en douane.	132 729	100%	141 544	100%	139 322	100%
Nombre total de déclarations levées par CAD	100 208	75,5%	104 606	73,9%	99 656	71,5%

Source : *Étude sur l'utilisation des régimes douaniers*[33] *au Cameroun.*

Toutefois, il y a lieu de relever une forte prédominance des déclarations de mise à la consommation IM4 comme le montre le tableau ci-après :

	Année 2007	**%**	**Année 2008**	**%**	**Année 2009**	**%**
Nombre total de déclarations levées par CAD	100 208	100%	104 606	100%	99 656	100%
Déclaration modèle IM4	73 901	58%	80895	56,5%	64 601	64,9%
Déclaration ex 1 et ex 3 (exportation et réexportation)	28040	21,5%	27 530	19,8%	22 181	22,3%
Déclaration modèle IM8 (transit)	8773	6,7%	10 373	7,4%	9017	9,1%

Source : *Étude sur l'utilisation des régimes douaniers*[34] Op.cit.

Il se dégage de ce tableau une réalité chiffrée constante, plus de 70% des déclarations en douane levées à Douala sont le fait des commissionnaires en douane.

[33] Raphaël Athanase Elisée HAMADJAM, « L'utilisation des régimes douaniers au Cameroun : une étude descriptive du cas des Secteurs des Douanes du Littoral I et II », année 2009, p.9.
[34] HAMADJAM, Op cit., p.34.

Par ailleurs, les importations sont les plus importantes avec 73 901 déclarations à l'import contre 28 040 à l'export au titre de l'année 2007.

Pour l'année 2008, on enregistre 80 895 déclarations à l'import contre 27 530 à l'export. Il en découle qu'il faut davantage mettre l'accent sur les mesures de facilitation à l'import. Pour 2009, les chiffres indiquent 99 656 déclarations à l'import contre 22 181 à l'export. Mais il faut arriver à terme à renverser cette tendance qui montre la faiblesse de notre tissu industriel et économique et surtout le déficit de la balance commerciale du Cameroun.

L'importance des importations tend à valoriser le poids et l'influence des commissionnaires en douane dans la facilitation des opérations de dédouanement plus particulièrement leur capacité à jouer un rôle d'accélérateur. Ces poids et influence des CAD peuvent être affinés et ramenés à l'échelle individuelle. On peut ainsi déterminer le poids statistique d'un CAD précis.

Le premier commissionnaire en douane en termes de nombre de déclarations validées en 2007 et 2008 est SDV avec 12,5% et 9,6%.

Le deuxième rang est occupé par SAGA avec 6,8 en 2007 et 5,6% en 2008. Pour ces deux CAD, leur classement est constant sur ces deux années de référence en ce qui concerne leurs première et deuxième places.

S'agissant de la suite de ce classement, on retrouve, au titre de l'année 2007, à partir de la troisième position et dans l'ordre décroissant : GEODIS, LONATRANS, CCTR SARL, DITRANS, PANALPINA et MEGATRANS, SFD et GETMA.

Dans le cadre du classement de l'année 2008, viennent après SDV et SAGA les CAD ci-après : GEODIS, TRANGE, SOTRACAM, SITRAMAR, CTNC, MEGATRANS, CCTR, PANALPINA.

D'un point de vue sociologique, il peut être établi que ce groupe des 10 premiers CAD, qui occupent la tête du classement en raison du nombre des déclarations en douane validées, peuvent avoir une influence réelle sur la facilitation des opérations de dédouanement notamment sur leurs délais. Mais la facilitation d'une façon générale, exige bien plus des commissionnaires en douane.

D- La démarche qualitative de labellisation du commissionnaire en douane

Dans le but d'établir un classement hiérarchisé des meilleurs commissionnaires en douane, le comité FAL a lancé depuis l'année 2004 le concept qualitatif de labellisation des CAD. Cette démarche vise à identifier sur une année, les meilleurs CAD sur la base de critères bien définis. La labellisation est et doit être assise sur des critères objectifs et connus de tous afin d'être crédible et opposable à l'ensemble du milieu des affaires et du commerce extérieur.

Seules ces conditions peuvent conférer à ce hit-parade de classement des meilleurs commissionnaires en douane au titre d'une année précise, une valeur de référence incontestable.

Domaine et critères d'appréciation	**Note maxi**	**Structure en charge de la notation**	**Compilation**
A) Organisation et procédures internes			
- Organisation	10	Douane	Comité FAL
- Moyens de production	10	Douane	Comité FAL
B) Interface avec les partenaires			
- Reversement des impôts et respect des HAD	04	Comité FAL suivant quitus fiscal	ComitéFAL
- Agrément en Douane	2	Douane	Comité FAL
- Respect des engagements en Douane	2	Douane	Comité FAL
- Maîtrise des procédures	2	Douane	Comité FAL
- Ordre de transit	2	Douane	Comité FAL
- Paiement des cotisations syndicales, contrats de bail et loyers	2	Syndicat	Comité FAL
C) Satisfaction des clients			
- Célérité dans le dédouanement	30	Comité FAL	Comité FAL
- Appréciation des cellules du GUCE	10	Cellules GUCE	Comité FAL
D) Éthique (notes éliminatoires)			
-Fraude douanière (+10% des dossiers)	5	Douane	Comité FAL
- Poursuites et condamnations	5	Douane	Comité FAL
- Contrebande (même avec 1 dossier)	4	Douane	Comité FAL
- Validation sauvage	3	Douane	Comité FAL
- Respect éthique syndicale	3	Syndicat	Comité FAL
- Affiliation à un syndicat	2	Syndicat	Comité FAL
- Validité de la caution	2	Douane	Comité FAL
TOTAL	**100**		

Les critères de labellisation tournent actuellement autour du professionnalisme, de la célérité et la ligne éthique du CAD. Ces critères sont mis en évidence par le comité FAL dans le tableau ci-dessus.

Mais à tous égards, toute labellisation doit également prendre en compte le nombre total des déclarations en détail levées par un CAD au cours d'une année. Ce chiffre peut être aisément obtenu bien avant la session de labellisation. Cela aurait l'avantage de rendre ce classement encore plus crédible.

L'absence remarquable d'un CAD tel SATCO de tous les classements établis depuis cette institution en 2004, est sujette à caution. En effet, la rigueur et le professionnalisme de ses promoteurs sont bien connus. Il est possible qu'il en existe bien d'autres. Cette mention est donc purement indicative.

Il existe deux types de labels à savoir le Label import et le Label export. Pour le Label qualité import au titre de l'année 2009, le comité FAL a désigné pour les 05 premières places, les CAD ci-après :

1er CARETRANS, 2e CSE, 3e MARKIM-EXPORT, 4e KFC TRANSIT, 5e SOGIDO.

S'agissant du Label export 2009, les 05 premières places ont été attribuées à : 1er SOTRACAM, 2e GROTRANS, 3e TRACI, 4e LOGISCO, 5e CLGG.

Dans le registre de la célérité, le comité FAL a également aménagé des prix spéciaux qui ont été attribués, par ordre de mérite au titre de l'année 2009, aux cinq premiers CAD ci-après, s'agissant précisément des plus rapides en procédure : 1er YM TRANSIT, 2e CAMAS, 3e NETRAC, 4e COMTRASE, 5e ACTE.

Dans le volet de l'éthique pour l'année 2009, plusieurs CAD considérés comme les plus respectueux de l'éthique ont été distingués notamment : BATCHE, CCTTN, CODEM, CSE, KFC-TRANSIT, LONETRANS, POLYTRANS, SOGIDO, SOMATRANS, SOTRAD, STAR, TRADOMA, TRANSCO et UTS.

Cette véritable évaluation des CAD en vue d'accorder solennellement des distinctions aux meilleurs d'entre eux est menée collectivement par le comité FAL, la douane, le CNCC, les syndicats des commissionnaires en douane et les différentes cellules du GUCE.

L'existence de cette démarche procède du souci partagé des pouvoirs publics et des partenaires susvisés d'instaurer une véritable éthique au sein des commissionnaires en douane. L'établissement d'un classement hiérarchisé de ceux-ci au terme de chaque année vise à promouvoir des valeurs de référence. La démarche de labellisation indique que le CAD doit rester professionnel, intègre et loyal vis-à-vis de ses clients. En effet, cet intermédiaire, à l'image d'un avocat, doit être entièrement voué à la seule défense des intérêts de son client auprès de la douane.

L'histoire de la douane est riche d'anecdotes où certains commissionnaires en douane ou déclarants occasionnels désireux d'obtenir plus d'argent de leurs clients ont développé divers affabulations et subterfuges. À cet effet, ils ont fait valoir à chaque fois, des prétentions financières de la part des douaniers en contrepartie d'un service dû même si ceux-ci ne sont pas exempts de tout reproche.

Tout néophyte dans la procédure de dédouanement pourrait s'appuyer sur la labellisation pour choisir un CAD fiable à qui il peut confier une opération de dédouanement bien précise. En effet, beaucoup de CAD pèchent par leur manque de professionnalisme, d'expertise et de rigueur. Ils exposent conséquemment leurs clients aux infractions douanières les plus banales ou les plus sévères.

À cet égard, il convient de décommander fortement le recours aux **"valideurs sauvages"**. Ces CAD se contentent juste de valider les déclarations en douane avec leurs codes SYDONIA, de percevoir leurs honoraires et sans assurer leur suivi dans le cadre des différentes étapes de la procédure de dédouanement jusqu'à l'enlèvement des marchandises. Le client se trouve ainsi abandonné à lui-même et obligé d'assurer seul les conséquences de l'amateurisme de ces "valideurs sauvages". À tout prendre, la facilitation du dédouanement exige comme valeurs essentielles, le professionnalisme et l'expertise du CAD et un code éthique ou d'honneur propre.

Le dédouanement des marchandises est véritablement déclenché par le dépôt de la déclaration en douane levée par le commissionnaire en douane auprès du bureau des douanes compétent. Pour la recevabilité de celle-ci, il faut obligatoirement produire dans le cadre des pièces jointes, l'Attestation de vérification à l'importation (AVI)[35] délivrée par la SGS

[35] AVI, Attestation de vérification à l'importation, document final émis par la SGS au terme de l'inspection des marchandises. Elle n'est cependant requise que lorsque la valeur FOB de la marchandise est supérieure ou égale à deux millions de F CFA.

sous peine d'une amende de 50% de la valeur imposable des marchandises.

§2- Le rôle de la Société générale de surveillance (SGS) dans la procédure de dédouanement

La facilitation du dédouanement et des opérations du commerce extérieur au Cameroun nécessite le concours et l'engagement réels de la Société générale de surveillance. En effet, cette société multinationale est directement impliquée dans la procédure de dédouanement des marchandises depuis 1988 au titre du Programme de vérification des importations (PVI)[36] conclu avec le gouvernement camerounais.

Le Programme de vérification des importations s'inscrivait dans le prolongement des différents Plans d'ajustement structurel mis en place avec le concours du FMI et de la Banque mondiale en vue de stabiliser et d'améliorer les finances publiques du Cameroun.

L'avènement du PVI, essentiellement attaché au relèvement des recettes douanières, vise à lutter plus efficacement contre la fraude douanière et la corruption dans cette administration. En effet, « *il est largement admis que la corruption de l'administration douanière est un fléau dont le coût réduit de façon sensible les recettes potentielles.*

Souvent encouragés par les institutions internationales, certains pays ont adopté des programmes de vérification des importations afin de sécuriser les recettes douanières. Il s'agissait là principalement de lutter contre la corruption de leur administration »[37].

Dans la même lancée en 1995, le chef de l'État camerounais, Paul Biya, dans une adresse forte à la Nation le 1er juin 1995 juste avant le passage effectif du PVI au PSRD, avait dénoncé avec fermeté le fléau de la corruption au sein de la douane et son incidence sur les recettes douanières.

Faisant suite à cette dénonciation et aux mesures prises à cet effet, il déclarait : « *S'agissant des finances publiques, les mesures déjà prises, et qui ont donné des résultats notables, se heurtent à deux fléaux qui ont pour nom l'incivisme fiscal et la fraude douanière. Ces maux, rendus*

---

[36] PVI : Programme de vérification des importations piloté par la SGS.

[37] VIANNEY DEQUIEDT, ANNE-MARIE GEOURJON et GREGOIRE ROTA-GRAZIOSI, « Les Programmes de vérification des importations (PVI) à la lumière des théories de l'agence » in *Afrique Contemporaine,* n° 230, février 2009, pp.151-152.

possibles par la corruption de certains agents publics, entachent notre crédibilité et minent profondément les bases de notre économie. C'est pourquoi nous allons mener contre eux un combat sans merci »[38].

L'action de la SGS associée à l'accroissement continu du volume des importations et à d'autres facteurs explique le relèvement substantiel des recettes douanières et conforte davantage cette option présidentielle dont les fruits sont bien visibles.

Il y a lieu de constater dans ce contexte que « *la corruption des douaniers est rendue plus difficile par la présence de l'entreprise privée qui vérifie les importations ; de même, la corruption de l'entreprise privée peut être rendue délicate par l'existence d'un contrôle effectué par l'administration des douanes. Pour que ces mécanismes fonctionnent correctement, il est nécessaire de s'assurer qu'il n'y ait pas d'entente entre les douaniers et l'entreprise en charge de la vérification. C'est là une clé du succès des PVI* »[39].

Dans le cadre du PVI transformé ultérieurement en Programme de sécurisation des recettes douanières (PSRD), la production de l'attestation de vérification à l'importation délivrée par la SGS devenait une pièce obligatoire à produire à l'appui de toute déclaration en douane.

En raison de la délivrance de cette pièce fondamentale dans la procédure de dédouanement des marchandises au Cameroun, la SGS y prend une place importante.

Toutefois, pour être un acteur de la facilitation, la SGS se doit de développer la culture de la célérité dans la délivrance de cette pièce essentielle du dédouanement qu'est l'AVI tout comme dans son amendement éventuel.

A- Le Programme de vérification des importations (PVI) et sa sanction documentaire

Le programme de vérification des importations mis en œuvre dès 1988 en accompagnement des Plans d'ajustement structurel était entièrement centré sur la SGS. Le PVI a été mis en place par la loi du 15 juillet 1988 et les textes subséquents dont le décret 88/1285 du 23 septembre 1988

---

[38] PAUL BIYA, Président de la République du Cameroun, Discours à la Nation, 1er juin 1995, *Jeune Afrique Economie*, n° 198, 19 juin 1995, p.56.

[39] VIANNEY DEQUIEDT, ANNE-MARIE GEOURJON, GREGOIRE ROTA-GRAZIOSI, op. cit., p.158.

qui fixe clairement les domaines de compétence de la douane et de la société de surveillance.

La SGS est une société multinationale présente dans de nombreux pays à travers le monde et spécialisée dans l'inspection qualitative et quantitative des marchandises à l'importation et à destination des pays contractuellement engagés avec elle. Cette inspection est préalable à l'embarquement des marchandises.

Selon les termes du contrat relatif au PVI, les missions de la SGS sont :

« - Le contrôle de la qualité de l'importation, afin de s'assurer de la conformité des biens importés aux normes requises ;

- Vérification de la concordance entre les quantités commandées et celles livrées ;

- Comparaison de prix facturés avec ceux pratiqués sur le marché d'exportation afin de déceler soit les minorations de valeurs imposables, soit les surfacturations source de fuite de devises ».

Dans son rôle d'inspection des marchandises avant embarquement, la SGS a pour mission de lutter contre la fraude commerciale et à garantir en conséquence un meilleur recouvrement des recettes douanières.

L'intervention de la SGS dans le cadre du PVI était sanctionnée par la délivrance de l'Attestation de vérification à l'importation (AVI). La production de l'AVI était obligatoire pour toute déclaration en douane dont la valeur FOB était égale ou supérieure à 1 000 000 F CFA, avant la dévaluation du FCFA de janvier 1994, et pour tout pays d'origine où la SGS était présente. Ce seuil est passé en conséquence à 2 000 000 de FCFA.

Toutefois, à la mise en place du PVI en 1988, les éléments et mentions figurant sur l'AVI ne liaient pas l'appréciation du service des douanes. L'AVI avait donc une valeur purement indicative même si sa non présentation rendait la déclaration en douane irrecevable.

Ce manquement constituait une infraction douanière, notamment un délit de première classe, assimilable à une importation sans déclaration de marchandises prohibées. Malgré certaines insuffisances de la SGS, il est vite apparu qu'« *au regard des résultats du PVI, la société de surveillance se présente comme un outil complémentaire du rôle traditionnel des services des douanes chargés de lutter contre toutes formes de fraudes commerciales. Elle intervient en conséquence comme une structure de prévention à la fraude qui, bien utilisée en amont de la déclaration, permet de détecter et de stopper de nombreuses irrégularités projetées en complicité ou non par le vendeur et l'acheteur* »[40].

Le PVI a fait de la SGS un auxiliaire de l'administration des douanes qui, au fil du temps, a vu ses prérogatives s'accroître à cause des failles originelles liées au caractère indicatif de l'AVI et de certains manquements imputés au personnel de la douane.

Ce caractère est consacré dans les termes de la note-circulaire n°000879 /MINFI /CAB du 11 avril 1989 déterminant les modalités d'application du programme de vérification des importations en ces termes : « *À la suite de cette inspection qui portera sur la qualité, la quantité et le prix des marchandises importées, la SGS émettra une attestation qui donnera* ***à titre indicatif****, la position tarifaire, la valeur de référence coût et fret (C+F) ainsi que les taux de droit de douane, du droit d'entrée, de la taxe sur le chiffre d'affaires et de la taxe complémentaire* ».

Le caractère indicatif de l'AVI ne permettra pas d'atteindre pleinement tous les résultats escomptés notamment la lutte contre la fraude et la contrebande douanières et le relèvement subséquent des recettes douanières.

Les résultats mitigés vont conduire le gouvernement camerounais à conclure avec la SGS en 1995 un nouveau contrat renforçant ses prérogatives et son champ d'action sous la dénomination de Programme de sécurisation des recettes douanières (PSRD).

B- La sanction du programme de sécurisation des recettes douanières : le BDT

Le programme de sécurisation des recettes douanières au centre duquel se trouve la SGS a été mis en place par un ensemble de textes[41]

---

[40] Rapport général, 8e conférence des directeurs généraux des Douanes des pays totalement ou partiellement francophones, Douala les 29- 31/01/1991, p.7.

[41] Les principaux textes de référence du PSRD sont :

1)- L'Ordonnance n°95/004 du 07 décembre 1995 portant mise en place du Programme de sécurisation des recettes douanières (PSRD) ;

2)- Le décret n°95/250 du 07 décembre 1995 fixant les modalités d'application de l'ordonnance susvisée ;

3)- L'arrêté n°00267 du 15 décembre 1995 fixant les modalités de reversement au trésor public des recettes douanières perçues par les banques commerciales agréées ;

bien précis et complémentaires. Dans le cadre de ce programme, elle émet le Bordereau de taxation (BDT) qui sanctionne l'inspection préalable des marchandises avant embarquement à destination du Cameroun.

Le bordereau de taxation comporte les mêmes éléments que l'AVI notamment : la valeur imposable des marchandises et (FOB), l'espèce tarifaire, le pays d'importation, les quantités, la devise de la transaction, le nom du fournisseur, les références de la déclaration d'importation, la date d'embarquement et les autres éléments du shipping.

La production du BDT est obligatoire à l'appui de toute déclaration en douane sous peine d'irrecevabilité ou d'amende de 50% de la valeur FOB des marchandises.

À la différence de l'AVI, les éléments contenus dans le BDT lient l'appréciation du service des douanes sous réserve de leur exactitude. Le commissionnaire en douane est tenu de reprendre de façon conforme et intégrale les éléments du BDT dans la déclaration en détail.

Par ailleurs, il est important de souligner que le paiement des droits et taxes pour toutes les marchandises éligibles au PSRD se fait exclusivement auprès des banques commerciales agréées dans le cadre dudit programme contre reçu et délivrance de la lettre de confirmation de paiement destinée au receveur des douanes compétent. Il s'agit notamment de la banque de l'importateur ou celle de domiciliation de la déclaration d'importation relative à l'opération en cours.

La procédure de délivrance du BDT s'enclenche dès que l'importateur ou son mandataire, le commissionnaire en douane, dépose auprès de la SGS les éléments ci-après :

- déclaration d'importation domiciliée à sa banque ;
- facture de fret ;
- le certificat d'assurance ;
- la liste de colisage s'il y a lieu ;
- le certificat de conformité ou visa technique s'il y a lieu ;
- les justificatifs d'exonération s'il y a lieu.

---

4)- L'instruction ministérielle n°00268 MINEFI/CAB du 15 décembre 1995 portant mise en place du programme de sécurisation des recettes douanières.

Dès la réception de ces documents, la SGS établit le bordereau de taxation dans un délai compris entre 48h et 72h.

Il appartient à la SGS dans le cadre de la facilitation du dédouanement de développer la culture de la célérité en ramenant ce délai tout au plus à 24h. Elle peut aussi opter pour l'anticipation à travers l'émission automatique de l'AVI dès la fin de l'inspection et de toutes ses investigations. À cet égard, bien avant l'arrivée du navire, elle devrait demander à l'importateur de produire tous les documents susvisés.

Dans cette perspective, elle pourrait avoir recours aux nouvelles technologies de l'information et de la communication. Lesdits documents peuvent lui être envoyés par voie électronique pour la délivrance rapide du BDT. Cela éviterait un engorgement des usagers à ses guichets et favoriserait un traitement accéléré des dossiers.

De même, le BDT final pourrait, au terme de son élaboration, être mis en ligne pour téléchargement et impression par le client dans le cadre de ses propres bureaux sous réserve de leur sécurisation ou de leur authentification ultérieure par la SGS.

Force est de constater qu'en février 2008, la SGS est revenue unilatéralement à l'émission de l'AVI en lieu et place du BDT. La seule différence notable est que cette nouvelle version lie l'appréciation du service des douanes à la fois dans ses mentions et ses énonciations sauf en cas d'erreurs ou inexactitudes.

Ce retour est consacré par la note de service n°021 MINFI/DGD/ du 1er février 2008 portant aménagement de la procédure d'émission de l'AVI à l'importation des marchandises par voie maritime.

Il ressort des termes de cette note de service « *qu'en attendant l'aboutissement des travaux de relecture des contrats signés avec la SGS et, afin de garantir la fluidité et la célérité des dédouanements au Port de Douala, les mesures relatives à l'émission des AVI pour les importations des marchandises par voie maritime sont réaménagées* ».

Il y est indiqué plus loin, par rapport aux formalités à accomplir dans le pays d'exportation, que le vendeur des marchandises à exporter ou son chargeur remet directement la facture commerciale et la liste de colisage à l'affilié SGS du lieu d'exportation. Cette formalité doit être accomplie avant l'embarquement des marchandises.

Dans ses termes finaux, elle précise que dès l'émission du B/L ou plus tard, 05 jours à compter de la date d'émission du B/L, l'importateur ou son mandataire soumet une demande d'AVI au bureau SGS du guichet unique de Douala.

Ce retour à l'AVI s'est accompagné d'une suspension des inspections avant embarquement des marchandises dans les pays ci-après : France, Belgique, Italie et Hollande. Dorénavant *« l'inspection documentaire »* remplace l'inspection physique dans les pays sus cités. À l'analyse stricte, cette suspension des inspections avant embarquement dans les pays susvisés, devrait conduire à une révision à la baisse du coût de cette prestation prévue dans le décret n°95/25 du 7 décembre 1995 portant *Programme de Sécurisation des Recettes douanières.* En effet, elle est désormais réduite à la seule délivrance d'une attestation d'inspection effectuée sur la base des seuls documents commerciaux usuels et du connaissement sans aucun déplacement de l'affilié SGS dans les locaux de l'exportateur.

Cette absence d'inspection physique peut apparaître comme une grande faille dans le dispositif de lutte contre la fraude commerciale, objectif majeur du programme de sécurisation des recettes douanières.

Toutefois, la suspension des inspections avant embarquement a généré un gain de temps appréciable dans l'expédition des marchandises. En effet, beaucoup de marchandises accusaient des retards importants et récurrents à l'embarquement à cause du surbooking ou de l'indisponibilité des agents SGS chargés des inspections avant embarquement dans les pays d'exportation.

S'agissant globalement de l'inspection et de sa mise en œuvre, on peut constater que « *la société d'inspection pour contrôler les transactions internationales et chiffrer les droits de douanes assis sur lesdites transactions, est supposée inspecter les importations à destination du pays pour lequel elle travaille de par le monde. Cela suppose une implantation planétaire efficiente ce qui semble peu plausible et introduit la problématique de la pertinence des résultats d'inspection* »[42].

Pour compléter cette analyse, il convient de souligner que « *les chargeurs sont contraints d'organiser la jonction entre leurs fournisseurs et l'affilié de la société d'inspection régionalement compétent. Les délais d'attente qui en découlent sont autant de pertes en immobilisation de capitaux pour les chargeurs* »[43].

[42] M. LAMARE, in *Le comité FAL dix ans après*, Op cit., p.27.

[43] Ibid.

« Le constat qui se dégage dans l'exécution des missions de la société d'inspection est que la procédure d'importation se trouve alourdie en termes des délais et des coûts superflus. En outre, une partie du trafic est détournée vers les ports concurrents »[44].

Cependant, ces insuffisances peuvent être corrigées par l'instauration d'un mécanisme interne à la SGS qui ferait de la collecte des renseignements issus des déclarations d'importation, le déclencheur du contact et de la localisation des fournisseurs conformément à une forte recommandation du comité FAL[45].

Les exigences liées à la facilitation imposent la célérité dans les actes de procédure de la SGS. C'est l'impératif du futur que doit observer cette multinationale disposant d'un réseau de communication très moderne pour ne pas être un frein à ce processus découlant de la mondialisation.

C- La sanction de l'évaluation des véhicules d'occasion : la fiche CIVIO

En complément au PSRD, le gouvernement camerounais a mis en place en janvier 2003, le programme CIVIO relatif à l'identification et l'évaluation des véhicules d'occasion. Ce programme existe sous la même appellation dans certains pays africains comme la Côte d'Ivoire (1996), Madagascar et la Guinée Conakry.

Appliqué depuis 1996 en Côte d'Ivoire, il est plus élaboré et structuré avec un service en ligne pour la pré-évaluation des droits et taxes de douane à payer.

Le programme CIVIO est la matérialisation du quatrième avenant au contrat du 30 septembre 1988 créant le PVI initial. Il vise à améliorer les recettes douanières attendues de l'importation des véhicules usagés et est sous-tendu par l'instruction n° 03 /008/CF/MINFI/DD du 06 janvier 2003 portant mise en place d'une procédure d'identification et d'évaluation des véhicules usagés importés. Il est valable uniquement à Douala. L'importance de ce programme découle à la fois du nombre de véhicules d'occasion importés au Cameroun au terme d'une année et du niveau des recettes douanières liées à ces importations.

---

[44] Ibid.

[45] « Le Comité national de facilitation du trafic maritime international, in *Le Comité FAL, 10 ans après,* Op cit., p.13.

S'agissant de recettes douanières générées dans ce poste budgétaire, il convient d'indiquer que les importations des véhicules de tourisme neufs et d'occasion occupent la première place dans le top[46] 5 du classement des produits les plus pourvoyeurs des recettes douanières.

Dans le cadre de la fiche CIVIO qui sanctionne l'identification et l'évaluation des véhicules d'occasion, la SGS détermine sur cette fiche les éléments essentiels ci-après : marque du véhicule et son type, numéro d'immatriculation, cylindrée, énergie, numéro de châssis, année de fabrication, couleur, kilométrage, nombre de places et la date de première mise en circulation.

La valeur imposable ainsi que la position tarifaire arrêtée par la SGS dans le cadre de la fiche CIVIO doivent être strictement respectées dans la déclaration en détail. Celles-ci doivent être sa copie conforme sauf en cas d'erreur manifeste nécessitant un amendement.

La délivrance de la fiche CIVIO doit être empreinte de la plus grande célérité pour accompagner la dynamique de la facilitation qui a cours sur l'ensemble de la place portuaire de Douala. Les délais actuels oscillent entre 48heures et 72h. Mais dans certains cas et à cause de l'affluence ponctuelle qui caractérise l'arrivée des navires types ‘‘Row Row’’ spécialisés dans le transport de véhicules, le délai de 72h est souvent dépassé.

La facilitation du dédouanement des véhicules exige que ce délai soit amélioré. En outre, il ressort de l'instruction ministérielle n°03/008/CF/DD du 06 janvier 2003 mettant en place le programme CIVIO, au titre des obligations de la SGS[47], la délivrance d'une attestation de dédouanement sécurisée en accompagnement de la fiche CIVIO.

Actuellement, seule la fiche CIVIO est délivrée. Ce manquement représente une faille dans le dispositif CIVIO qui s'ajoute au caractère peu sécurisé de la fiche CIVIO elle-même.

---

[46] Ce hit-parade présente selon l'ordre d'importance des recettes les produits ci-après: 1) véhicules de tourisme, 2) articles de friperie, 3) matières plastiques, 4) véhicules pour transport de marchandises, 5) cigares et cigarettes. Au titre de l'année 2009, ils ont généré respectivement 30,4 ; 17, 9 ; 17,1 ; 14,7 et 12,4 milliards de F CFA. Soit un montant cumulé de 92,5 milliards (source : Rapport annuel, Douanes camerounaises 2009, p.35).

[47] Cette exigence ressort du segment A point b de l'instruction ministérielle n° 03/008/CF/DD du 06 janvier 2003 mettant en place le programme CIVIO.

Aussi est-il expressément mentionné dans les dispositions diverses de cette instruction ministérielle que « *la base de données SGS sera mise à la disposition de* ***toutes les unités douanières compétentes*** *pour y servir de référence lors de l'évaluation des véhicules importés* ».

On peut valablement s'interroger sur l'effectivité de la transmission de cette base de données au profit de toutes les unités douanières compétentes.

En effet, le programme CIVIO qui est marqué par une grande rigueur dans l'identification et l'évaluation des véhicules d'occasion n'est jusqu'ici valable qu'à Douala. Cette limitation géographique du programme CIVIO a créé le développement d'une filière bien structurée d'importation de grosses cylindrées soumises au droit d'accises par les bureaux de douane situés principalement dans la partie septentrionale.

Ce changement du circuit d'importation de grosses cylindrées est imputable au dédouanement réputé plus souple pratiqué dans ces bureaux de douane où le programme CIVIO n'est pas appliqué et qui ne disposent pas de la base de données sus citée.

Cette situation est décrite en ces termes sur un plan plus global : « *Si l'administration douanière fonctionne malgré tout, c'est que ses chefs suivent d'abord un impératif pragmatique, qui n'est pas de collecter des recettes mais de parvenir, localement, à un objectif de recettes. Cet impératif engendre un détachement par rapport à la loi sous la forme de règles anomiques, une gouvernance extrême qui échange la diminution de la contrebande contre une pression fiscale acceptable, moindre que celle officielle du tarif douanier, on appelle cela "faire le marketing", s'entendre avec les usagers pour qu'ils passent par votre bureau plutôt que par un autre, voire par aucun en contrepartie d'une taxation plus souple* »[48].

Cette pratique est récurrente car chaque chef tient à valider sa DPO s'agissant des objectifs de recettes même si sur une échelle plus élevée, cela peut paraître contre productif *« mais, en douane, plus on est chef, plus on est chef d'un grand territoire et plus on subit les effets négatifs de cette mise en concurrence. Ainsi, là où les bureaux de douane forment un chapelet de postes à la frontière avec le Nigeria, le chef de Secteur se*

[48] Thomas CANTENS, « Être chef dans les douanes camerounaises, entre idéal type, titular chief et big katika » in *Afrique Contemporaine* n° 230, février 2009, p.86.

plaint du ***dumping*** *de ses chefs de bureaux et de leur "politique de mieux disant" qui fait chuter ses recettes globales »*[49].

Pour éviter de créer une « concurrence déloyale » entre les bureaux de douane dans le contexte actuel des contrats de performance, s'agissant du dédouanement des véhicules d'occasion, il faut uniformiser les règles de leur dédouanement sur l'ensemble du territoire douanier national. Cela procède de la justice fiscale et d'une imposition équitable de tous les importateurs de véhicules d'occasion. À cet effet, les recettes tirées du dédouanement des véhicules d'occasion dans les bureaux de la partie septentrionale connaîtraient sûrement un relèvement substantiel.

Mais la célérité à laquelle la Société générale de surveillance est appelée à s'engager doit être globale et plurielle par rapport aux diverses procédures qu'elle met en œuvre.

D- La procédure d'amendement à la SGS

Dans le cadre de l'établissement de l'Attestation de vérification à l'importation (AVI), du bordereau de taxation et de la fiche CIVIO qui sont les principaux documents, il est possible que des erreurs ou des inexactitudes s'y glissent. Bien que mineures, elles doivent alors faire l'objet de la procédure d'amendement en vue de leur correction.

L'enjeu ici est la durée nécessaire au redressement de ces erreurs. S'agissant de l'AVI et du BDT, la procédure d'amendement est la même lorsqu'une erreur ou omission est constatée sur un élément quelconque de ces documents qui peut être la position tarifaire, l'origine, la valeur imposable, la devise de référence de la transaction, etc.

Dès que la procédure d'amendement est déclenchée à la seule initiative de l'importateur, ou de son mandataire, le bureau de liaison de la SGS de Douala contacte immédiatement son affilié dans le pays où a été effectuée l'inspection préalable des marchandises avant embarquement et attend sa réaction. Tant que ce dernier n'aura pas réagi, l'attente sera maintenue en dépit des frais de stationnement et des surestaries qui peuvent en résulter.

Il est arrivé de nombreux cas où l'attente s'est prolongée au-delà de deux semaines engendrant de ce fait une immobilisation des marchandises et des surcoûts liés au stationnement et surestaries dans

[49] Ibid.

lesquels la SGS s'est refusé à prendre tout engagement s'agissant de leur règlement.

En cas d'erreur ou omission imputable à l'affilié ou au bureau de liaison, la responsabilité de la SGS devrait être engagée pour éviter de grever le prix de revient des marchandises de surcoûts.

Il existe également des cas où des erreurs ou omissions ont été constatées après validation de la déclaration en détail. Cette situation a toujours donné lieu à des tiraillements s'agissant de celui à qui imputer la charge du paiement de l'amende issue du contentieux qui en découle.

Le problème fondamental dans la procédure d'amendement reste la célérité. Il faut que l'organisme mandataire dans le PSRD s'approprie en permanence la culture de la célérité pour faciliter le dédouanement des marchandises sur la place portuaire de Douala dans le cadre de tous les actes liés à cette procédure.

En effet, dans la procédure d'établissement du BDT, il fallait absolument attendre que la SGS envoie ce document à la banque de l'importateur pour permettre le paiement et le retrait dudit document. Il faut préciser que le BDT est indispensable à la levée et au dépôt de la déclaration en douane auprès du bureau des douanes compétent.

Le retour unilatéral à l'AVI, même s'il est constaté par une note de service précitée, consacre la suppression de cette étape et en conséquence un gain de temps réel. Actuellement, l'AVI est retiré directement auprès du bureau de liaison SGS de Douala par l'usager aux fins de paiement à sa banque.

« Sans occulter les nombreux griefs formulés contre l'intervention de la société de surveillance dans les circuits commerciaux (retard dans les contrôles, erreurs dans la classification de l'espèce, pot-de-vin), on peut dire que celle-ci apparaîtrait néanmoins comme un auxiliaire de choix de la douane en tant qu'elle pourrait lui permettre de réaliser efficacement certaines de ses missions traditionnelles : amélioration des recettes douanières, économie des devises étrangères, protection du consommateur et protection de l'économie nationale »[50].

[50] Joseph MOULELA, in Rapport général de 8e conférence des Directeurs généraux des pays totalement ou partiellement francophones, p.9.

Pour être un acteur de la facilitation, la SGS se doit de développer et d'appliquer en permanence une véritable politique de célérité dans le cadre des actes liés à son rôle dans la procédure de dédouanement.

§3- Le rôle de l'Agence des normes et de la qualité (ANOR) dans la procédure d'importation et de dédouanement

L'élaboration des normes est indispensable dans un monde où certains industriels et importateurs avides de gains n'ont aucun souci de la protection de la santé et de la sécurité du consommateur individuellement considéré ou dans le cadre d'un groupe.

La politique d'élaboration des normes revêt des enjeux multiples en fonction du secteur d'activité concerné.

Le développement du commerce international s'est accompagné de l'apparition des produits de mauvaise qualité et des produits contrefaits[51]. Ce phénomène s'observe davantage sur les marchés des pays en voie de développement où ils inondent les étalages et les rayons lorsqu'ils ne sont pas vendus à la sauvette. Cette situation est la conséquence conjuguée du faible pouvoir d'achat des populations de ces pays et de l'absence d'organismes ou structures spécialisées dans le contrôle qualitatif des produits importés ou issus de la production industrielle locale, et de l'inexistence des normes de référence y relatives.

La prolifération de ces produits « riches » en malfaçons et de qualité douteuse représente des menaces multiples pour la santé et la sécurité du consommateur. Le gouvernement camerounais a vite pris conscience des enjeux de la normalisation[52] de façon plus globale et de la nécessité de mettre en place un cadre légal, réglementaire et des structures consacrées à cette question cruciale.

La création récente de l'agence des normes et de la qualité est la matérialisation de cette volonté de contrôler à travers des normes référentielles tous les produits commercialisés sur notre marché intérieur.

L'avènement de cet organisme spécialisé est « *l'aboutissement d'un processus parti de la création de la division de la normalisation et de la*

---

[51] Voir notre étude, « La contrefaçon : un grave danger pour l'économie », in *Revue des douanes camerounaises,* 3e éd. 1996, p.49.

[52] Voir notre mémoire de maîtrise en droit public intitulé « Le contrôle de l'exécution des marchés de travaux publics au Cameroun », Université de Yaoundé, 1987, pp. 41 et 49.

qualité en 2005, à l'ANOR en 2009, en passant par la mise en place du secrétariat de l'organisation internationale de la normalisation ISO, l'élévation de notre pays au rang convoité de membre permanent de l'ISO en 2008, la visite exceptionnelle pour la toute première fois en Afrique au Sud du Sahara de M. Alain Braïden, secrétaire général de l'ISO, et la tenue par la même occasion à Yaoundé du séminaire international sur les avantages de la normalisation pour les pays en voie de développement »[53].

A- Création et missions de l'ANOR

La création de l'ANOR a été précédée par l'adoption de la loi n°96 du 05 août 1996 relative à la normalisation qu'elle appréhende en ces termes à l'article 2 : « *La normalisation est l'établissement des exigences des spécifications ou des règles techniques applicables aux produits, biens et services* ».

La naissance de l'ANOR marque l'érection de la division de la normalisation, service central du ministère de l'Industrie, des Mines et du Développement technologique, en une structure autonome et spécialisée. Elle est la traduction institutionnelle de la volonté du gouvernement de développer une véritable politique structurée d'élaboration des normes pour tous les secteurs d'activités.

L'Agence des normes et de la qualité a été créée par le décret n°2009 /296 du 17 septembre 2009 qui fixe son siège à Yaoundé. Toutefois, des antennes pouvaient en tant que de besoin être créées sur l'étendue du territoire national.

Il ressort des dispositions de l'article 3 du décret susvisé que « *l'ANOR est placée sous la tutelle technique du Ministère chargé de l'industrie et sous la tutelle financière du Ministère chargé des finances* ».

Les missions de l'ANOR sont textuellement définies à l'article 4 du décret n°2009/296 du 17 septembre 2009 ainsi : *« L'Agence a pour mission, en liaison avec les administrations et organismes publics et privés concernés, de contribuer à l'élaboration et la mise en œuvre de la*

[53] Jean Pierre BITONGO, « Agence Nationale des normes et de la qualité : la nouvelle équipe aux commandes », *Cameroon Tribune* du lundi 22 février 2010, propos du ministre Badel Ndanga Ndinga.

politique de gouvernement dans le domaine de la normalisation et de la qualité au Cameroun.

À ce titre, elle est chargée notamment :

- *de l'élaboration et de l'homologation des normes ;*
- *de la certification de la conformité aux normes ;*
- *de la promotion des normes et de la démarche qualité auprès des administrations publiques, parapubliques et des organisations du secteur privé ;*
- *du suivi de la coopération avec les organismes internationaux et les comités spécialisés dans les domaines de la qualité des produits et services et le respect des normes ;*
- *de la conduite des études relatives à la normalisation et de l'élaboration des propositions de mesures visant à améliorer la qualité des produits et services et le respect des normes et la qualité ;*
- *de toute autre mission qui pourrait lui être confiée par le gouvernement, dans le domaine des normes et de la qualité ».*

L'accomplissement de ces missions se matérialise par la délivrance des documents indispensables et préalables à la levée de toute Déclaration d'importation (DI) auprès de la SGS pour toutes les importations à destination finale du Cameroun.

Dans le cadre de l'ancienne procédure conduite par la division de la normalisation et de la qualité, service relevant du ministère de l'Industrie, des Mines et du Développement technologique, précurseur immédiat de l'ANOR, seuls les pâtes et les produits laitiers étaient soumis à l'exigence préalable de la production d'une dérogation aux fins de levée de la DI. La nouvelle procédure mise en place par l'ANOR se caractérise par son extension à une gamme plus large de produits, et par des innovations remarquables.

B- L'ancienne procédure de levée de la déclaration d'importation

Dans le cadre de l'ancienne procédure, seules les importations des pâtes alimentaires et des produits laitiers étaient concernées par le respect des normes camerounaises en la matière. Elle était menée sous l'égide de la division de la normalisation et de la qualité, et plus précisément par la cellule des normes et de la certification.

L'importateur devait obtenir au préalable auprès de cette division, une ***Dérogation en vue de la levée de la DI et de l'AVI***, lui donnant la faculté de lever la DI et d'importer d'abord les marchandises à contrôler avant leur mise en consommation. Mais au terme du dédouanement et avant toute commercialisation des produits importés, ils faisaient l'objet du contrôle de conformité à la norme camerounaise.

À l'appui de sa demande adressée au chef de division de la normalisation et de la qualité, l'importateur devait produire uniquement une facture pro forma du fournisseur reprenant les prix et quantités des produits qu'il souhaitait importer. Il n'existait aucune limitation quantitative, ni des délais de validité spécifique.

Au terme du contrôle dans les entrepôts de l'importateur des produits importés (pâtes alimentaires et produits laitiers), ils étaient en cas de conformité à la norme, étiquetés pour attester de cette opération.

La sanction finale était la délivrance du *Certificat de Conformité aux Normes Camerounaises* et ouvrait la voie à la vente des produits étiquetés sur le marché local.

Dans le corpus de la lettre d'octroi dudit certificat adressée au requérant par le chef de division de la normalisation et de la qualité, il y est fait mention de façon invariable ce qui suit : « ***J'ai l'honneur de marquer mon accord pour la levée de la Déclaration d'Importation (DI), et de l'Attestation de Vérification à l'Importation (AVI)*** *et pour la facilitation du passage du dossier de l'intéressé, ainsi que l'ensemble de sa cargaison, aux différents postes de contrôle douanier où le certificat de conformité à la norme est exigé, en attendant l'aboutissement de la phase finale du processus de certification. Cette phase est subordonnée à l'évaluation de conformité desdits produits* ».

En cas de non-conformité, les produits devaient être saisis et détruits par une commission constituée à cet effet.

C- La nouvelle procédure de levée de la déclaration d'importation

Cette nouvelle procédure de levée de la déclaration d'importation auprès de la SGS aux fins de l'importation des produits alimentaires est menée sous les auspices de l'ANOR.

Cette procédure repose sur la circulaire n°000803 ANOR du 06 octobre 2010 relative à la certification des produits alimentaires, matières premières, additifs alimentaires et ingrédients rentrant dans la composition des produits alimentaires.

Elle débouche sur la délivrance de l'AVD (Attestation de vérification documentaire) qui, selon les termes de la circulaire n° 000960/ANOR/02 novembre 2010, point A, revêt un caractère obligatoire : « *l'AVD est exigée auprès des services douaniers compétents, notamment la Société Générale de Surveillance lors de la levée de la déclaration d'importation (DI) et de l'obtention de l'Attestation de Vérification à l'Importation (AVI)* ».

Aux fins de l'obtention de l'AVD, selon les exigences de la circulaire 000803/ANOR du 06 octobre 2010, l'importateur doit déposer auprès du directeur général de l'ANOR une demande de certification de conformité à la norme. Le dossier y relatif est composé ainsi qu'il suit :

1- Une demande de certification sur formulaire délivré par la direction générale de l'ANOR et timbrée au tarif en vigueur ;

2- Une norme estampillée au cachet de la direction générale de l'ANOR et relative à chacun des produits concernés ;

3- La facture pro forma du fournisseur/vendeur faisant ressortir les coordonnées exactes ;

4- Une attestation délivrée par l'autorité compétente donnant la preuve de la consommation du produit dans les pays d'origine ;

5- Un document attestant que l'exportation a dûment été autorisée par les autorités compétentes du pays producteur de la marchandise ;

6- Des échantillons du produit relatifs à la demande de certification de conformité ;

7- Les résultats des analyses et des essais d'un laboratoire agréé du pays d'origine.

Il est en outre indiqué que les documents ci-dessus cités doivent être des originaux et libellés en anglais et/ou en français.

Un constat s'impose, le seul décompte des documents à fournir montre que la procédure a été alourdie, car on est passé de 02 pièces à fournir, à savoir la demande de certification de conformité à la norme et de la seule pièce, la facture pro forma, à 06 autres pièces supplémentaires. Pourtant, le verrou que constitue l'ultime étape de contrôle et d'étiquetage des produits importés avant leur mise en consommation n'a pas été levé.

À l'analyse, il apparaît en filigrane que l'importation des produits alimentaires n'est pas encouragée, puisque le champ de contrôle s'est élargi à la totalité des produits alimentaires.

En surplus, il devient difficile, comme c'était le cas sous l'égide de la division de la normalisation et de la qualité, de lever une DI globale sur une quantité importante de marchandises, par exemple 50 conteneurs qu'on apure au fur et à mesure.

Le mécanisme actuel, plus rigide, ne permet pas de lever une DI sur une quantité plus importante qui nécessite des moyens financiers que l'opérateur économique ne peut mobiliser en totalité. Il devra désormais restreindre ou limiter les quantités à importer à ses moyens financiers du moment. Il en découle que le nombre de DI à lever sera plus important ainsi que les frais y relatifs et les délais plus longs.

Cette disposition nouvelle est formulée au chapitre relatif au ''traitement des demandes de certifications'' ainsi : « *lorsque la vérification documentaire est concluante, une attestation de vérification documentaire (AVD) est délivrée à l'importateur dans un délai de 48 heures. Cette attestation est valable pour une seule importation, une déclaration d'importation (DI), et une attestation de vérification à l'importation (AVI)* ».

Cette formulation consacre la substitution de l'ANOR à la SGS dans la suppression des AVI issues des DI globales que l'on peut fractionner en plusieurs AVI.

Toutefois, cette rigueur est partiellement tempérée par la circulaire plus récente du 02 novembre 2010. En effet, la lecture de la liste des documents à fournir à l'appui de la demande de certification permet de constater que l'exigibilité des pièces 4, 5 et 6 a été fort heureusement abandonnée.

La circulaire n°000960 du 02 novembre 2010 établit un dossier composé des pièces suivantes :

- une demande de certification sur formulaire fourni par l'ANOR, timbrée au tarif en vigueur ;

- une copie de la norme de référence assortie du cachet de la direction générale de l'ANOR ;

- une copie de la facture pro forma du fournisseur faisant ressortir ses coordonnées exactes ;

- une copie couleur de l'emballage du produit ;
- le certificat d'origine du produit ;
- les résultats d'analyses d'un laboratoire agréé du pays d'origine.

L'action de l'ANOR dans la délivrance de l'AVD peut influencer les délais d'importation des marchandises, si la procédure n'est pas simple et fluide. Cette action en amont du dédouanement peut retarder l'importation elle-même, et par ricochet le dédouanement des marchandises.

D- L'impact de la procédure actuelle de délivrance de l'AVD sur la facilitation

L'ANOR est un outil stratégique dans le contrôle de la qualité des produits importés et de la production des industries locales. Le contrôle du respect des normes édictées sous sa férule pour la protection du consommateur est capital.

Tous les pays développés tels les États-Unis la France et la Grande-Bretagne disposent des institutions spécialisées dans la normalisation et le contrôle qualitatif des produits importés. En Afrique, le Nigeria fait école de référence avec la NAFDAC[54] créée depuis 1993.

Le rôle de l'ANOR sera plus visible au fur et à mesure que le champ des normes élaborées par elle va s'élargir. Cet élargissement lui donnera un impact plus important dans la procédure d'importation. Actuellement, sur 400 normes nationales, seule une centaine est d'application obligatoire.

La certification de la conformité des produits importés aux normes camerounaises devrait se faire avec pour exigences premières la facilitation et la célérité dans la procédure y afférente.

L'action de l'ANOR doit rester imprégnée en permanence par la politique de facilitation des échanges commerciaux édictée par le

[54] NAFDAC : ce sigle se décompose en « National Agency for Food and Drug Administration ». Il désigne l'organisme en charge du contrôle des normes de qualité pour les aliments, cosmétiques, médicaments, produits chimiques, détergents et l'eau conditionnée importée ou produite localement. Il joue un grand rôle dans la pharmacovigilance. Il dispose d'un laboratoire propre et son action donne lieu à des saisies régulières des médicaments contrefaits sur les marchés locaux avec l'appui des forces spéciales dévolues à son service.

gouvernement camerounais et dont le comité FAL constitue la plus grande visibilité institutionnelle.

Afin d'éviter de devenir une entrave aux importations et un facteur d'allongement des délais d'importations, l'ANOR se doit de mettre en place des procédures simples et fluides qui permettent de concilier efficacité et célérité. Faute d'appliquer cette philosophie, cet outil essentiel qui va devenir avec l'élargissement progressif des normes et du contrôle de leur effectivité, une grande plaque tournante des importations du Cameroun, pourrait devenir un goulot d'étranglement et un instrument formel de protectionnisme. Cela pourrait donner à la normalisation un objectif autre que celui recherché car « *malgré la lutte de l'Organisation Mondiale du Commerce contre les mesures non tarifaires, on remarque un développement effréné partout ailleurs des formes déguisées de protectionnisme sous forme de normes techniques de fabrication* »[55].

En effet, les sollicitations des prestations de l'ANOR sont appelées à s'intensifier dans un futur très immédiat. Cet organisme devrait avoir recours aux technologies de l'information et de la communication pour les services qui concernent la procédure relative à la délivrance de l'AVD. L'option initiale prise de faire télécharger le formulaire de demande de certification à partir du site Web de l'ANOR et déjà activée actuellement, reste la meilleure. Car la ville de Douala, capitale économique par excellence du Cameroun, abrite la plus grande partie des importateurs.

Il est nécessaire d'éviter de les engager à un voyage vers Yaoundé dont l'utilité n'est pas avérée sauf à faire valoir que le nouveau formulaire de demande de certification n'est pas techniquement téléchargeable malgré tous les progrès actuels des TIC. Il est utile de souligner qu'une grande recommandation du comité FAL est d'éviter ou de réduire le temps lié au port des documents dans le cadre des actes de procédure.

L'ANOR se doit de prendre l'option ferme et résolue de promouvoir les téléservices dans la délivrance de l'AVD. Par ailleurs, il est opportun de restaurer les DI globales à apurement progressif ou partiel dans la procédure de l'AVD. Il s'agit d'une mesure de facilitation édictée par la SGS et appuyée par le comité FAL que l'ANOR ne saurait supprimer de

---

[55] Mohamed CHADI, « La douane face à la mondialisation du commerce international » in *Revue des Douanes camerounaises*, n°0017, décembre 2002, p.64.

sa seule et propre initiative à l'image d'un cavalier solitaire. Car l'importation des grandes quantités de marchandises permet le bénéfice d'avantages commerciaux découlant de l'économie d'échelle et d'autres avantages financiers.

Dès lors, l'ANOR devrait adopter dans les meilleurs délais, les TIC dans ses procédures surtout celles relevant de la phase documentaire pour assurer célérité et facilitation dans ses services et prestations. Car cet organisme est devenu un maillon important dans la levée de la DI sans laquelle le dédouanement ne peut exister. Il importe d'alléger la phase liée à la procédure documentaire car les produits importés et dédouanés ne peuvent pas être mis à la consommation avant leur contrôle et étiquetage par l'ANOR.

Dans ces conditions, l'ANOR inscrira son action à l'appui des mesures de facilitation des échanges commerciaux à l'exemple du commissionnaire en douane et de la SGS.

Si l'action de ce couple est très importante dans la réduction de la durée globale du dédouanement, celle de l'ANOR revêt aujourd'hui un grand intérêt. Mais la facilitation recouvre également une dimension logistique dans le cadre des opérations conduisant à l'acheminement, à la manutention et à la livraison des marchandises.

Section II : Les acteurs de la facilitation lies à la chaîne logistique

Ces acteurs jouent un rôle de premier plan dans l'acheminement, le débarquement et l'embarquement en général, dans la manutention des marchandises importées ou exportées par voie maritime ainsi que leur stockage dans les magasins et les aires de dédouanement à travers des moyens logistiques appropriés. Ils interviennent ainsi à divers titres dans l'enlèvement des marchandises du port de Douala.

Ils constituent des maillons essentiels dont l'action peut accroître la célérité ou la compromettre en rallongeant significativement les délais de passage. Cette chaîne logistique est constituée principalement du Port autonome de Douala (PAD), des acconiers et de la société DIT.

§1- Le Port autonome de Douala (PAD)

Il est important de préciser à nouveau que plus de 95% du commerce extérieur du Cameroun se fait par voie maritime et à travers le port de Douala. Ce port occupe donc une place de choix dans le commerce extérieur de notre pays y compris de certains pays de la sous-région dépourvus de littoral.

La modernisation des équipements et des infrastructures portuaires apparaît indispensable pour accueillir un flux sans cesse croissant de marchandises importées et exportées et assurer des opérations d'embarquement ou de débarquement rapides des marchandises. En effet, le constat établi à la fin des années 90 faisait ressortir que *« le Port de Douala, principale pièce de cette industrie, présentait manifestement des signes graves d'essoufflement et de perte de compétitivité, avec des infrastructures obsolètes, des équipements loin d'être des plus modernes. Avec pour conséquence une qualité de service peu satisfaisante et un niveau de productivité très faible »*[56].

A- La nécessité d'un dragage permanent

Le port de Douala, principal port d'acheminement des marchandises importées et exportées du Cameroun, est un port fluvial dont l'embouchure sur l'océan Atlantique, est située à 50km de la ville de Douala qui l'abrite. Cette proximité avec l'océan Atlantique soumet ce fleuve aux mouvements permanents des marrées qui alternent entre les hautes et les basses. Ce phénomène naturel et quotidien a pour conséquence de drainer dans son lit, un volume important de sable et de certains sédiments et déchets qui, au fil du temps, réduisent sa profondeur. La conséquence de cet ensablement, du dépôt des sédiments et déchets divers, est que les gros navires à fort tirant d'eau ne peuvent pas accoster à Douala si le chenal d'accès n'est pas dragué en permanence pour être maintenu au moins à 7 mètres entre la surface de l'eau et la vase.

Pour permettre aux gros navires d'accoster à Douala sans courir le risque d'échouer, il a été aménagé sur le fleuve Wouri un chenal d'accès. Il s'agit d'une bande de 150 mètres de large draguée[57] et matérialisée par des balises équipées de signaux lumineux qui va du plan d'eau portuaire jusqu'à l'embouchure du Wouri entre CAP Cameroun et la Pointe Souellaba. Tous les navires se rendant à Douala ont l'obligation de

---

[56] « Cameroun, port de Douala, une concession qui a fait couler beaucoup d'encre » in *Dynamique Portuaire* n°3, avril 2010, p.98.

[57] Le dragage est cette opération technique qui consiste à retirer le sable, les sédiments et autres déchets dans le chenal d'accès. Il doit être fait en permanence. Le non-accomplissement de cette opération expose les gros navires au risque d'échouage.

naviguer dans le chenal d'accès et de se faire piloter à partir de la bouée de base située à mi-parcours du chenal, par des pilotes relevant du port autonome de Douala qui connaissent parfaitement ce chenal.

Par ailleurs, quand le tirant d'eau admissible baisse, les navires ne peuvent pas charger un volume important des marchandises. Cette situation peut aboutir à un renchérissement du coût du fret. Il faut draguer en permanence pour permettre aux gros navires à forte capacité de volume de fret d'accoster à Douala et accroître de ce fait le trafic maritime via son port.

En effet, le *« mauvais fonctionnement du port de Douala qui traite 95 % du trafic portuaire du Cameroun, a manifestement un impact négatif évident sur les activités économiques du pays. Délais d'enlèvement et de livraison des marchandises trop longs, faibles cadences de manutention, lenteurs excessives dans le traitement du trafic conteneurs, tout cela entraînant des perturbations dans la collecte des recettes douanières et une forte baisse des performances du port »*[58].

Dans le cadre des mouvements des navires, il importe de réduire sans cesse le temps d'attente de ceux-ci à la bouée de base située à mi-parcours du chenal afin de ne pas générer des délais à ce niveau. Il s'avère également nécessaire de commencer le débarquement dès l'accostage des navires.

B- Les portiques de quai comme facteur de célérité

Le transport maritime international se caractérise aujourd'hui par le développement fulgurant et exponentiel de l'usage des conteneurs car ils constituent à la fois des moyens de transport et de facilitation des embarquements, de débarquements et de sécurisation des marchandises dans les navires.

Le port de Douala accueille à l'exemple des autres ports du monde, un volume de plus en plus important de conteneurs avec le développement des navires spécialisés dans le transport de ces boîtes métalliques sécurisées et des navires dits mixtes qui combinent à la fois le transport des conteneurs et des marchandises diverses.

Sur le plan strictement statistique, on peut indiquer que plus de 250 millions de conteneurs circulent chaque année à travers le monde.

[58] « Cameroun, Port de Douala, une Concession qui a fait couler beaucoup d'encre », Op.cit., p.98.

S'agissant du port de Douala, il accueille en moyenne, import et export confondus, depuis l'année 2006, plus de 100 000 EVP[59]. Dans la perspective de consolidation de cette tendance observée, des travaux d'extension du quai pourraient être entrepris et donner lieu à l'installation de portiques de quai additionnels.

Le port autonome de Douala dispose actuellement de deux portiques pour un quai de 600 m (six cents mètres). Cet accroissement constant du trafic conteneurs par rapport aux autres marchandises est illustré dans le graphique ci-après :

Graphique 5 : Répartition du trafic des marchandises selon le mode de conditionnement (données en tonnes).

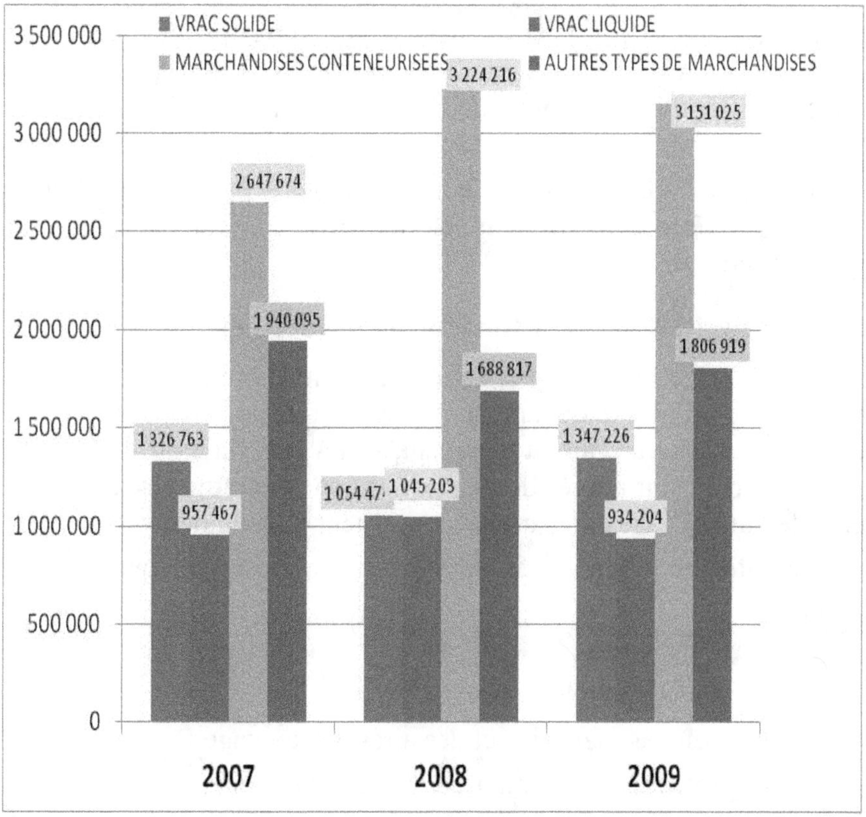

---

[59] **EVP** : ce sigle signifie littéralement **É**quivalent **v**ingt **p**ieds et constitue l'expression conventionnelle du nombre de conteneurs débarqués ou embarqués à partir d'un port donné, conteneurs 20 pieds, 40 pieds et autres confondus. Il sert également à indiquer la capacité de chargement en conteneurs d'un navire.

Le contexte mondial étant marqué par la promotion de la célérité, les ports se livrent à une véritable compétition sur ce plan en vue d'attirer vers eux un flux plus important de marchandises à travers des services plus rapides et moins onéreux. Le port autonome de Douala devrait se doter de façon permanente d'outils technologiques et d'équipements modernes et sophistiqués pour accompagner la croissance du trafic des conteneurs en particulier et des marchandises en général.

Cet accompagnement passe aussi par le coût et la facturation des différentes prestations du Port autonome de Douala (PAD).

C- La facturation et le paiement des prestations du PAD

À l'exemple des acconiers qui, dans le cadre global du protocole avec les professions maritimes, valident les manifestes 48 heures avant l'arrivée des navires, il est souhaitable que le PAD développe également le sens de l'anticipation pour accompagner cette politique générale de célérité.

À cet égard, la facturation et le paiement des différentes prestations du PAD doivent être empreints de célérité. En plus, leur coût doit être un facteur de compétitivité.

1- La célérité dans la facturation et le paiement

Le PAD offre plusieurs prestations dans le cadre de l'acheminement, de la garde et du dédouanement des marchandises. Ces prestations donnent lieu à facturation et paiement, soit à la cellule du PAD logée au guichet unique, soit auprès des services financiers rattachés à la direction générale du PAD. Ces prestations concernent globalement :

- le pilotage des navires dans le chenal jusqu'au quai (entrée et sortie) ;
- le péage du chenal ;
- le stationnement des navires ;
- la location des magasins et des aires de stockage ;
- le débarquement et l'embarquement des marchandises.

La facturation et le paiement de ces prestations doivent être marqués de la plus grande célérité et se dérouler dans un intervalle de temps qui ne dépasse pas 6 heures de temps au maximum. Une telle exigence doit concerner au premier chef, le règlement de la taxe d'embarquement ou de débarquement. Car toutes les marchandises débarquées ou embarquées au port de Douala l'acquittent à quelques exceptions près. Cela engendre une grande affluence au niveau de la cellule du PAD du GUCE.

Pour éviter l'engorgement souvent observé à cette cellule et faciliter à la fois le paiement de cette taxe, le recours aux télépaiements ou paiements à distance à travers l'usage des technologies de l'information et de la communication pourrait être la solution idoine. Dans une telle hypothèse, il appartiendrait au PAD de créer un service en ligne pour recevoir les connaissements et autres éléments nécessaires à la facturation de la taxe de débarquement et d'embarquement bien avant l'arrivée des marchandises.

Cette démarche serait sanctionnée par l'émission d'une facture provisoire dont le montant définitif sera confirmé au moment du débarquement ou de l'embarquement à travers la vérification du poids effectif des marchandises débarquées ou à embarquer. Dans ce cadre, dès que le poids manifesté ou déclaré, élément essentiel de la facturation de cette taxe, sera confirmé, il ne restera plus qu'à émettre la facture définitive.

En cas d'infirmation du poids ou d'inexactitude du poids manifesté, au terme de la contre-vérification ou contre-pesée, seul l'élément poids fera l'objet d'une nouvelle saisie ou d'une modification. Une telle procédure marquée par l'anticipation permettrait certainement de réaliser des gains de temps surtout si le paiement peut être fait en ligne également dans le cadre d'un système bien sécurisé. Une résolution du comité FAL en la matière va dans le même sens en préconisant la pré-facturation de la redevance portuaire[60].

Le mode de paiement actuel qui se fait essentiellement au comptant pourrait donner lieu à la mise en place des comptes-clients, approvisionnés à l'avance et débités du montant de chaque opération, comme c'est le cas actuellement au CNCC pour les grands importateurs. Le mode de paiement au comptant est devenu l'exception dans les plus grandes places portuaires du monde et dans les services Étatiques surtout des pays développés ou émergents.

---

[60] « Le Comité National de Facilitation du Trafic Maritime International » in « *Le Comité FAL, 10 ans après* », Op cit., p.11.

2- Le coût des prestations portuaires

Il est nécessaire que le coût des différentes prestations offertes par le port de Douala soit abordable et compétitif par rapport à celui pratiqué dans les autres ports de la sous-région. Le coût de ces prestations doit rendre le port de Douala attractif pour permettre de drainer vers lui de façon permanente un volume important de marchandises.

En dehors des marchandises ayant pour destination finale le Cameroun, tout le trafic des marchandises destinées aux pays de la sous-région notamment le Tchad et la République Centrafricaine transite par le port de Douala. Il est nécessaire dans un contexte où se développe une grande concurrence entre les ports de la sous-région d'avoir des prix attractifs et compétitifs.

La réalité des prix pratiqués pour ces prestations au PAD, il y a plus d'une décennie, ne semble pas le confirmer. À l'époque, le commandant Patrick Guillou, administrateur-délégué de SAGA Cameroun le soulignait ainsi : « *Un tour d'horizon dans la sous-région des droits de port et des redevances aux Conseils des chargeurs met en évidence le coût prohibitif du port de Douala* »[61]. Il illustrait ses propos par le tableau ci-après :

POUR UN NAVIRE DE 10 000 TDW				
EN CFA	**Douala**	**Abidjan**	**Libreville**	**Pointe-Noire**
Droits de port	25 millions	3 millions	9 millions	5 millions
Redevance	2 Millions	125.000	85 000	835 000

Source : *Revue Camerounaise des Douanes*, 2e éd., 1995, p.10.

Mais on peut constater que le port de Douala n'a pas le monopole de cette situation. À cet effet, soulignant le coût élevé des prestations portuaires dans la région Afrique centrale, et en Afrique en général, une remarque notable est faite par un opérateur économique national à la réputation bien établie en ces termes : « *Malheureusement, les coûts des transactions dans ces ports restent toujours assez élevés lorsqu'on les compare aux autres ports du monde. Cette situation peut s'expliquer par*

[61] Commandant Patrick GUILLOU in *Revue des Douanes camerounaises*, 2e éd., 1995, p.10.

la faiblesse du courant d'affaires et le coût des structures souvent exorbitant en raison de l'absence d'une bonne gouvernance »[62].

Toutefois, ces propos méritent d'être tempérés par le fait que le port de Douala est un port fluvial situé à proximité de l'océan Atlantique et qu'il faut draguer en permanence pour assurer sa navigabilité par des grands navires. Le coût élevé du dragage représente environ le quart du budget de fonctionnement du PAD et pourrait justifier cette situation.

Par ailleurs, tous les autres ports pris pour termes de référence de la comparaison, sont des ports maritimes dans lesquels les opérations de dragage ne sont pas des contraintes impératives.

En définitive, la prestation portuaire la plus susceptible de générer des délais de passage pour sa facturation et son règlement reste celle liée au débarquement et à l'embarquement des marchandises.

Afin d'éviter toute influence négative sur les délais de passage, il est important que toutes les opérations relatives à la facturation et au paiement des prestations portuaires en général soient marquées en permanence par l'impératif de célérité. Cependant, le bon déroulement de toutes les activités portuaires nécessite un climat approprié.

D- La sécurité et la sûreté portuaires : une source de gain de temps

Pour assurer la permanence des opérations de débarquement et d'embarquement des marchandises et même des activités portuaires en général, la sécurité et la sûreté dans l'enceinte du port sont indispensables. Tous les grands ports dans le monde fonctionnent en continu car les mouvements des navires ne connaissent pas d'interruption.

Cette double exigence de sécurité et de sûreté doit rester permanente car « *il y a des rapports qui révèlent que des pirates opèrent à partir des mouillages de certains ports et qu'ils attaquent des navires à l'entrée des ports. Il y a même des rapports, dans certains pays, de vols à main armée contre les navires à quai. Il est donc important que les autorités*

[62] Paul K. FOKAM, *L'Entreprise africaine et la mondialisation*, Édition Afredit, 2010, p.125.

portuaires prennent au sérieux la question de la sécurité et de la sûreté maritimes »[63].

À l'exemple d'autres ports à travers la planète, le port autonome de Douala a adopté le code ISPS, sur la sécurité portuaire. Il s'agit ici d'un instrument juridique multilatéral élaboré qui édicte des règles précises dont le champ porte sur :

- les conditions d'accès aux ports ;
- l'emplacement des guérites d'entrée ou de sortie ;
- l'aménagement des clôtures ;
- la protection des navires, etc.

Le code ISPS définit les conditions de sûreté des installations portuaires et des navires pour tous les ports dans le monde. Il a été élaboré par l'Organisation maritime internationale (OMI) sous l'égide des Nations Unies après les attentats du 11 septembre 2001 aux États-Unis pour assurer et renforcer la sûreté du transport maritime international, des navires qui en sont le support et des ports en général.

Dans le but d'assurer la conformité de ses installations aux exigences de ce code, le port autonome de Douala a fait ériger une clôture autour de l'enceinte portuaire. Cette clôture qui le cerne totalement est équipée de fils électrifiés et de cameras de surveillance.

À ce dispositif s'ajoute l'opération SENA relative à la sécurité directe des navires et l'opération RAPT[64] qui vise à sécuriser le domaine portuaire. La sécurité est capitale pour assurer, en temps continu, la mise en œuvre des activités majeures des ports que sont le débarquement et l'embarquement des marchandises. Le port de Douala est à cet égard un cadre bien sécurisé pour les opérations du commerce extérieur du Cameroun.

E- L'aménagement des magasins et des aires de stockage des marchandises

Après le débarquement des marchandises ou en prélude à leur embarquement, il faut des magasins et des aires de stockage en fonction de leur nature. Si le volume des marchandises débarquées au port de

---

[63] Message du représentant de l'OMI au 32e conseil de l'AGPAOC tenu à Libreville en 2009, in *La Lettre de l'AGPAOC* (Association de gestion des ports de l'Afrique de l'ouest et du centre) n°18, avril 2010, p.30.

[64] RAPT : Ratissage du plan terrestre.

Douala augmente d'année en année, il est indispensable que les espaces réservés à leur accueil suivent le même mouvement. Autrement, on pourrait aboutir à une situation où les marchandises débarquées ne trouvent pas d'espace de stockage approprié et adéquat. Dans une telle hypothèse, si elles étaient entreposées sur le quai, cela empêcherait le débarquement d'autres marchandises des navires et même le blocage des opérations portuaires.

Le port de Douala se caractérise depuis plusieurs décennies par la hausse constante du trafic des marchandises. Cette hausse concerne aussi bien celles destinées au Cameroun que celles en transit à destination du Tchad et de la RCA. Pour faire face à ce flux en croissance, il est nécessaire de mettre en place un plan d'extension et d'aménagement des terminaux existants. Au premier chef, le terminal le plus concerné pourrait être le terminal à conteneurs. En effet, le nombre de conteneurs débarqués au port de Douala est en hausse permanente.

Pour accroître la vitesse de débarquement ou d'embarquement, tous les équipements nécessaires à ces opérations doivent être modernisés en permanence dans le cadre des différents terminaux qui font l'ossature organique du port autonome de Douala notamment :

- le terminal à conteneurs ;
- le terminal fruitier ;
- le terminal minéralier ;
- le terminal à bois concédé en gestion à la SEPBC (Société d'exploitation des parcs à bois du Cameroun) ;
- le terminal à marchandises diverses ;
- le terminal pétrolier ;
- le port de pêche.

En dehors de ces exigences globales attachées à la modernisation de l'outil portuaire et des procédures, il est utile de souligner que *« toutes les réformes entreprises ne seront pleinement efficaces que si les réseaux routiers et ferroviaires qui permettent d'effectuer les transports entre le port et les marchés de l'hinterland, entre le port, les zones de production et les marchés de consommation de l'arrière-pays sont réhabilités, modernisés, accompagnés par une utilisation pertinente et optimale des Technologies de l'Information et de la communication* (TIC) »[65].

Toutefois, l'avenir pour le Cameroun est le projet de construction d'un port en eau profonde à Kribi, au lieu dit Grand Batanga et déjà mis en œuvre par le Gouvernement. Les profondeurs qui seront revalorisées permettront aux navires calant 15 m de tirant d'eau d'y accéder avec tous les bénéfices attendus sur la réduction du fret découlant de l'économie d'échelle.

Car « *l'un des handicaps majeurs de la grande majorité des ports africains, c'est la profondeur limitée des accès qui ne permet pas l'accueil, par tous temps, des navires, notamment porte-conteneurs, de grande taille dont le tirant d'eau est supérieur à 10 mètres, c'est-à-dire d'une capacité dépassant 1500 ou 1700 EVP* »[66].

Toutefois, dès la fin du débarquement des marchandises, conteneurisées ou non, elles doivent être prises en charge immédiatement par l'acconier. L'idée de chaîne logistique trouve ici sa pleine réalité.

§2- L'acconier : un acteur clé dans les mouvements des marchandises

Selon l'acception propre au droit maritime, l'acconier est la personne ou l'entreprise spécialisée dans les opérations matérielles de chargement et de déchargement des navires marchands. Il accomplit outre ces opérations matérielles, les opérations de réception, reconnaissance, garde et livraison des marchandises. L'acconier est également désigné sous le vocable très populaire de manutentionnaire.

Il est un maillon essentiel dans la prise des marchandises et la chaîne de dédouanement. En effet, au terme des opérations susvisées, il lui incombe l'obligation de valider le manifeste y relatif au plus tard 48h avant l'arrivée du navire conformément aux engagements issus du protocole douane/ professions maritimes. L'acconier est présent d'un bout à l'autre de la chaîne de transport maritime, notamment du port de départ au port d'arrivée des marchandises.

---

65 « Réformes portuaires en Afrique : la part de responsabilité des gouvernements » in *Dynamique portuaire,* n° 3, avril 2010, p.16.

66 « Structure et volume globaux des trafics des ports africains » in *Dynamique portuaire,* n° 3, avril 2010, p.28.

À côté de sa fonction traditionnelle, il convient de souligner que l'acconier peut assurer également celle d'agent maritime. À ce titre, il est responsable des opérations essentielles telles que la délivrance des connaissements et des « Bon à délivrer ». Il assure également la représentation locale de certains armateurs étrangers et s'occupe de l'avitaillement de leurs navires.

Certaines sociétés cumulent à la fois le rôle de commissionnaire en douane, de consignataire des navires, d'agent maritime et d'acconier dans le cadre de différents départements.

Sur la place portuaire de Douala, il existe une dizaine d'acconiers regroupés dans un syndicat dénommé GPAC (Groupement professionnel des acconiers du Cameroun). La double présence ou représentation de ce syndicat dans le groupe formellement constitué des professions maritimes et du comité FAL illustre à suffisance son importance. Toutefois, l'acconier ne sera appréhendé ici que sous l'angle individuel dans le cadre de son rôle sur les mouvements des marchandises.

A- L'exigence de célérité dans la communication et la remise documentaire

Aucune marchandise ne peut être enlevée du port si elle ne dispose de ce véritable sésame qu' est le « Bon à délivrer » obtenu auprès de l'acconier pour attester que l'importateur s'est acquitté de tous les frais de manutention et éventuellement de stationnement et de surestaries, s'il s'agit de conteneurs.

Pour jouer pleinement son rôle et surtout être un facilitateur, l'acconier qui est en même temps agent maritime et représentant traditionnel d'un armement étranger dont il constitue le mandataire local, doit prendre toutes les dispositions pour informer à l'avance les importateurs ou chargeurs de la date d'arrivée effective des navires.

Cette information est capitale. En effet, il arrive souvent que les importateurs soient informés tardivement de l'arrivée des navires ; parfois, bien au-delà des 11 jours de franchise et se trouvent obligés de ce fait de payer des pénalités au titre du stationnement et des surestaries s'il s'agit de marchandises conteneurisées.

Dans le cas d'espèce, une information tardive engendre des surcoûts pourtant évitables qui ont pour conséquence de renchérir le prix de revient des marchandises. Le planning d'arrivée de navires étant soumis à divers facteurs aléatoires, il appartient à l'acconier de fournir à ses clients en temps opportun des informations actualisées.

À cet égard, le recours aux TIC est indispensable dans un monde où son usage est généralisé. Les diverses informations doivent être envoyées directement par voie électronique, mode rapide par excellence, à l'adresse des clients concernés. L'appropriation de ces nouvelles technologies est un moyen incontournable pour promouvoir la célérité dans la délivrance des « Bons à délivrer ». Ce document peut être établi et mis en ligne au profit de son destinataire pour la correction des erreurs ou omissions éventuelles.

Ainsi consolidé dans le cadre d'une démarche contradictoire par voie électronique, son règlement devrait se faire en ligne par le recours aux cartes bancaires ou à des comptes clients en ligne approvisionnés à l'avance. Le recours aux TIC se veut global et devrait couvrir l'ensemble des opérations, de la facturation au paiement.

Il appartient à l'acconier, dans le cadre de la politique de facilitation, de développer une culture de la célérité. Cette démarche passe par l'adoption de la journée continue. En effet, la plupart des sociétés de manutention présentes sur la place portuaire de Douala, travaillent en mi-temps et observent une pause entre 12 et 14h30. Cette période de fermeture représente un temps mort et un frein à la chaîne de la célérité car tous les autres acteurs du dédouanement pratiquent la journée continue. Elles peuvent organiser des permanences pendant cette pause.

Il en découle la nécessité d'harmoniser les horaires d'ouverture et de fermeture de l'ensemble des services et organismes impliqués dans la procédure de dédouanement. Mais le coût des prestations de manutention doit, au-delà de l'exigence de célérité permanente, rester raisonnable.

B- Le coût des prestations de manutention

D'un point de vue historique, il y a lieu de constater que le prix des prestations liées à la manutention des marchandises a connu une évolution à la hausse. Au début des années 1990, le prix de la manutention d'un véhicule à nu, véhicule de tourisme, ne dépassait guère 80 000 FCFA. Aujourd'hui, il se situe autour de 120 000 F CFA. Ce montant variable dans les années 1990, a fait l'objet d'une harmonisation concernant tous les acconiers. On dénombre sur la place portuaire de Douala plus d'une dizaine d'acconiers.

Pour la manutention des conteneurs au port de Douala, il est perçu respectivement 191 000 F FCA pour le 20 pieds et 236 000 F FCA pour le 40 pieds. En sus, il est perçu 38 850 F FCA de « frais de dossier » au titre de chaque connaissement ou B/L mentionnant comme mode de conditionnement des marchandises le conteneur. Si on fait une comparaison globale avec les prix pratiqués sur le port d'Abidjan, on peut constater qu'ils oscillent autour du même indice s'agissant de la manutention des conteneurs de 20 et 40 pieds dans le cadre de l'obtention du « Bon à délivrer » établi par les acconiers.

Toutefois, la perception invariable des « frais de dossier » d'un montant de 38 850 FCFA pour tout connaissement mentionnant un ou plusieurs conteneurs, n'a pas cours au port d'Abidjan et se justifie difficilement. Car cette rubrique « frais de dossier » cache une sorte de surprix ou surcoût du seul fait de son champ illimité. La perception des « frais de dossier » pour un nouveau client à l'effet de constituer un fichier spécifique se comprendrait mieux comme c'est le cas au niveau de la douane et des impôts avec la carte de contribuable et la mise en place corrélative du Numéro d'identifiant unique (NIU).

Dans cette hypothèse, ce serait une opération de perception unique et non renouvelable de « frais de dossier » et sans aucun rapport avec le nombre de connaissements qu'il peut faire lever au bout d'une année.

En fin de compte, l'arrêté n° 00189/ MINFI/DPM/SDEL du 10 mai 1999, fixant les tarifs hors taxes des services rendus par les professions d'acconage, consignation, de manutention et de transit, arrêté élaboré par la direction des prix et de la métrologie ne mentionne nulle part cette rubrique de facturation.

C- Les magasins et les aires de stockage sécurisés

Pour assurer la garde et la conservation des marchandises, l'acconier doit disposer de magasins et d'aires appropriés et sécurisés. Les magasins et aires de stockage doivent être adaptés à la nature des marchandises à entreposer. Pour la sécurité, une surveillance permanente des marchandises est nécessaire. Dans un passé qui commence à devenir lointain, beaucoup de marchandises, notamment les véhicules entreposés dans les aires de stationnement sous le contrôle de certains acconiers, faisaient l'objet d'un pillage systématique à la fois pendant leur débarquement et leur séjour dans l'enceinte portuaire avant l'enlèvement par leurs propriétaires.

La sécurisation des sites de stockage est fondamentale pour éviter des pillages et vols. L'acconier doit prendre toutes les mesures pour garantir l'intégrité et l'intégralité des marchandises dont il a la garde. En définitive, les magasins et les aires de stockage doivent avoir une grande capacité pour accueillir toutes les marchandises débarquées ou à embarquer.

Pour faire face au développement du trafic des conteneurs au port de Douala et aux exigences techniques et logistiques qui en découlent, l'autorité portuaire, appuyée en cela par les pouvoirs publics dans le cadre de la réforme Portuaire, a pris l'option de confier la gestion du terminal à conteneurs à un operateur privé nouveau, la société DIT (Douala International Terminal).

Cette option s'est matérialisée par la conclusion d'une convention de concession en 2004 aux fins de gestion, d'exploitation et de maintenance du terminal à conteneurs du port de Douala avec l'opérateur susvisé.

§3- La société DIT : le gestionnaire exclusif du terminal à conteneurs

L'organisation et la gestion des espaces portuaires dans la quasi-totalité des ports du monde s'articulent autour des terminaux. Le terminal peut être appréhendé comme un espace spécialement aménagé sur une partie du quai et doté d'équipements portuaires pour le chargement ou le déchargement d'un certain type de marchandises.

Le port de Douala est doté de plusieurs terminaux spécialisés dans le chargement et le déchargement d'un type de marchandises précis. Ces espaces spécialisés sont gérés, soit directement par l'autorité portuaire, soit par des opérateurs privés dans le cadre d'une concession comme c'est le cas du terminal à conteneurs du port de Douala.

À titre historique, il ya lieu de souligner qu'avant la convention de concession, la gestion du TAC [67] était le fait de la société ITS qui avait le monopole de toutes les opérations de manutention de conteneurs des navires vers le parc et vice versa. Ce monopole concernait également la livraison des conteneurs en dehors de l'enceinte portuaire par les seuls moyens de transport, tracteurs, remorques, autres plates-formes appartenant à cette société. Cette situation générait de longues attentes

[67] TAC : Terminal à conteneurs.

pouvant aller jusqu'à trois jours pour la livraison des conteneurs au terme de la procédure de dédouanement.

A- Aperçu sur la convention de concession

La convention de concession pour la gestion, l'exploitation et la maintenance du Terminal à conteneurs (TAC) du port de Douala a été conclue le 20 juin 2004. La conclusion de cette convention s'inscrit dans le cadre de la réforme portuaire et notamment du programme de transfert au secteur privé de la gestion de certaines activités à caractère industriel et commercial.

À la base de cette convention émerge le souci d'une gestion optimale du terminal à conteneurs aux fins de contribuer au renforcement de la compétitivité de l'économie nationale par l'amélioration de l'efficacité portuaire, notamment à travers la diminution des coûts et délais de passage portuaire des marchandises.

1- Objet et champ de la convention

Il ressort des termes de cette convention que « *le concédant confie au concessionnaire la gestion, l'exploitation et la maintenance du terminal à conteneurs du port de Douala ainsi que le développement des ouvrages, installations et outillages de toute nature nécessaire à son fonctionnement* »[68].

D'un point de vue textuel, « la *Convention de concession de la gestion et de l'exploitation du terminal à conteneurs du port de Douala, a été conclue entre le Port Autonome de Douala et le consortium AP Môller / Bolloré et autres* »[69].

Dans le but de mieux préciser le champ des activités couvertes par la convention de concession, il est textuellement indiqué qu'elle concerne les opérations ci-après :

- déchargement /chargement des navires non rouliers ;
- toutes les opérations de transfert des conteneurs et des marchandises de la bande bord à quai à la zone d'entreposage et vice versa ;

---

[68] Article 2 alinéa 2 de la Convention de concession du terminal à conteneurs à la société DIT.

[69] Termes de référence mentionnés dans « Cameroun : port de Douala, une Concession qui a fait couler beaucoup d'encre » in *Dynamique portuaire,* n°3, p.100.

- toutes les manutentions sur le parc ;
- toutes les opérations de réception et mise sur moyens d'évacuation (évacuation) par voie maritime ou ferroviaire ;
- toutes les opérations de réception de conteneurs et de marchandises depuis les camions ou wagons pour chargement sur les navires faisant escale sur le Terminal ;
- toutes les opérations de dépotage et empotage de la marchandise ;
- l'entreposage et le gardiennage de la marchandise.

Au regard de ces attributions concédées à titre exclusif, la société DIT joue un rôle de premier plan dans le déchargement et le chargement des conteneurs des navires et de leur allotissement dans le parc. Cette exclusivité porte aussi sur le déchargement et le chargement des navires non rouliers.

Toutefois, cette *« Convention ne faisait pas obligation à l'exploitant d'investir pour le développement, ni même pour la maintenance du terminal »*[70]. Cette réserve expresse a suscité moult débats et controverses car la concession de la gestion et l'exploitation du terminal à conteneurs du port de Douala est présentée comme « *une concession qui, loin de faire l'unanimité au Cameroun, fera encore certainement couler beaucoup d'encre* »[71].

Cette option fructueuse de concession exclusive de la manutention des conteneurs est appliquée par d'autres ports africains. « *En 2001, par le Décret N°2001-162/PR du 14 septembre, le Gouvernement togolais fixe les conditions de la mise en concession de l'activité de manutention au Port Autonome de Lomé. Ainsi, en janvier 2002, les activités de manutention des conteneurs ont été les premières à être concédées à un opérateur privé. L'exploitation du terminal à conteneurs par une société privée a amélioré significativement le rendement des opérations de manutention des conteneurs ; ce qui a conduit à une nouvelle appréciation des performances du Port de Lomé »*[72].

Au regard de ces attributions concédées à titre exclusif, on peut constater que la société DIT joue un rôle capital dans la manutention et le

[70] « Cameroun : port de Douala », Op cit., p.98.
[71] Op cit., p.100.
[72] « Lomé : réformes et investissements pour renforcer la compétitivité du port », in *La Lettre de l'AGPAOC* n°18 avril 2010, p.69.

contrôle des mouvements des conteneurs par leur allotissement au parc y relatif.

Dans le schéma inverse, DIT assure seul l'embarquement des conteneurs à bord des navires dans le cadre des exportations ou des réexpéditions. L'importance de ce rôle apparaît davantage dans le nombre sans cesse croissant des conteneurs dont elle gère le débarquement ou l'embarquement au fil des années.

Cette réalité est illustrée dans le tableau ci-après :

Année de référence	**2005**	**2006**	**2007**	**2008**	**2009**
Conteneurs débarqués	50 094	59 897	68 121	79 693	88 418
Conteneurs embarqués	49 141	52 416	56 674	69 636	59 782
TOTAL	99 235	112 313	124 795	149 329	148 200

Elle assure seule, toutes les opérations de manutention des conteneurs dans le cadre des visites de douane et de leur passage au scanner.

2- Les obligations des parties contractantes

La convention de concession de la gestion, de l'exploitation et de la maintenance du terminal à conteneurs relève d'un contrat synallagmatique avec des obligations propres à chaque partie.

a- Les obligations du concédant

Ces obligations sont énoncées à l'article 9 de ladite convention. Il y stipule que « *le Port Autonome de Douala s'engage à apporter son soutien au concessionnaire pour la bonne exécution de la concession dans le cadre de l'exercice des prérogatives qui lui sont reconnues et conformément aux dispositions législatives et réglementaires en vigueur.*

Notamment le Concédant :

- *S'engage à mettre à la disposition du Concessionnaire, à la date d'entrée en vigueur de la présente convention et pour la durée de la concession, l'ensemble des biens, équipements et ouvrages affectés à l'exploitation du Terminal à conteneurs, lesquels sont repris en annexe 2 des présentes.*

- *Fournira au concessionnaire, en ce qui concerne les infrastructures concédées, les documents attestant du bon État de fonctionnement et des caractéristiques techniques de ces ouvrages et de leur stabilité. Avant la mise en exploitation d'installations supplémentaires (portiques de quai ou de parc) de nature à remettre en cause la stabilité desdits ouvrages, le concédant fournira notamment au concessionnaire l'ensemble de la documentation et des études afférentes.*

- *Garantit au Concessionnaire qu'il pourra exploiter les ouvrages, outillages et autres matériels concédés et fournir les services, libres de tout engagement, obligation ou responsabilité nés ou contractés à l'occasion de ou en rapport avec les opérations et l'entretien menés préalablement à la date d'entrée en vigueur.*

- *Garantit le Concessionnaire contre tout recours ou action de tiers dont le fait générateur est antérieur à la date d'entrée en vigueur.*

Le PAD fera en sorte que tous les navires PC et autres non rouliers transportant des conteneurs soient dirigés prioritairement sur le Terminal à conteneurs.

Toutefois cette obligation ne sera pas applicable en cas d'indisponibilité de ces postes à quai.

Dans ce cas, l'armateur ou son représentant pourrait demander et serait justifié à demander à être dirigé vers un poste à quai à la diligence de l'Autorité Portuaire.

Les navires rouliers accostent prioritairement au Poste à quai 16 spécialement aménagé pour eux.

Les navires non opérés par le concessionnaire du TAC, pourront être admis aux postes à quai 14/15/16y attenant sur décision du Commandant du Port dans le respect de la priorité d'accostage reconnue au concessionnaire.

En cas d'indisponibilité de ces postes, les navires rouliers pourront être traités sur les postes voisins, sous réserve des conditions techniques d'accessibilité.

Tout conteneur débarqué sur les postes à quai autres que les postes 14/15/16 sera ramené, aux frais de l'acconier au Terminal à conteneurs pour traitement exclusif par le Concessionnaire.

Le Port Autonome de Douala, chaque fois que cela sera nécessaire, et dans son domaine de compétence, délivrera en temps utile, dans le cadre des dispositions législatives et réglementaires applicables, les autorisations nécessaires au titre de la réalisation de la Concession ».

b- Les obligations du concessionnaire

Il ressort des dispositions de l'article 8 de ladite convention que « *le concessionnaire s'engage à exploiter les activités du Terminal à conteneurs du Port de Douala comme un service public de manière à traiter les usagers de façon équitable ; le concessionnaire a l'obligation d'assurer la continuité de l'exploitation nonobstant l'existence de tout litige ou différend qui pourrait survenir entre lui, le Concédant et/ou tiers* ».

Au-delà de cette obligation qui résulte d'une véritable mission de service public, les obligations du concessionnaire sont bien nombreuses et étendues. Au titre des principales obligations, on peut mentionner :

- L'obligation relative à la constitution de la société concessionnaire ainsi formulée à l'article 8 de ladite convention : « *Conformément à l'Accord de groupement visé au préambule, les membres du Groupement "Le Consortium", représentés par leur mandataire AP Moller-Maersk A/S, s'engagent à créer la société concessionnaire "Douala International Terminal" (DIT), qui reprendra automatiquement l'intégralité des droits et obligations de l'adjudicataire provisoire Le Consortium, signataire de la présente convention de concession.*

Le concessionnaire sera une société anonyme par action de droit camerounais dont le capital social, à l'entrée en vigueur, est fixé à 4.000.000.000 de FCFA. Le Consortium, opérateur de référence, détiendra 70 % (actions A) du capital social de la société concessionnaire, le membre qualifiant, APM Terminals devra détenir, pendant les huit premières années de la concession, au moins 35 %, des actions de l'opérateur de référence et en assurer le contrôle technique ».

- Le versement au concédant, à l'État et aux tiers de toutes les sommes dues ;

- La promotion et le marketing du terminal à conteneurs du port de Douala à travers une politique tarifaire attractive et compétitive dans le cadre d'un plan de marketing qui sera porté à la connaissance du concédant ;

- sur le plan purement technique, il revient au concessionnaire la responsabilité de la gestion, de la maintenance, du renouvellement, du développement et de l'exploitation des ouvrages et outillages publics de toute nature, sauf le mur de quai, selon les stipulations de l'article 8, alinéa 5.

Toutefois, il est nécessaire de souligner que le concessionnaire est également soumis à une obligation de résultat et de performances minimales dans le cadre de la manutention des conteneurs à travers une cadence bien définie dans le tableau ci-après :

Sur un navire porte-conteneurs cellulaire au long cours	20 mouvements par heure portique brute
Sur un porte-conteneurs non cellulaire au long cours	16 mouvements par heure portique brute
Sur un navire feeder	15 mouvements par heure portique brute
Sur le navire manutentionné avec gréement de bord	12 mouvements par heure brute et par grue ou mât de charge

La société DIT est au centre et au contrôle de tous les mouvements des conteneurs sur la place portuaire de Douala. Il en résulte qu'elle doit disposer d'un parc d'engins de manutention bien fourni et moderne avec un personnel acquis aux multiples enjeux de la célérité.

B- La taille du parc d'engins de manutention et l'impératif de célérité

En dehors des deux portiques de quai, propriétés du port Autonome de Douala, exploités par DIT pour le chargement ou le déchargement des conteneurs des navires, elle doit disposer en permanence d'un parc d'engins de manutention et de moyens de transport adéquats pour assurer dans la plus grande diligence les opérations qui lui incombent.

Dès le débarquement des conteneurs, il faut dans le cadre d'un travail à la chaîne et bien rapide, les enlever aussitôt pour leur allotissement sur le parc. Le débarquement d'autres conteneurs ne peut être possible que si ceux débarqués précédemment ont été enlevés. Pour assurer cette rotation de façon ininterrompue et limiter le temps d'escale ou d'immobilisation des navires, la société DIT doit absolument disposer de moyens logistiques en quantité suffisante et bien adaptés à la diversité des opérations dont elle a la charge.

L'insuffisance du matériel aurait pour conséquence de provoquer le ralentissement des opérations de débarquement ou d'embarquement des marchandises et l'allongement des délais d'escale des navires avec les surcoûts y relatifs.

La célérité doit également s'appliquer aux opérations de manutention liées à la mise à disposition des conteneurs pour les visites douane et le passage des marchandises au scanner. Tel n'est pas toujours le cas. Elle doit également concerner la livraison des conteneurs en fin de procédure de dédouanement. L'observation des longues files d'attente des camions en vue du chargement des conteneurs met en évidence des problèmes de planning ou d'insuffisance de moyens logistiques dans l'affectation des engins à la fois pour les opérations de débarquement ou d'embarquement et d'entreposage des conteneurs et autres marchandises, de visites douanes et de livraison des conteneurs dans le cadre de leur enlèvement ultime.

Pour limiter le temps de recherche des conteneurs lié aux opérations susmentionnées, il est impératif qu'ils soient bien allotis sur la base de critères bien définis. Cependant, la facturation des prestations liées auxdites opérations devrait être rapide et leur coût modéré.

C- La facturation des prestations de la société DIT et leur coût

Dans le cadre des opérations de manutention des conteneurs, la société DIT accomplit plusieurs prestations aux coûts variables.

1- L'étendue des prestations de la société DIT

Les prestations de DIT dans le cadre des opérations de manutention des conteneurs et donnant lieu à la facturation relèvent des opérations ci-après :

- manutention des conteneurs au débarquement ;
- manutention des conteneurs en vue des visites douanes ;
- manutention des conteneurs en vue de leur livraison finale aux clients ;
- manutention des conteneurs à l'export en vue de leur embarquement à bord des navires.

Ces opérations de manutention ne sont pas exclusives de celles liées à l'allotissement des conteneurs sur le parc dans le cadre de la convention de concession susmentionnée et de la gestion globale du terminal à conteneurs.

2- La facturation des prestations de la société DIT

Cette facturation se fait par le truchement de l'acconier du chargeur dans le cadre d'un contrat qui l'habilite à percevoir les frais y relatifs et à lui reverser la part convenue. Cependant, elle doit être rapide et son coût modéré. Ce coût des prestations de manutention des conteneurs varie en fonction de leur taille et de la nature de l'opération elle-même.

Au titre des opérations de manutention des conteneurs dans le cadre des visites douanes, l'acconier du chargeur perçoit pour le compte de la société DIT 178 850 F CFA pour le conteneur de 40 pieds et 103 850 F CFA pour le conteneur de 20 pieds.

Ces visites douanes visent à une meilleure identification et quantification des marchandises soumises à des valeurs mercuriales et minimales imposables telles la brocante, les pneus usagés et les marchandises en provenance d'Asie en général. Ici, les conteneurs concernés sont déplacés du parc à conteneurs par les engins de DIT vers l'aire de visite et ramenés à leur emplacement initial à la fin de la visite.

Sur un deuxième plan, pour les conteneurs orientés en circuit rouge aux fins de scanning, l'acconier du chargeur perçoit pour le compte de la société DIT 103 850 F CFA pour chaque conteneur de 20 pieds et 178 850 F FCA pour chaque conteneur de 40 pieds. Le problème qui se pose ici est celui du double relevage. Il concerne certains conteneurs déclarés ''suspects'' au terme de leur passage au scanner. Dans le cas d'espèce, il faut procéder à une visite physique à quai des conteneurs querellés et à leur dépotage.

Pour DIT, il s'agit d'une prestation nouvelle qui doit donner lieu au paiement du même montant acquitté dans le cadre de l'opération initiale. Et quand le nombre de conteneurs visés est important, l'opération de double relevage devient un enjeu à multiples facettes en fonction des acteurs concernés.

La plupart des chargeurs estiment que le montant perçu dans le cadre de l'opération de double relevage est excessif. Cette idée est confortée par le fait qu'en réalité, seule une opération additionnelle de manutention est pratiquée dans ce cas. Il y a lieu de penser que, pour cette prestation supplémentaire et ''accidentelle'' DIT pourrait pratiquer un prix plus bas que celui initial.

Pour la manutention proprement dite, l'acconier du chargeur perçoit pour leur compte commun :

- 236 000 F FCA pour le conteneur de 40 pieds et en sus 38 850 F CFA pour frais de dossier par conteneur ;

- 191 000 F FCA pour le conteneur de 20 pieds et en sus 38 850 F CFA pour frais de dossier par conteneur.

Dans le cadre d'une politique de réduction des surcoûts liés au dédouanement, ce partenaire stratégique en concertation avec les acconiers, devrait prendre sa part de responsabilité dans la fixation du prix des opérations de double relevage qui s'élèvent respectivement à 209 000 F FCA pour le conteneur de 40 pieds et 110 000 F FCA pour le conteneur de 20 pieds.

Mais, il reste capital que ces opérations s'effectuent dans le délai le plus court possible.

D- L'accélération de la livraison finale des conteneurs

Cette accélération de la livraison des conteneurs résulte de la rupture du monopole y relatif concédé à l'époque à la société ITS qui avait la charge exclusive de la gestion et de la manutention des conteneurs au port de Douala. Ce monopole s'appliquait également à leur livraison hors de l'enceinte portuaire chez les clients concernés par les seuls et propres moyens de transport de la société ITS.

Cette situation a été à l'origine des retards récurrents et systématiques observés dans la livraison des conteneurs au terme de la procédure de dédouanement. Le manque ou l'insuffisance de camions de livraison générait une attente qui allait parfois au-delà de trois jours.

Dans le cadre de la convention de concession du terminal à conteneurs à la société DIT, le volet livraison des conteneurs a été heureusement libéralisé. Ainsi, tout chargeur désireux d'enlever ses conteneurs de marchandises peut mobiliser ses propres moyens logistiques de transport pour cette opération. À cet égard, tout retard ne peut que lui être imputable sauf s'il s'agit de l'indisponibilité des engins de manutention de DIT qui assurent le chargement des conteneurs sur les camions.

Les gains de temps réalisés ici sont importants et permettent une mise à disposition immédiate des marchandises au profit des importateurs. À cette étape, la suppression ou la réduction des retards dans la livraison des conteneurs ont contribué à la diminution des délais de passage sur la place portuaire de Douala et méritent d'être mises en évidence.

Mais pour que cet objectif soit pleinement atteint et consolidé, il faudrait que les engins de manutention de DIT qui procèdent aux ultimes opérations de chargement des conteneurs en vue de leur enlèvement de l'enceinte portuaire soient en nombre et en capacité suffisants pour éviter de créer des files d'attente à ce stade final. Ce pari collectif ne sera gagné que si la société DIT, maillon stratégique dans la chaîne logistique de manutention et des mouvements des conteneurs au port de Douala, reste habitée par le souci permanent de la célérité et du professionnalisme.

DEUXIÈME PARTIE :

LA MODERNISATION DES OUTILS TECHNIQUES DE GESTION DE LA DOUANE LIÉE À LA FACILITATION

Cette modernisation est le résultat du plan de réformes de l'administration des douanes validé en 2003 et axé sur l'adoption d'un système informatique plus moderne et performant. Elle résulte aussi de l'usage des techniques d'inspection des marchandises non intrusives et rapides. Il s'agit précisément des recommandations prioritaires formulées par la commission technique n°2 spécialisée dans les services et systèmes informatiques. Elles sont contenues dans le rapport général du CRAD et implémentées par le comité de pilotage[73] dans le cadre d'un chronogramme très strict.

La modernisation des outils techniques de gestion des douanes camerounaises est une étape cruciale dans la recherche de la performance optimale. En effet, dans un contexte mondial marqué par le recours aux TIC, il est difficile qu'une administration tournée vers la modernité ne s'approprie pas ces outils qui constituent les supports par excellence des procédures automatisées. La douane camerounaise, dans une démarche d'avant-garde, utilise les procédures automatisées de dédouanement depuis l'année 1984.

Ce recours à la technologie participait d'une politique gouvernementale forte de modernisation de la gestion des services publics en général. Cette modernisation adossée sur l'outil informatique avait donné lieu à la création du ministère de l'Informatique et des Marchés publics destiné, dans ses missions essentielles, à promouvoir l'usage généralisé de l'informatique dans tous les services Étatiques notamment l'ensemble des différents ministères. Car il favorise la célérité, la traçabilité et l'efficacité et constitue le gage d'une meilleure gestion des services publics.

Toutefois, le recours à l'outil informatique impose de multiples contraintes. Les plus saillantes sont celles liées au changement permanent des supports techniques et logiciels. En effet, l'informatique est le secteur par excellence d'une révolution technologique permanente. Les produits sont améliorés sans cesse et il faut abandonner ceux frappés d'obsolescence pour d'autres plus performants.

---

[73] Le comité de pilotage est une structure qui a été créée pour assurer l'application effective et globale des mesures et actions arrêtées dans le rapport général du CRAD aux fins d'apporter plus d'efficacité et de performance à l'administration des douanes. Le président de ce comité est le directeur des Douanes assisté d'un ingénieur informaticien.

Informatisée dès la première heure, la douane camerounaise se devait de suivre ce mouvement dynamique d'adaptation et de réforme de ses outils de gestion pour ne pas connaître un arrêt technique due à la cessation de la fabrication des machines utilisées et à la contrainte de la gestion d'un flux plus important de marchandises.

Dans ce contexte de mutation technologique permanente, l'adaptation ou la modernisation des outils de gestion utilisés par les services opérationnels des douanes camerounaises est plus que nécessaire pour promouvoir la facilitation des opérations du commerce extérieur.

CHAPITRE I :

LA MODERNISATION DE L'OUTIL INFORMATIQUE DES SERVICES OPÉRATIONNELS

La modernisation de l'outil informatique utilisé par la douane camerounaise dans la gestion des opérations de dédouanement et du commerce extérieur était rendue nécessaire et incontournable par l'évolution technologique. Mais aussi à cause de l'accroissement progressif du volume des échanges du Cameroun et des pays de la sous-région ayant recours au port de Douala dans le cadre du transit de leurs marchandises. La modernisation rime aussi avec adaptation à l'évolution technologique.

S'agissant de la douane camerounaise, cette adaptation qui a contribué significativement à implémenter la facilitation est très perceptible à travers le passage de PAGODE à SYDONIA. Soulignant l'intérêt et l'importance de l'adaptation de la douane, il est mentionné ceci : *« Administration de service, la Douane s'adapte en permanence aux évolutions du commerce international, de la logistique et des transports en combinant au sein des procédures automatisées, les exigences de la sécurisation des échanges avec celles de la facilitation des flux internationaux »*[74].

Les bouleversements profonds découlant de la mise en place de SYDONIA justifient une rétrospective nourrie sur le précédent logiciel PAGODE pour mieux en saisir toute l'ampleur.

Section I : Rétrospective sur PAGODE et la procédure de dédouanement y relative

L'avènement de PAGODE en 1984 a été un tournant majeur dans la modernisation de la gestion des opérations de dédouanement des marchandises à Douala. Ce passage des procédures manuelles aux procédures automatisées était dans le contexte de son époque une véritable révolution technologique mise en œuvre et conduite par la ferme volonté du gouvernement camerounais de faciliter et de sécuriser les opérations du commerce extérieur de notre pays.

---

[74] Rapport de performance des douanes Françaises 2008, p. 14.

§1- Les principales caractéristiques techniques de PAGODE

Le logiciel PAGODE[75] a été développé par l'entreprise SYNORG dans le cadre d'un contrat avec l'État du Cameroun.

A- Architecture de PAGODE

Le système PAGODE a été fonctionnel de 1984 au 31 décembre 2006, date à laquelle il a été arrêté comme outil de gestion des opérations de dédouanement et de production des recettes douanières. Sa cessation d'activités a été précédée par une migration progressive vers SYDONIA.

PAGODE avait été conçue sur le plan technique suivant les technologies des années 1980. Ce logiciel reposait sur le système de gestion des fichiers (SGF) utilisant des fichiers VSAM et le langage de développement COBOL.

L'ensemble du dispositif technique (software, hardware) constitué de machines type IBM et d'applications logicielles, était installé sur un site unique à Douala[76].

Ce site était relié par câble souterrain dans le cadre d'un système filaire à deux sites d'exploitations situés respectivement au port de Douala et à l'aéroport de Douala, lieu de domiciliation des services opérationnels des douanes et du trésor.

Le fonctionnement du système était basé sur cette liaison physique entre le site principal et les deux sites sus identifiés qui étaient équipés de terminaux notamment de moniteurs dits passifs permettant la réalisation d'un certain nombre d'opérations bien définies et techniquement configurées.

En dehors de ces sites d'exploitation, certains commissionnaires agréés en douane tels SAGA et SDV assurant également le rôle de consignataires de navires étaient dotés de terminaux de PAGODE pour les opérations de suivi de validation de manifestes et de leurs propres déclarations en douane.

---

[75] Le sigle PAGODE se décompose comme Procédure automatisée de gestion des opérations de la douane et du commerce extérieur

[76] L'ensemble des installations techniques de PAGODE y compris le Service de liaison informatique (SLI) qui en assurait la gestion, étaient domiciliés à Douala, à l'immeuble CAMBANIS.

Ce système filaire a connu de nombreux dysfonctionnements à cause des intempéries et des actes de vandalisme perpétrés à certains endroits du réseau de câbles d'interconnexions.

Pourtant, la plus grande faiblesse de PAGODE se trouvait ailleurs.

B- La limitation géographique de PAGODE et sa gestion exclusive par la douane

Le système PAGODE a été développé et mis en œuvre uniquement dans la ville de Douala. Tous les autres secteurs des douanes n'y ont jamais été connectés.

Les raisons de la limitation de son aire géographique peuvent résulter du fait qu'il s'agissait d'un système filaire et du faible niveau des recettes collectées dans les autres secteurs.

Par ailleurs, PAGODE en tant qu'outil de production était essentiellement géré par la douane à travers le Service de liaison informatique (SLI) érigé aujourd'hui en division informatique.

Dans le cadre de la procédure qui y avait cours, le commissionnaire agréé en douane ou son mandataire, le déclarant occasionnel, se rapprochait des agents de saisie attitrés du SLI avec l'ensemble des pièces jointes pour l'établissement de l'État de codage, puis l'édition de la déclaration provisoire.

Cette déclaration provisoire était alors soumise au commissionnaire agréé en douane ou au déclarant occasionnel pour vérification et correction des éventuelles erreurs ou omissions. Une nouvelle déclaration était éditée le cas échéant.

En cas de conformité des mentions de la déclaration provisoire avec les pièces jointes, le déclarant était invité à marquer son approbation en la signant. Cette signature ouvrait la voie à la validation de la déclaration définitive par le chef de service de liaison informatique qui était généralement un inspecteur des douanes. Ce dernier avait un adjoint aux pouvoirs très limités. Le chef de service de liaison informatique était le seul à valider les déclarations définitives à la seule exception du site de l'aéroport.

Ce monopole dans la validation des déclarations définitives du site du port de Douala lui conférait un rôle et une responsabilité de premier plan et une charge de travail très importante à cause du volume des déclarations à valider.

Cette situation était source d'engorgement et insusceptible de favoriser un climat propice à la concentration. Ce monopole, à la seule analyse sommaire, n'était pas un facteur de célérité.

La déclaration ainsi validée était déposée au bureau des douanes compétent. La même procédure s'appliquait à l'aéroport. Pour les commissionnaires agréés en douane, SAGA et SDV disposant de terminaux PAGODE, après la saisie effectuée par leurs agents spécialisés, la déclaration provisoire était ensuite portée au chef de service de liaison informatique pour validation de la déclaration définitive. Celle-ci était ensuite acheminée au bureau des douanes compétent par leurs propres soins.

Il importe de souligner que l'entretien de ce logiciel était assuré à la fois par les ingénieurs informaticiens relevant à temps plein de la douane notamment le CENADI et par les ingénieurs de l'entreprise SYNORG, le développeur de cette application.

Toutefois, il n'est pas superflu de s'appesantir sur la suite de la procédure de dédouanement sous PAGODE pour mieux mettre en lumière l'importance de la facilitation qu'il avait déjà amorcée.

§2- La procédure de dédouanement sous PAGODE

Après la validation de la déclaration en détail par le chef de liaison informatique, s'enclenchait aussitôt la suite de la procédure de dédouanement marquée par le dépôt de celle-ci au bureau de douane réglementairement compétent.

A- Les principales étapes de la procédure de dédouanement

L'opération de validation de la déclaration en détail s'accompagne en même temps et automatiquement de la désignation du bureau principal des douanes réglementairement compétent pour le traitement de celle-ci. Cette opération était également marquée par la cotation automatique et aléatoire de la déclaration en détail à un inspecteur de visite dans ledit bureau.

Cette déclaration définitive était ensuite déposée au pool des préposés visiteurs du bureau compétent et prise en charge manuellement dans un registre avant d'être soumise au visa hiérarchique du chef dudit bureau et éventuellement de celui du chef de service de la vérification et de la liquidation.

Dans la suite de la procédure, la déclaration était acheminée à l'inspecteur de visite coté sauf en cas de décote manuelle effectuée par le chef de bureau ou, de façon exceptionnelle, par le chef de service de la vérification et de la liquidation. L'inspecteur coté procédait alors à la vérification approfondie de celle-ci en la confrontant avec les pièces jointes.

En toute souveraineté et sauf instruction hiérarchique contraire, il pouvait au terme de l'étude documentaire donner mainlevée des marchandises y relatives après liquidation et paiement des droits et taxes par l'apposition de la mention expresse et lisible, « Bon à enlever » sur la copie D42 et sur la copie client de couleur bleue dûment revêtue de sa signature et son cachet nominatif humide et sec. Le paiement des droits et taxes était attesté par une quittance délivrée par le service des droits indirects[77].

Indépendamment de la mention « conforme » figurant en haut de la déclaration en détail dans le segment général et prescrivant uniquement une étude documentaire, l'inspecteur de visite pouvait ordonner une visite physique des marchandises.

Dans le respect de la mention « visite » par contre, il se devait de faire impérativement une visite physique des marchandises en complément à l'étude documentaire. En cas de conformité entre les termes de la déclaration et les résultats de la visite, il devait signer le bulletin de liquidation ou copie trésor, pour le paiement des droits et taxes.

Une fois la quittance de paiement des droits et taxes produite, il était tenu de signer le « Bon à enlever » des marchandises. En cas de contentieux ouvrant la voie au redressement de la déclaration en détail, le paiement des droits compromis et de l'amende subséquente devait se faire préalablement à la signature du « Bon à enlever ».

B- La mainlevée des marchandises

Seule la délivrance du « Bon à enlever » permettait légalement l'enlèvement des marchandises limitativement quantifiées par le nombre de colis ou autre unité de mesure conformément aux mentions bien spécifiques de la déclaration en douane. Cette opération marque la fin de la procédure normale de dédouanement.

---

[77] Le service des droits indirects, en charge de la perception des recettes douanières, relevait de la direction du Trésor.

À cet effet, une fois en possession de ce document, le commissionnaire agréé en douane, ou le déclarant occasionnel, se dirigeait à la brigade des douanes compétente pour l'apurement manuel du manifeste. Les marchandises ainsi dédouanées étaient formellement mises à sa disposition sous réserve qu'il se soit acquitté auprès de l'acconier, véritable gardien des marchandises, de toutes les taxes de manutention, stationnement et surestaries y relatives le cas échéant. Dans ce cas, la production du « bon à délivrer » qui l'attestait lui donnait le droit de faire procéder au chargement des marchandises sur un moyen de transport en vue de leur enlèvement de l'enceinte portuaire.

§3- Les insuffisances de PAGODE

Pagode a été dans le contexte de son démarrage, une véritable révolution technologique et un précurseur de la facilitation même si ce terme n'était pas consacré à cette époque. Toutefois, il a laissé apparaître au fil du temps de nombreuses insuffisances tenant à la fois à la conception initiale et aux progrès technologiques fulgurants.

A- La couverture partielle des étapes de la procédure de dédouanement

Le système PAGODE, dès l'origine, n'intégrait pas l'apurement automatisé des manifestes. Cette étape capitale de la procédure de dédouanement était restée manuelle. Pourtant, son intérêt n'est plus à démontrer en ce qui concerne la facilitation et la traçabilité du dédouanement des marchandises et des contrôles ultérieurs effectués dans le but de vérifier l'apurement total des manifestes validés.

En raison de l'absence des terminaux PAGODE dans les magasins et les services opérationnels actifs en charge du contrôle de l'apurement des manifestes, ceux-ci se trouvaient exclus de la gestion et de l'appropriation de l'outil informatique. Cette situation était de nature à créer une hiérarchisation artificielle vis-à-vis du personnel sédentaire qui effectuait seul des opérations dans PAGODE.

Cette lacune a été comblée par le système SYDONIA avec la constatation de sortie comme ultime étape de la procédure de dédouanement et de mainlevée des marchandises.

Par ailleurs, en amont, la prise en charge des marchandises dans le système relevait de la responsabilité exclusive de l'acconier sans aucun suivi en temps réel de ces opérations dans le système par la douane faute de l'existence d'un service spécialisé en la matière.

B- Le monopole de la douane dans la validation des déclarations en douane

Dans sa conception originelle et durant tout le fonctionnement de ce logiciel, toutes les déclarations en douane étaient validées exclusivement par la douane, notamment par le chef de service de liaison informatique pour le site principal de PAGODE et le chef de service central d'exploitation s'agissant du site de l'aéroport. Ce monopole a été un facteur de congestion et de lenteurs dans la procédure de dédouanement. En effet, *seules deux personnes étaient habilitées à valider la totalité des déclarations en douane levées à Douala.*

En outre, à cause de ce monopole, la douane n'était pas neutre car c'est à elle qu'incombait en aval la vérification approfondie des déclarations en détail validées. Elle apparaissait comme juge et partie. Dans ces conditions, les manquements éventuels des responsables en charge de la validation pouvaient être difficiles à sanctionner.

Par ailleurs, il était inconcevable dans un système douanier essentiellement déclaratif, que la douane s'immisce à quelque titre que ce soit dans la validation des déclarations en détail dont l'élaboration des éléments, éléments de taxation surtout, lui échappait totalement.

La question ici est de savoir comment valider des déclarations en détail confectionnées par des tierces personnes, fussent-elles légalement habilitées, sans assumer une certaine responsabilité pour les irrégularités et omissions y contenues.

Cette responsabilité avait été retenue dans le cas de l'affaire PAM, du nom du Programme alimentaire mondial où plusieurs défaillances et manquements des responsables de la douane avaient débouché en décembre 1989 sur la plus grande relève de fonctions en chaîne de l'histoire des douanes camerounaises et la nomination d'un inspecteur principal des impôts à leur tête.

En traçant un parallèle avec SYDONIA, force est de constater que la validation des déclarations en douane relève exclusivement du commissionnaire agréé en douane dans le cadre de ses propres bureaux.

Celle-ci peut intervenir à n'importe quel moment[78]. Le déclarant est de ce fait le seul maître de la validation et de la célérité.

C- La sécurité limitée de PAGODE et son caractère inextensible

Dans tout système informatique, la sécurité revêt une importance capitale car il faut protéger en permanence les informations et opérations traitées et rendre les logiciels d'exploitation inviolables. Il faut leur donner la capacité de retracer et recenser avec exhaustivité toutes les manœuvres suspectes par un système de *mouchard* approprié et efficace. L'exemple du premier site web de la douane construit en 2007, victime de la piraterie et devenu indisponible ou non fonctionnel dès 2008, est à cet égard édifiant[79].

PAGODE a montré sur ce plan de nombreuses limites et lacunes congénitales y compris en ce qui concerne la possibilité d'installer des logiciels de sécurité plus performants et efficaces. En effet, « *les fonctionnalités coercitives du pro logiciel de sécurité Top Secret n'ont pas pu être installées dans leur intégralité. Car se heurtant à celles de l'application PAGODE au point de nécessiter de profondes modifications de cette dernière* »[80].

En outre, PAGODE était essentiellement basé à Douala et n'offrait aucune possibilité d'extension à l'échelle nationale. Cette application n'avait pas la capacité de prendre en compte les besoins évolutifs des utilisateurs. De même, l'évolution des nouvelles technologies de l'information et de la communication, facteur affirmé de célérité dans le passage des marchandises et de réduction des coûts y relatifs, ne pouvait pas être prise en compte.

Sur le plan technique, au fil du temps, l'entretien et la maintenance de l'outil PAGODE étaient devenus de plus en plus difficiles à cause de l'obsolescence technologique. En effet, certains matériels notamment les moniteurs « passifs » et d'autres appareils et machines utilisés par PAGODE n'étaient plus fabriqués par la firme IBM.

---

[78] SYDONIA est fonctionnel 24h sur 24h et 7 jours sur 7.

[79] Ce site : (www.douanescustoms-cm.org) n'est plus fonctionnel. Cette situation a conduit la douane à faire construire un autre site web :(www.douanescustoms-cm-net). Le pirate avait même eu l'outrecuidance d'appeler la douane pour poser des conditions et revendications aux fins de rétablissement dudit site. Il faut regretter que le constructeur du site ne l'ait pas sécurisé.

[80] Rapport général du Comité de réformes (CRAD) commission technique n°2, p.8.

Toutes les solutions d'adaptation de ce logiciel étaient, du fait de cette contrainte matérielle, impossibles à mettre en œuvre. La solution de remplacement de PAGODE s'est posée comme une option incontournable. En conséquence, la procédure de son remplacement par SYDONIA a été amorcée.

Section 2 : Les adaptations technologiques liées à l'avènement de SYDONIA

Le démarrage effectif de SYDONIA le 1er janvier 2007 a constitué un tournant majeur dans la facilitation des opérations de dédouanement des marchandises à Douala et dans les autres sites d'implémentation de ce système. SYDONIA se présente comme un accélérateur du dédouanement. C'est un système informatique moderne et performant tant dans son architecture que dans ses fonctionnalités.

§1- Historique et architecture technique de SYDONIA

L'avènement de SYDONIA a été précédé par plusieurs études spécifiques menées sous l'égide de la commission technique n° 3 du CRAD sur le choix du logiciel approprié pour la douane camerounaise.

A- Genèse de SYDONIA

Le logiciel SYDONIA a été développé par la CNUCED dans le but d'aider les pays membres des Nations Unies, et plus spécifiquement les pays en voie de développement, dans la prise en charge et la gestion des opérations liées à leur commerce extérieur.

L'adoption et le lancement de SYDONIA au Cameroun résultent de la convention n°CMR/OT/2CR signée le 03 février 2003 entre le gouvernement camerounais et la CNUCED.

SYDONIA qui est rendu aujourd'hui à sa deuxième version, se veut une application fondamentalement caractérisée par sa capacité technique à évoluer pour prendre en compte les besoins nouveaux des pays utilisateurs. Cette capacité intrinsèque d'adaptation fait de SYDONIA le système informatique le plus utilisé par les douanes à travers le monde[81].

Ces pays trouvent auprès de la CNUCED tout l'appui technique et managérial nécessaire pour son implémentation quotidienne.

[81] Plus de cent pays répartis sur l'ensemble des cinq continents ont adopté SYDONIA.

B- Une architecture technique modulaire

Le système SYDONIA se caractérise fondamentalement par son architecture modulaire. En effet, ce système qui est une émanation des nouvelles technologies de l'information et de la communication, utilise pour véhicule essentiel les connexions Internet.

Cette architecture s'articule autour de cinq principaux modules notamment :

- le module MOCBR (MODCBR), module de traitement de la déclaration et des contrôles ;
- le module MODCAR, module de traitement des manifestes ;
- le module MODTRS, module de traitement des opérations de transit ;
- le module MODACC, module de caisse pour les opérations de paiement des droits de douane ;
- le module MODSEL, module de sélectivité des contrôles qui, dans le cadre d'une analyse paramétrée de risques, détermine l'orientation automatique des déclarations enregistrées rouge, jaune, vert et bleu[82].

Cependant on peut regrouper l'ensemble des modules de cette application en trois à savoir :

- les modules de configuration, de maintenance et de reporting ;
- les modules utilisateurs douaniers ;
- les modules utilisateurs non-douaniers.

Dans cette configuration modulaire de SYDONIA toutes les opérations légales effectuées dans le système tels l'enregistrement du manifeste, la déclaration en détail ou la liquidation des droits de taxes, quel que soit l'opérateur considéré, conduisent nécessairement à se connecter au serveur central.

Il s'agit ici des opérations sélectives qui ne peuvent être menées que *on line*. Le caractère d'outil de facilitation par excellence de SYDONIA s'affirme davantage dans le fait qu'il permet de réaliser des opérations *off line*, c'est-à-dire sans connexion au serveur.

[82] Le circuit rouge, jaune, vert ou bleu détermine le niveau de contrôle de la déclaration enregistrée, notamment l'étude documentaire et/ou le scanning des marchandises conduisant à la délivrance du « *Bon à enlever* ». Actuellement, les circuits bleu et vert ne sont pas encore activés.

On peut citer à titre d'exemple la saisie du manifeste ou de la déclaration en détail. Dans le cas d'espèce, l'opérateur est maître de son temps car il peut effectuer cette opération à tout moment dans le système. Il n'est aucunement soumis aux contraintes horaires d'ouverture ou de fermeture des bureaux de douane.

C'est seulement une fois la saisie terminée et après avoir minutieusement procédé, selon son timing, au contrôle des éléments saisis qu'il peut, dans le libre choix du moment, se connecter au serveur pour l'enregistrement ou la validation.

La connexion internet doit donc être pleinement disponible pour assurer l'opérationnalité permanente de SYDONIA à travers tous ses sites d'exploitation, répartis sur l'ensemble du territoire national.

C- Une application à couverture nationale

Dans sa conception originelle et selon les exigences du gouvernement de faciliter et de sécuriser les opérations de dédouanement, SYDONIA++ dans sa version camerounaise couvrira dans le très court terme la totalité des bureaux de douane de notre pays, contrairement à PAGODE.

SYDONIA repose sur plusieurs supports de transmissions des données notamment, les satellites via les faisceaux hertziens et les supports câbles tels le cuivre et la fibre optique, véhicules par essence de la connexion internet. Le grand atout de ce système réside dans le fait qu'aucune limite physique ou géographique ne peut s'opposer à son déploiement national. Cela rend possible toute extension qui résulterait de la création de nouveaux bureaux de douane quelle que soit leur localisation.

Il faudra seulement que la douane camerounaise s'appuie sur des fournisseurs d'accès au réseau internet fiables, professionnels et expérimentés. En effet, la connexion internet, gage de la pleine fonctionnalité et opérationnalité du système, doit rester disponible et permanente. L'option actuelle en faveur d'un panel de fournisseurs en est une garantie.

§2- Les étapes de la procédure de dédouanement sous SYDONIA

Toutes les procédures automatisées de dédouanement commencent par la prise en charge des marchandises dans le système informatique. Cette opération préalable et incontournable se traduit par l'enregistrement ou la validation du manifeste par l'acconier et /ou le consignataire des navires.

En effet, sur le plan technique et conceptuel, aucune déclaration en douane ne peut être levée avant l'enregistrement du manifeste de référence. Cette caractéristique logicielle de SYDONIA se retrouvait également dans PAGODE.

A- L'enregistrement de la déclaration en détail

Cette opération est subordonnée à l'enregistrement préalable du manifeste. Elle relève de la responsabilité exclusive du commissionnaire agréé en douane plus connu sous le nom impropre de transitaire.

Dans le contexte de SYDONIA, il doit disposer dans ses propres locaux, d'un terminal, d'un code d'utilisateur et d'un code d'accès permettant la connexion au serveur central aux fins d'enregistrement de la déclaration en détail dans sa forme définitive.

Il lui appartient à cet effet de faire lui-même la saisie des éléments et des mentions obligatoires figurant sur la déclaration en détail et d'apporter autant de fois possible tous les amendements et modifications avant l'enregistrement selon son propre timing.

La validation des déclarations en douane selon le terme consacré dans l'environnement de PAGODE était de ce fait, comme déjà indiqué plus haut, soumise également aux contraintes des horaires d'ouverture et de fermeture des bureaux de douane. Le système SYDONIA offre ici des avantages indéniables. Il permet l'enregistrement des déclarations en détail 24h/24 et 7 jours/7. Il donne la même possibilité aux autres opérateurs dans le cadre des actions qui leur sont propres. Le gain de temps réalisé dans cette opération n'est plus à démontrer car le choix du moment n'est soumis à aucune contrainte restrictive. La célérité attachée à cette opération dépend en définitive du seul commissionnaire agréé en douane.

La possibilité d'enregistrer des déclarations à tout moment dans le système et de pouvoir faire des opérations *on line* et *off line,* constituent des facteurs réels de facilitation et de performance. Il est donc nécessaire de continuer la politique de généralisation de l'usage des nouvelles technologies de l'information et de la communication dans les procédures douanières. En appui à cette politique, il convient d'assurer l'appropriation et la maîtrise de l'outil informatique par l'ensemble des personnels liés à quelque titre que ce soit à la chaîne de dédouanement.

L'enregistrement *à distance* des déclarations en détail y compris des manifestes à travers la connexion au serveur, apparaît comme une amorce vers les téléprocédures dont SYDONIA se veut le support logiciel. La pleine consécration de cette dématérialisation des procédures est marquée par la mise en ligne de toutes les pièces jointes à la déclaration en détail.

Dans le cas d'espèce, tous les opérateurs tels les consignataires, les agents maritimes, les commissionnaires agréés en douane et autres intervenants, resteraient dans leurs propres bureaux pour effectuer toutes leurs opérations dans le système SYDONIA. Les déplacements vers les bureaux des douanes seraient également limités. Mais cela nécessite au préalable la mise en place d'un cadre juridique spécifique d'homologation et de validation des pièces jointes virtuelles afin d'en assurer leur opposabilité et authenticité. En effet, il s'agira ici d'une *douane sans papier*.

Telle est la voie du futur dans laquelle les douanes camerounaises sont appelées à s'engager résolument pour répondre de façon adaptée à l'évolution des besoins et préoccupations des acteurs du commerce international notamment la célérité et la facilitation.

Ce futur se conjugue au présent dans les douanes françaises depuis 2008 avec le logiciel DELTA (@), Dédouanement en ligne par traitement automatisé et le portail pro.dou@[83].

Ce nouveau système de dédouanement électronique DELTA offre une gamme complète de téléprocédures pour toutes les entreprises quelle que soit leur taille avec notamment :

- DELT@ C pour le dédouanement de droit commun ;
- DELT@ D pour le dédouanement à domicile ;
- DELTA Express pour les sociétés de fret express à l'importation.

Globalement, on peut constater qu'« *avec Delta, les entreprises bénéficient d'un dédouanement plus rapide, plus simple, plus fiable et à moindre coût et peuvent anticiper jusqu'à 10 jours le dépôt de leurs déclarations* »[84].

Si aujourd'hui l'enregistrement en ligne du manifeste et de la déclaration en détail reste la clé essentielle de la célérité, il est indispensable que cette exigence imprègne en profondeur la vérification

[83] Rapport de performance 2008, Douanes Françaises, p.14.
[84] Rapport de performance, Op cit., p.15.

et la liquidation des droits et taxes en vue de la mainlevée des marchandises.

B- La vérification de la déclaration en détail et la liquidation des droits et taxes

Au moment de l'enregistrement de la déclaration en détail sur le serveur central de la douane, celle-ci est automatiquement cotée à un inspecteur de visite dans le bureau des douanes réglementairement compétent. Ce dernier aura la charge de procéder à son étude et à sa vérification approfondie en fonction du circuit sélectionné de façon automatique par le système. Il existe à cet effet trois niveaux de contrôle de la déclaration en détail prédéterminés par son statut. Toutefois, l'existence d'un circuit bleu encore non-opérationnel et marqué par l'absence de tout contrôle avant l'enlèvement des marchandises mérite d'être signalée.

Le statut « circuit vert » non opérationnel pour le moment recommande la mainlevée immédiate des marchandises après imputation du crédit d'enlèvement du montant des droits et taxes liquidés.

Le statut « circuit jaune » implique la seule étude et vérification documentaire en vue de la liquidation des droits et taxes puis de la mainlevée des marchandises. Toutefois, ce statut initial peut connaître une modification allant dans le sens du relèvement du niveau de contrôle[85] de risque à travers l'orientation ou le *reroutage*, terme consacré au « circuit rouge ».

Enfin, le statut « circuit rouge » implique à la fois l'étude documentaire et le scanning des marchandises avant leur mainlevée définitive en cas d'absence de toute irrégularité. Dans la configuration actuelle de SYDONIA et relativement à ce statut, la première liquidation des droits et taxes intervient avant le scanning.

En cas d'irrégularité constatée lors du scanning ou de la visite, une deuxième liquidation peut être effectuée. Quel que soit le statut assigné à une déclaration en détail au moment de son enregistrement, son examen approfondi ne peut commencer que lorsque le commissionnaire agréé en

---

[85] À cet effet, l'article 127 alinéa 1 du Code des douanes de la CEMAC indique qu' « *après enregistrement de la déclaration en détail, le service des douanes procède, s'il le juge utile, à la vérification de tout ou partie des marchandises déclarées* ».

douane ayant mené cette opération apporte directement les pièces jointes y relatives à l'inspecteur de visite coté.

En effet, dans le contexte de mise en œuvre de SYDONIA et afin de promouvoir la célérité, tous les visas hiérarchiques et autres visas des procédures mentionnées sur la *primata* de la déclaration en détail ont été supprimés.

L'inspecteur de visite porte de ce fait une grande responsabilité dans l'étude et la délivrance rapide du *Bon à enlever* (BAE) des déclarations en douane qui lui sont cotées.

SYDONIA offre la possibilité et l'avantage de mesurer le temps compris entre l'enregistrement de la déclaration en détail et la liquidation effective des droits et taxes par l'inspecteur de visite. Il permet donc de déterminer et de séquencer le temps pris par l'inspecteur de visite pour liquider les droits et taxes et donner en même temps, dans le cadre de cette opération couplée, « le Bon à enlever » électronique des marchandises dans le système. Ici, le déclarant ne revient plus vers l'inspecteur de visite pour présenter la quittance de paiement des droits et taxes en vue du « Bon à enlever ». La suppression de cette étape constitue un gain de temps.

Dans certains bureaux principaux hors classe des douanes du secteur des douanes du Littoral I, un hit-parade établissant un classement hiérarchisé des inspecteurs de visite en fonction de leur célérité dans le traitement des déclarations en détail et de leurs performances au niveau du contentieux, a été mis au point relativement à une période donnée[86].

Du seul fait de son existence et des retombées psychologiques qu'il véhicule intrinsèquement, le hit-parade constitue une véritable incitation à la célérité et à la culture de la performance.

La délivrance du *Bon à enlever* électronique consacre le dessaisissement de l'inspecteur de visite et la fin de son intervention dans la procédure de dédouanement et la mainlevée des marchandises sauf exception résultant des suites contentieuses liées aux résultats du scanning.

À titre de rappel et de comparaison, il y a lieu de relever que dans la procédure relative au système PAGODE, le « Bon à enlever » était

---

[86] Ce qui représente un gain de temps pour le CAD. Voir à titre d'illustration le périodique « *Customs and Business Challenge* » n° 04, pp.12-13.

manuel. Il était matérialisé par la signature de l'inspecteur de visite revêtue de son cachet nominatif en bonne et due forme sur la copie D42 et la copie client.

À l'opposé, SYDONIA se caractérise par l'absence de toute signature physique identifiable de l'inspecteur de visite et par une mainlevée des marchandises réalisée dans le système de façon électronique.

C- Le paiement des droits et taxes

Une fois la liquidation des droits et taxes effectuée par l'inspecteur de visite, le paiement peut se faire auprès de la recette des douanes compétente. Ce paiement est matérialisé par la délivrance d'une quittance en bonne et due forme signée par le receveur des douanes pour les marchandises non soumises au programme de sécurisation des recettes douanières.

Pour celles relevant de ce programme, le paiement se fait auprès de la Banque de l'importateur où a été domiciliée l'opération en cours de dédouanement.

Après ce paiement, la banque concernée délivre une lettre de confirmation de paiement à l'attention du receveur des douanes compétent. Au vu de cette lettre, le receveur émet une quittance de paiement en bonne et due forme issue de SYDONIA. Faute de quoi, l'apurement de ladite déclaration sera techniquement impossible lors des opérations de constatation de sortie en vue de la mainlevée des marchandises.

Il est important de préciser que cette opération doit se dérouler le plus rapidement possible pour ne pas générer des retards. Mais pour accélérer le paiement des droits et taxes, il est indispensable d'avoir recours aux moyens modernes notamment les télépaiements essentiellement basés sur le développement de la monétique. À cet effet, le paiement serait réalisé en ligne et à distance de façon électronique. Un tel mode de paiement sera plus rapide et également fiable. Il constituera un véritable facteur de célérité.

En effet, la quasi-totalité des déclarations en douane est validée avec le mode de paiement au comptant. Les opérations y relatives provoquent un engorgement et une longue file d'attente au niveau des recettes des douanes domiciliées au GUCE. Le temps moyen de paiement oscille entre 1 à 2 heures. Toutefois, il peut être plus court ou plus long en fonction de l'affluence aux différents guichets de paiement ou caisses.

D'emblée, la multiplication des caisses constitue un facteur d'accélération des paiements. Avec SYDONIA et afin de réduire le temps d'attente en vue du paiement des droits et taxes, le nombre de caisses a été revu à la hausse. À titre d'illustration, la recette des douanes du secteur des douanes du Littoral I qui collecte à elle seule plus 50 % des recettes douanières, compte aujourd'hui quatre caisses.

Des conditions de paiement améliorées éviteront l'engorgement et la congestion observés au niveau des recettes des douanes domiciliées au GUCE. Elles permettront également de réduire la durée d'une opération de paiement et les files d'attente.

D- La mainlevée des marchandises

Elle constitue l'ultime étape de la procédure de dédouanement des marchandises et ouvre la voie à leur enlèvement effectif. La mainlevée des marchandises est réalisée « on line » dans SYDONIA par la subdivision active des accès portuaires à travers la brigade de contrôle de la guérite choisie par le commissionnaire agréé en douane ou tout autre mandataire légal. Cette opération donne lieu à l'édition d'un document désigné sous l'appellation de « constatation de sortie ». Ce document édité reprend de façon exhaustive toutes les mentions de la déclaration en détail et apure automatiquement le manifeste à travers le connaissement de référence de la déclaration en détail concernée.

Techniquement, cette opération, comme toutes les autres, nécessite une habilitation dans le système, de l'agent de douane chargé de la mener. Il doit donc, comme tous les autres intervenants, disposer d'un identifiant et d'un mot de passe qu'il peut changer à volonté.

Cette opération revêt une importance capitale car c'est le dernier verrou de contrôle interne avant l'enlèvement des marchandises. La constatation de sortie atteste et certifie du paiement effectif des droits et taxes. En effet, elle est techniquement impossible à réaliser si les droits et taxes ne sont pas réglés. À ce titre, c'est un facteur de minimalisation des restes à recouvrer. Elle garantit une meilleure traçabilité du dédouanement des marchandises en permettant un contrôle facile et aisé des manifestes ou connaissements non-apurés au bout d'une période bien déterminée.

L'automatisation de la constatation de sortie permet de réduire la fracture numérique ou l'exclusion des personnels actifs de la douane dans l'usage de l'outil informatique comme c'était le cas sous PAGODE. En effet, dans ce logiciel, cette étape était restée manuelle.

Les brigades de douane en charge de l'apurement des manifestes le faisaient par une simple imputation manuscrite en reprenant le numéro et les autres mentions essentielles de la déclaration en détail sur la marge du manifeste « ne varietur ». Cette application avait été conçue et développée sans prendre en compte l'apurement automatisé des manifestes. Une grosse lacune que SYDONIA est venu combler avec efficacité.

Toutefois, ce système devrait être mieux sécurisé car son démarrage en 2007 a été émaillé par des manipulations frauduleuses remettant en cause son niveau de sécurité. En effet, des contre-écritures négatives avaient été réalisées facilement sur un nombre bien ciblé de déclarations en détail après liquidation des droits et taxes par les services de première ligne.

Ces opérations avaient pour but de réduire le montant des droits et taxes déjà liquidés et consolidés dans le système par les inspecteurs de première ligne à travers des contre- écritures négatives, c'est-à-dire en diminution du montant des liquidations initiales. La réalisation de ces opérations avait été rendue possible par la qualification technique et le niveau d'expertise élevés de leurs auteurs y compris du champ large de leur habilitation dans le système. La sécurisation de SYDONIA est donc capitale et fondamentale.

La sécurité de tout système informatique doit rester une priorité de tous les instants car *« l'essentiel de l'information dans une organisation est centralisé dans les machines, la sécurité informatique revêt alors deux enjeux essentiels : le maintien de la performance de l'outil de travail et la protection du capital information, c'est-à-dire la protection du contenu »*[87]. La sécurité informatique concerne aussi les logiciels d'exploitation qui, en tout État de cause, doivent rester inviolables.

De même, certaines imperfections constatées dans un système informatique devraient être corrigées au plus vite. Dans les *contrats de*

[87] Paul K. FOKAM, *L'Entreprise Africaine et la mondialisation*, Op cit., p.115.

performance assignés à certains inspecteurs de visite[88] et expérimentés avec un succès remarquable, l'on devrait veiller en permanence à assurer une cotation aléatoire et égalitaire des déclarations en douane, base d'évaluation des performances des personnels concernés.

SYDONIA devrait être suivi et évalué en temps réel pour identifier éventuellement certaines faiblesses ou failles susceptibles d'être exploitées par les différents utilisateurs et procéder immédiatement à leur correction afin d'en faire un outil performant, efficace et fiable.

Pourtant les bouleversements et innovations technologiques générateurs par essence de la facilitation ne s'arrêtent pas à SYDONIA qui ne constitue qu'un maillon de la chaîne de la facilitation. Ce système a été couplé harmonieusement à l'usage du scanner pour remplacer ou limiter les visites physiques des marchandises au port de Douala.

Section III : Les adaptations résultant de l'introduction du scanner dans la procédure de dédouanement

Elle découle principalement de l'adoption des techniques nouvelles et modernes d'inspection des marchandises, techniques non-intrusives basées sur l'usage du scanner. Cet outil permet l'identification rapide et précise de l'espèce exacte des marchandises déclarées. Il est largement utilisé par des grands ports dans le monde comme Rotterdam, Anvers, Marseille, le Havre, Abidjan, etc.

À titre de rappel, il y a lieu d'indiquer que la mise en place du scanner fait partie des recommandations fortes de la commission technique n°4 du comité de réformes de l'administration des douanes. La procédure de scanning commence dès l'orientation automatique de la déclaration en détail en circuit rouge dans le cadre du ciblage propre à SYDONIA. Cette sélection aléatoire ne concerne que les marchandises conteneurisés qui seules sont techniquement éligibles au scanning.

Le ciblage automatique repose sur une analyse des risques à critères variables et actualisés dans le temps, définis et mis en œuvre dans

[88] Les contrats de performance concernent, pour le moment, les inspecteurs de visite en service dans les bureaux principaux des douanes hors classe de Douala –Port I et Douala-Port V. Ils reposent sur 8 indicateurs spécifiques qui peuvent être regroupés autour de deux grands axes à savoir la promotion de la célérité et la lutte contre la fraude douanière et les mauvaises pratiques. Voir *Customs and Business Challenge* n°007, juillet 2010, p.17.

SYDONIA par la cellule de gestion des risques. L'orientation en circuit rouge peut également résulter après enregistrement de la déclaration en détail, d'une décision du chef de bureau compétent sur la base d'une analyse des risques plus affinée et propre à lui. Cette décision peut aussi intervenir à la suite d'une initiative de l'inspecteur de visite.

Le scanning des marchandises est réalisé par l'Unité de gestion du scanner (UGS)[89]. Cette unité est située à l'intérieur de l'enceinte portuaire et à proximité du scanner mobile. Toutefois, l'arrêté n°0000101 MINFI du 23 juillet 2010 portant création et organisation des unités techniques de collecte et de contrôle dans les services déconcentrés du ministère des Finances (direction générale des Douanes) ne mentionne nulle part l'existence de cette Unité stratégique dans la facilitation des opérations de dédouanement.

Cette omission bien curieuse est regrettable car ladite unité a besoin d'une véritable consécration réglementaire qui définirait ses missions, le profil et le rang hiérarchique du personnel surtout celui du chef de cette unité stratégique et sensible à plus d'un titre.

§1- La procédure de scanning

Dans la structure actuelle de la procédure de dédouanement, le scanning intervient après le paiement des droits et taxes. Cette procédure a été instituée par la note de service n°162 /MINEFI/ DGD du 23 juin 2006 portant mise en place de la procédure de vérification des marchandises intégrant le scanner.

Le scanner est un outil de facilitation par excellence. Il offre l'avantage d'une identification rapide de l'espèce tarifaire déclarée sans ouverture du conteneur. À cet effet, il permet de réaliser des gains de temps[90] réels car il assure une inspection non-intrusive et intégrale du conteneur jusque dans ses plus petits recoins. Tout le contenu du conteneur est visualisé contrairement à une visite physique. Il offre également l'avantage d'inspecter un nombre plus élevé de conteneurs en peu de temps.

---

[89] L'Unité de gestion du scanner (UGS) est placée sous la sujétion directe du chef de secteur des douanes du Littoral I même si aucun texte ne consacre formellement son rattachement audit secteur.

[90] Le temps de scanning d'un conteneur avec analyse de l'image tourne autour de cinq minutes alors que pour une visite physique notamment du dépôt du conteneur, dépotage et rempotage, il faut un minimum de trois heures quelle que soit la taille du conteneur.

Son usage marque un tournant décisif dans la procédure d'inspection des marchandises. En effet, il traduit le passage de la systématisation des contrôles à la sélectivité des contrôles qui intègre l'analyse des risques et du renseignement. Seule une proportion très limitée de conteneurs est soumise au scanning. Cette démarche est fortement appuyée par la convention de Kyoto, pierre angulaire de la facilitation à l'échelle mondiale dont le contenu est développé plus loin.

À l'échelle mondiale, cette sélectivité des contrôles est fortement illustrée par le fait que sur plus de 325 millions de conteneurs manutentionnés, seuls 0,5 % sont scannés[91].

A- Le déroulement du scanning

À cette étape de la procédure de dédouanement sous SYDONIA, le commissionnaire agréé en douane ou le déclarant occasionnel dispose déjà du « Bon à enlever » des marchandises, de la quittance du paiement des droits et taxes, du « Bon à délivrer » de l'acconier et l'ensemble des pièces jointes.

Muni de la totalité de ces pièces, il se rend chez le concessionnaire exclusif de la gestion du parc à conteneurs DIT qui après vérification minutieuse et exhaustive de celles-ci, fait procéder sans délai avec ses propres moyens logistiques, au chargement sur camion du conteneur ou des conteneurs repris et bien identifiés dans la déclaration en détail de référence.

Le site de chargement des conteneurs est situé dans l'enceinte portuaire à proximité du point d'installation du scanner mobile pour faciliter l'inspection. En raison du principe « premier arrivé, premier servi », le camionneur attend dans le respect de l'ordre d'arrivée, le passage au scanner de sa cargaison. Il est alors invité à disposer son camion dans un sens bien précis pour faciliter le balayage complet de celui-ci et du ou des conteneurs à inspecter par la structure mobile des rayons X du scanner.

Avant le déclenchement de cette opération de balayage, il est demandé de façon impérative au conducteur de quitter la cabine de son camion pour ne pas s'exposer aux dangers des rayons X à forte capacité de pénétration du scanner mobile.

---

[91] Frédéric CARLUER, « Les impacts macro et micro économiques de la loi américaine 100 % scanning » in *Étude commanditée par l'OMD.*

Le balayage du conteneur ou des conteneurs donne lieu à la visualisation en temps réel de leur contenu sur des écrans spécifiques dans la cabine d'inspection par un personnel spécialement formé. Cette opération dure environ cinq minutes par conteneur.

Les inspecteurs analystes d'images procèdent alors à la comparaison de celles-ci avec l'ensemble des éléments de taxation figurant dans la déclaration en douane, notamment l'espèce tarifaire. Ces derniers procèdent à la vérification de la concordance entre l'espèce tarifaire déclarée et celle visible et visualisée sur leurs écrans de contrôle.

Cet examen des images du scanning donne lieu à la production et à la conservation du film y relatif comme preuve matérielle et irréfutable des résultats de cette opération. À l'issue du scanning, les marchandises soumises à ce contrôle sont déclarées « *suspectes* » ou « *non-suspectes* ». Cette mention terminale détermine la suite du traitement qui sera réservé à la déclaration en détail ciblée et aux marchandises s'y rapportant.

Pour les quatre derniers mois de l'année 2009 par exemple, le nombre de conteneurs soumis au scanning est allé crescendo comme l'illustre le tableau ci-après :

Année 2009	**Septembre**	**Octobre**	**Novembre**	**Décembre**
Déclarations enregistrées	1237	1303	1185	1537
Conteneurs scannés	1435	2180	1712	2301
Conteneurs suspects	321	479	358	612
Conteneurs enlevés du port	5903	8250	7359	8525
Taux de visite aux conteneurs scannés	24,30 %	21,97 %	20,91%	27 %
Taux de visite sur conteneurs enlevés	5,44%	5,80%	4,86%	7,18%

Source : *Customs and Business Challenge* n°005, décembre 2009, p.11.

Ce tableau relatif à la période considérée laisse apparaître que 94,18% des enlèvements des conteneurs sont effectués au port de Douala sans visite intrusive de la douane ; cette étape de la vérification étant réputée tracassière.

B- Les sanctions du scanning

En fonction des résultats du scanning, deux sanctions de cette opération de contrôle peuvent se présenter.

1- La sanction normale

Il s'agit d'une sanction de conformité entre les images issues du scanning et l'ensemble cumulé des éléments de la déclaration en détail et ceux des pièces jointes ou d'accompagnement.

Si aucune irrégularité n'a été constatée, les marchandises déclarées obtiennent leur mainlevée définitive et peuvent être directement enlevées pour être versées à la consommation sur le marché intérieur. Toutefois, une visite physique sommaire peut être pratiquée pour lever des zones d'ombre résiduelles et bien identifier une marchandise quantitativement et qualitativement tel un ordinateur ou un logiciel.

Cette ultime étape marque la fin de la procédure normale de dédouanement. Mais en cas de non-conformité ou discordance entre les images du scanning et les éléments de la déclaration en détail, la sanction sera différente.

2- La sanction litigieuse

Dans le cas d'espèce, une irrégularité ou infraction a été constatée pendant ou après le scanning. Il y a donc un litige qui déclenche l'ouverture de la phase contentieuse avec possibilité de redressement de la déclaration en douane en fonction de la qualification de l'infraction retenue.

Pour asseoir la matérialité de l'infraction et garantir le caractère contradictoire de sa constatation, les conteneurs sont alors acheminés dans une zone spécialement consacrée à la visite et à la fouille. Il est alors procédé en présence du déclarant et de l'importateur ou seulement du premier visé, à une visite physique, partielle ou intégrale du conteneur ou des conteneurs. Ils sont ouverts et dépotés suivant les instructions et indications de l'inspecteur de visite coté et de l'inspecteur analyste d'images.

Il est procédé à l'identification et au dénombrement des marchandises déclarées. Les éléments obtenus contradictoirement dans le cadre de cette visite physique servent à la rédaction du procès-verbal de constat par l'inspecteur de visite compétent.

Au terme de la rédaction du procès-verbal, le déclarant est invité à le lire attentivement et à le signer. Il a le droit d'y insérer ses réserves. Cependant, celles-ci doivent être explicites[92]. Une amende sanctionnant ce manquement est fixée par le chef de bureau compétent.

Si le litige identifié ne donne pas lieu à des droits compromis, c'est-à-dire à une liquidation additionnelle des droits et taxes, le paiement de l'amende matérialisé par la production d'une quittance spécifique prise en charge dans le registre M17[93] suffira pour obtenir la mainlevée définitive des marchandises.

Dans l'hypothèse où le litige génère des droits compromis, le déclarant devra après leur liquidation dans SYDONIA par l'inspecteur de visite coté, s'acquitter cumulativement et préalablement du paiement de ce supplément des droits et taxes, et de l'amende y afférente.

Dès la production de la quittance de paiement des droits compromis et de celle de l'amende, le déclarant obtient aussitôt mainlevée définitive des marchandises sous réserve d'autres contrôles ultérieurs. Les marchandises litigieuses peuvent ainsi être enlevées et cela marque la fin de la procédure de dédouanement.

§2- Prospective sur la position du scanner dans la procédure de dédouanement

Le scanner est par essence un outil de facilitation, d'inspection et d'identification non-intrusif des marchandises. Son usage permet de réaliser des gains de temps et d'accroître la célérité dans la procédure de dédouanement des marchandises. Les atouts attachés au scanner justifient amplement son utilisation généralisée par l'ensemble des douanes de différents pays à travers le monde.

Toutefois, afin d'en maximiser les avantages, cet instrument de facilitation doit être placé au bon endroit.

Dans le cadre de la procédure de dédouanement actuelle au port de Douala, le scanner se situe dans la phase aval et terminale. Cette position

---

[92] Cette exigence est édictée par l'article sixième, chapitre deuxième de la loi de finances 2008 en ces termes « le procès-verbal doit être signé avec des réserves explicites ».

[93] Le registre M17 est destiné au suivi des affaires contentieuses notamment leur enregistrement dans un ordre chronologique et à la certification du paiement des amendes.

y compris la procédure en découlant sont sujettes à caution et devraient être révisées. En effet, elles ne garantissent pas la neutralité des inspecteurs analystes de l'image qui reçoivent au préalable la déclaration en détail à contrôler et peuvent à ce titre entreprendre de nouer des contacts avec l'importateur concerné même si aujourd'hui pendant le scanning, ils sont privés de leurs téléphones portables. La neutralité est un élément capital car le scanner est un outil dont les résultats doivent être partagés par tous les services de la chaîne intra-douanière de contrôle.

Car l'image du scanning ne saurait rester la propriété exclusive de l'unité de gestion du scanner. Celle-ci devrait être mise en ligne pour *visualisation ou consultation* dans SYDONIA ou dans le cadre d'une application spécifique à développer afin d'en favoriser la plus large diffusion dans un cadre bien défini, notamment les services opérationnels et les cellules du contrôle différé.

La plupart des services des douanes, à l'échelle mondiale, utilisent le scanner dans la phase amont de la procédure de dédouanement. Le scanner est utilisé ici pour identifier préalablement et de façon aléatoire certaines marchandises conteneurisées dans le cadre de leur prise en charge. Les conteneurs sont sélectionnés sur la base d'un ciblage bien élaboré qui intègre les critères vus précédemment dans l'analyse des risques.

Cet usage du scanner dans la procédure amont du dédouanement est pratiqué, pour ne prendre que des exemples africains, par les ports de Tunis en Tunisie et Tema au Ghana.

Dans le cas d'espèce, le scanning se fait dès le débarquement des marchandises conteneurisées sur le quai. Les résultats du scanning sont ainsi connus bien avant l'établissement de la déclaration en détail.

Pour rendre ce mécanisme efficace, les résultats devraient être adressés sous pli confidentiel à scellement inviolable au chef de bureau des douanes compétent avec décharge de ce dernier. Cet envoi préalable permettra de comparer ultérieurement l'espèce déclarée à l'espèce manifestée avant tout « Bon à enlever ».

Le principal avantage d'un tel mécanisme sera de régler le problème de double relevage générateur de frais financiers additionnels et de lenteurs. En effet, lorsqu'un conteneur est déclaré suspect à l'issue du scanning, il faut payer des frais supplémentaires à l'acconier pour le faire décharger du moyen de transport et le déposer sur le quai pour la visite physique.

Au terme de cette opération, il faut de nouveau le recharger sur le moyen de transport pour l'enlèvement final. Un tel système aurait, en outre, l'avantage de limiter les points de contacts réputés source de corruption entre les agents en service à l'unité de gestion du scanner et les usagers. Dans cette hypothèse, la qualification abusive de « suspect » après le scanning de certains conteneurs serait évitée y compris d'éventuels marchandages de ce statut.

En appui à un tel dispositif, il faudrait prendre l'option capitale « *de veiller à ce que les décisions prises en matière de répartition, de rotation, de changement et d'affectation du personnel tiennent compte de la nécessité de réduire les possibilités que du personnel douanier occupe des postes vulnérables pendant une longue période* »[94].

L'autre atout de cette démarche serait de relever le taux des marchandises inspectées par scanner sans que cela puisse compromettre ou allonger les délais de passage. Une telle approche, marquée par une plus grande confidentialité, aurait l'avantage d'une plus grande efficacité dans la mise en évidence des fausses déclarations d'espèces. Enfin, il est indispensable que tous les résultats du scanning soient adressés hebdomadairement ou mensuellement à la cellule du contrôle différé du secteur des douanes du Littoral I pour exploitation dans le cadre de la révision des déclarations en détail.

À cet égard, si l'on prend le cas du champagne, il y a lieu de constater qu'« *au regard des statistiques de l'année 2000 seules en notre possession et relatives au champagne toutes marques et labels confondus, telles qu'elles résultent du Comité professionnel du vin de champagne (CIVC) dans son bulletin d'information daté du 02 juillet 2001, le Cameroun s'est vu classé au 1er rang des importateurs de ce vin pétillant en Afrique avec 288 527 bouteilles de 75 cl importées* »[95].

Les statistiques du comité interprofessionnel du vin de champagne pour les années 2001, 2002, 2003 sont restées constantes sur ce classement faisant du Cameroun le premier importateur de ce nectar

---

[94] Extrait de La Déclaration d'Arusha sur la gestion des ressources humaines dans les administrations douanières.

[95] Voir notre Étude « La contrebande sur les boissons alcoolisées ; les indices des statistiques » in *Revue des douanes camerounaises, n*°20, décembre 2006 p.55.

pétillant en Afrique. Pourtant, cette forte propension *champagnophile* des Camerounais, établie dans les chiffres du CIVC, n'apparaît pas dans les statistiques douanières avec la même proportion. À peine 20% du champagne importé au Cameroun est légalement déclaré si on prend pour référence les années susvisées.

Il apparaît dès lors judicieux d'ouvrir une profonde réflexion sur la fiscalité applicable à ce produit tout comme les autres produits similaires notamment les boissons alcoolisées relevant du chapitre 22 du tarif communautaire des douanes. Le maintien d'une fiscalité élevée nous paraît inopportun et inefficace et constitue un facteur d'incitation à la fraude et à la contrebande sur ce produit.

Le récent décret n°2010/0483/PM du 18 mars fixant les modalités de mise en œuvre de la vignette sur certains produits manufacturés constitue une mesure très efficace de traçabilité des importations des produits visés et surtout de lutte contre la fraude et la contrebande. Mais ce mécanisme devrait être couplé avec une fiscalité révisée à la baisse.

À cet égard et à titre historique, un parallèle peut être fait avec les importations de friperie. Jadis, celles-ci étaient prohibées de façon absolue pourtant ce produit inondait nos marchés. Depuis la légalisation de l'importation de la friperie en 1992, ce produit constitue aujourd'hui, le premier poste des recettes douanières. La pratique de cette politique a fait perdre à l'État depuis l'indépendance des recettes très importantes.

Par ailleurs, il est indispensable pour coupler harmonieusement facilitation et efficacité, de mettre en place, dans les meilleurs délais, les deux autres appareils scanners prévus dans le plan stratégique du CRAD sur le site du port de Douala. Leur mise en place permettrait d'expérimenter une formule *sui generis* de ciblage intégrant les phases amont et aval de la procédure de dédouanement. Ce système mixte générera à coup sûr plus d'efficacité et de célérité.

CHAPITRE II :

LA MODERNISATION DES MOYENS LOGISTIQUES ET DE COMMUNICATION

À l'image d'une chaîne caractérisée par la pluralité de ses maillons, il s'avère nécessaire d'étendre la modernisation car il s'agit d'une exigence globale imposée par l'évolution technologique.

Cette modernisation est également une prescription du plan de réformes de l'administration des douanes validé en 2003. Elle est matérialisée par des recommandations spécifiques de la commission technique n°4 en charge des infrastructures et des équipements.

Dans le prolongement immédiat de la mise en place d'un système informatique plus performant et des techniques d'inspection non intrusives respectant l'intégrité des marchandises, la douane camerounaise se devait de moderniser tous ses équipements et ses moyens nécessaires à la surveillance maritime et terrestre.

Cette modernisation a pour vocation de faciliter les opérations de conduite et de mise en douane. Par ailleurs, il est indispensable qu'elle arrive à très court terme à développer un véritable système de communication autonome entre ses différentes unités opérationnelles pour mieux coordonner leurs interventions respectives sur le terrain.

À cet effet, cette modernisation sera centrée sur l'unité navale des douanes, le parc automobile et le système de communication.

Section I : La modernisation et la réhabilitation opérationnelle de l'unité navale

L'Unité navale des douanes camerounaises a été créée en 1984. Son objectif principal est d'assurer la surveillance du plan d'eau et plus spécifiquement des 400 km de façade maritime dont dispose le Cameroun. Mais elle doit surtout rester opérationnelle afin de garder une grande visibilité pour produire le plus grand effet dissuasif.

§1- Le plan modernisation de l'unité navale

À sa création l'unité navale comptait trois vedettes rapides. Ce nombre était insuffisant pour assurer une meilleure couverture opérationnelle du plan d'eau. Le plan de modernisation a été axé sur l'accroissement du nombre de vedettes mais surtout de leur puissance, facteur véritable de leur performance. C'est ainsi que l'unité navale a été dotée en 1995 de trois vedettes[96] et d'une embarcation supplémentaires.

Ces noms de baptême couronnent les mérites exceptionnels du premier directeur camerounais des Douanes et la dévotion au service des premiers officiers des douanes camerounaises notamment Sam Mbaka, tout premier capitaine des douanes camerounaises.

Ce plan devait également s'adosser sur un planning d'entretien dans une périodicité bien définie. L'unité navale se doit dans ce cadre de disposer d'un personnel bien formé dans les opérations maritimes et procéder à des exercices réguliers d'arraisonnement des navires ou d'interception des embarcations de contrebande.

Ces exercices devront être répétés pour assurer leur parfaite maîtrise par le personnel d'intervention afin d'éviter tous les risques liés à l'amateurisme. Il faudra la doter en armes et munitions et organiser régulièrement des séances de tirs avec les différentes armes dont est doté ce corps. Il faut s'assurer que ce personnel maîtrise correctement l'usage de ces armes d'intervention et les procédures opérationnelles d'identification et de saisie des embarcations en cas de contrebande.

La mise en œuvre de ces mesures permettra de faire de l'unité navale un outil pleinement opérationnel et d'une grande visibilité à travers la fréquence élevée des patrouilles.

§2- La réhabilitation opérationnelle et l'accroissement des patrouilles de surveillance

L'unité navale est par essence un instrument opérationnel destiné à la surveillance permanente de l'ensemble des côtes camerounaises et du réseau hydrographique dont les embouchures débouchent dans leur totalité sur l'océan atlantique.

Le diagnostic de son fonctionnement actuel devrait conduire à repenser de façon globale son opérationnalité. En effet, l'unité navale a

[96] Ces vedettes ont reçu respectivement les noms de baptême :
Momo Eitel, pour la plus puissante, type V12 ;
Ndoumou Eloi, pour la vedette type V11 ;
Sam Mbaka, pour la vedette V10.

tendance à apparaître exclusivement comme un instrument de parade et d'exhibition lors des grandes manifestations nationales.

Le confinement de l'unité navale à la seule visibilité événementielle mérite d'être repensé car il faudrait en faire un outil opérationnel et permanent de lutte contre la contrebande maritime. À cet effet, l'organisation des patrouilles navales doit être quotidienne et son champ de déploiement ou d'intervention élargi sans cesse. Seules ces actions peuvent assurer à la fois dissuasion et visibilité continues. Il serait productif que les patrouilles de cette unité soient menées jusqu'à Campo à la pointe sud de la frontière maritime du Cameroun avec la Guinée Équatoriale. L'accroissement du nombre de patrouilles contribuera sûrement à renforcer la dissuasion ou pourrait donner lieu à la saisie d'importantes marchandises de contrebande.

Mais pour atteindre ces résultats, il est indispensable de mettre en place un plan d'entretien et une maintenance adéquats de cet outil. De plus, il faudra assurer une formation du personnel dans ce sens et acquérir un stock de pièces de rechange pour une gestion prévisionnelle et efficace.

Si l'entretien des vedettes s'avère onéreux ou budgétivore, une solution alternative pourrait consister à utiliser les *flying boat*, embarcations légères, plus rapides et à entretien plus facile. Leur usage permettrait de mettre en œuvre une stratégie de harcèlement permanent des contrebandiers sur le plan d'eau à travers une présence plus régulière de l'unité navale et des patrouilles à fréquence élevée.

La douane pourrait bien coupler l'usage des équipements hauturiers réputés plus onéreux et plus efficaces avec celui des *flying boat* pour faire de l'Unité navale un instrument opérationnel en tout temps. Le recours aux *flying boat* est fortement préconisé pour une surveillance côtière de proximité car c'est le lieu de prédilection pour le débarquement des marchandises de contrebande acheminées par voie maritime.

Toutefois, il convient de placer cette unité sous un commandement plus autonome et situé à proximité de son champ opérationnel et des moyens navals pour des raisons d'efficacité.

§3- Le rattachement institutionnel de l'unité navale au secteur des douanes de Littoral I

Dans l'organigramme actuel adossé sur le décret n°2008/365 du 08 novembre 2008 portant organisation du ministère des Finances, l'unité navale est rattachée à la direction des ressources humaines et de la logistique. Ce rattachement ressort implicitement de l'énumération des missions de cette direction stratégique qui est chargée entre autres, d'après les termes de l'article 95 alinéa 1 du décret sus cité : « de l'acquisition, de la gestion et de la maintenance du réseau des transmissions et des moyens navals ».

Au regard des trois sous-directions[97] qui font son ossature, il n'apparaît nulle part dans leurs compétences respectives la gestion ou le contrôle de l'unité navale de façon expresse. Il y a lieu de penser que la gestion de l'unité navale qui est un outil très stratégique relève des attributions exclusives et réservées du directeur des ressources humaines et de la logistique.

Cette situation est assez incongrue car cette unité est par essence opérationnelle. Son rattachement à un service administratif de gestion à caractère général nous semble inopportun. Cette inadéquation fonctionnelle est de nature à plomber son efficacité surtout avec la délocalisation récente de la direction générale des Douanes à Yaoundé.

La question ici se ramène à savoir comment on peut piloter une telle structure loin de son champ d'intervention de prédilection qui est la mer et l'ensemble de la côte du littoral. La distance géographique entre le commandement de cette unité et ses éléments opérationnels tant en hommes qu'en moyens navals ne peut que compromettre les résultats attendus. Il s'avère nécessaire, dans les meilleurs délais, de placer l'unité navale sous le contrôle hiérarchique du secteur des douanes du Littoral I, lieu de domiciliation des vedettes et des moyens navals opérationnels des douanes camerounaises et sous un commandement plus autonome.

Par ailleurs, on peut relever que tous les moyens de transmissions nécessaires à l'organisation des patrouilles sont basés à Douala qui est en fait le centre névralgique opérationnel de cette Unité.

---

[97] Notamment la sous-direction des ressources humaines et de l'action sociale, la sous-direction du budget et des matériels et la sous-direction des transmissions.

Section II : La modernisation des moyens de locomotion

Afin de faciliter l'accomplissement de ses missions, notamment la mission de surveillance dans sa dimension terrestre, la douane camerounaise doit être dotée d'un parc automobile approprié soumis à un entretien régulier et à un plan de renouvellement bien structuré. Cette exigence formelle découle des recommandations de la commission technique n°4 du comité de réformes de l'administration des douanes visant à assurer une grande efficacité et une performance optimale des services opérationnels actifs dans leur globalité.

§1- Le parc automobile actuel

La douane camerounaise dans son ensemble dispose d'un parc automobile constitué de véhicules utilitaires tout terrain 4 x 4, de véhicules ordinaires et de motos.

Les véhicules utilitaires sont appropriés pour le contrôle et la circulation des marchandises quels que soient l'État du réseau routier et la saison. Seule l'acquisition de ce type de véhicules peut permettre à la douane d'assurer en toute saison et avec efficacité sa mission de surveillance terrestre dans le cas d'espèce.

La dotation de certaines unités opérationnelles en véhicules ordinaires de ville est inappropriée et peut compromettre leurs opérations sur le terrain à cause de leur faible hauteur. Ces véhicules ne peuvent pas être utilisés à la périphérie de Douala, encore moins sur certains itinéraires combinant à la fois les routes bitumées et les routes de campagne.

Par ailleurs, il convient dans la perspective d'une longue utilisation et d'une pleine opérationnalité, d'acquérir uniquement des véhicules neufs et de les marquer tous du logo de la douane sauf ceux utilisés pour les opérations de filature essentiellement caractérisées par leur discrétion.

L'acquisition des véhicules de seconde main est à proscrire pour une administration qui est une grande vitrine de l'image de l'État. En effet, sous réserve des moyens financiers et de l'enveloppe budgétaire spécifique, il faut promouvoir au niveau des services publics, l'usage des véhicules neufs pour impulser une véritable politique de rajeunissement du parc automobile du Cameroun dans sa globalité.

La douane camerounaise se doit de donner cet exemple de rajeunissement de son parc automobile en mettant en place un plan de renouvellement élaboré de celui-ci.

Ces moyens de locomotion sont indispensables pour assurer une surveillance efficace et permanente des frontières surtout du rayon des douanes[98] et pour permettre une saisie rapide des marchandises de fraude ou de contrebande.

§2- L'élaboration d'un plan d'entretien et de renouvellement du parc automobile

Pour éviter d'être handicapée par des pannes à répétition au cours de ses opérations sur le terrain, la douane camerounaise se doit d'élaborer un plan d'entretien et de suivi homologué sur le plan interne de son parc automobile.

Cet entretien peut être assuré par la mise en place d'un garage propre et autonome dans les secteurs des douanes du Littoral I et du Littoral II, disposant d'un nombre élevé de véhicules. Il peut également être fait sur le moyen d'un contrat avec un ou plusieurs garages agréés. Toutefois, afin d'assurer la pleine opérationnalité et disponibilité des moyens de locomotion, il est indispensable que les douanes camerounaises mettent en place un plan quinquennal ou décennal de renouvellement du parc automobile comme dans les douanes européennes.

En effet, au-delà de 10 ans et malgré un entretien rigoureux, la fréquence de la survenance des pannes devient élevée.

Afin de mieux coordonner les actions et les interventions de l'unité navale et des différentes brigades opérationnelles dans leurs champs respectifs, la douane camerounaise doit pouvoir développer son propre réseau interne et sécurisé de communication et de transmission.

[98] Le rayon des douanes est une zone de surveillance spéciale le long des frontières terrestres et maritimes selon les termes de l'article 54 du Code des douanes de la CEMAC. L'article 55 dudit code précise, en outre, aux alinéas 1, 2 et 3 a, confondus que : « Le rayon des douanes comprend une zone maritime et une zone terrestre. La zone maritime est comprise entre le littoral et une limite extérieure située en mer à 12 miles marins mesurés à partir des lignes de base de la mer territoriale. La zone terrestre s'étend : a) sur les frontières maritimes entre le littoral et une ligne tracée à 60 kilomètres en deçà du rivage la mer et des rives des fleuves, rivières et canaux affluant à la mer, jusqu'au dernier bureau de douane situé en amont, ainsi que dans un rayon de 60 kilomètres autour dudit bureau […] ».

Section III : La modernisation des moyens de communication et de transmission

La modernisation de l'outil de communication et de transmission des douanes camerounaises est une émanation du plan de réformes de l'administration des douanes notamment des recommandations de la commission technique n°4.

Dans l'organigramme actuel adossé sur le décret n°2008/365 du 08 novembre 2008 portant organisation du ministère des Finances, il existe un service des transmissions rattaché à la direction des ressources humaines et de la logistique.

§1- L'opérationnalité du service des transmissions

La douane camerounaise évolue dans un environnement marqué par la grande mobilité des acteurs de la fraude et de la contrebande. Cela exige d'elle de tirer avantage des progrès technologiques en modernisant son outil de communication et de transmission propre. Elle devrait, à cet effet, se doter d'émetteurs récepteurs de longue portée ou couvrant intégralement le champ d'action ou le périmètre opérationnel de chaque subdivision active.

Afin d'assurer sa pleine opérationnalité, ce service devrait être délocalisé ou restructuré dans son commandement par la création d'un poste secondaire ou central à Douala. La facilitation et le contrôle efficace des opérations passent nécessairement par la généralisation de l'emploi de cet outil désigné sous le vocable usuel de *Talkie- Walkie.*

Il ne s'agit en aucun cas d'instruments de lutte ou de parade mais d'instruments susceptibles d'accroître l'efficacité du service en faisant échec à des opérations de fraude ou de contrebande bien ciblées. La mise en place de cet outil doit être couplée avec un programme d'entretien adéquat des appareils et l'ensemble des installations du réseau à installer ou installé dans un emplacement fixe et sécurisé.

Par ailleurs, il faut mettre en place un programme de formation du personnel à l'usage de ces émetteurs récepteurs qui doivent être parmi les plus performants existant actuellement dans le monde.

La douane camerounaise avait été dotée, il y a une dizaine d'années, avec l'appui technique et financier de la coopération française d'un système de communication et de transmission autonome. Des pylônes et autres points de relais avaient été construits sur la dorsale allant du Mont

Cameroun jusqu'à Kousséri avec l'attribution d'une fréquence d'émission. On avait même procédé à des essais concluants. Avec le lancement de NEXUS, il s'avère urgent de le réhabiliter pour coupler efficacement ces deux systèmes. Toutefois, la douane camerounaise devrait s'approprier définitivement et totalement la gestion et la maîtrise technique de l'outil NEXUS.

§2- Le système de géo-localisation et de transmission NEXUS

L'avènement du système NEXUS est très récent et date de l'année 2009, au cours de laquelle les principaux jalons de ce système ont été posés. NEXUS a été officiellement lancé le 09 août 2009 à Yaoundé par le ministre d'État chargé des Transports représentant le Premier ministre.

Cette application technique permet la géo-localisation des conteneurs de marchandises en transit le long des corridors et check points conventionnels depuis le port de Douala notamment du check point de Yassa jusqu'au pays de destination finale mentionné dans l'acquit-à-caution IM8.

Le système NEXUS qui est rendu aujourd'hui à sa deuxième version a pour vocation essentielle de faciliter et de sécuriser le régime douanier de transit des marchandises à destination des principaux pays utilisateurs que sont le Tchad et la République Centrafricaine.

NEXUS est une réponse technique adéquate et bien structurée aux versements frauduleux et récurrents à la consommation des marchandises déclarées sous le régime de transit.

Les enjeux attachés à NEXUS découlent de l'importance des valeurs globales des marchandises en transit qui représentent *340 milliards par an pour le Tchad et 55 milliards par an pour la République Centrafricaine*[99].

Il vise à endiguer la fraude sur le transit qui, au fil du temps et de l'accroissement du volume des marchandises en transit, a pris une certaine ampleur. La hausse remarquable des recettes douanières observées depuis quelque temps pourrait s'expliquer en partie par la sécurisation en cours de réussite de ce régime.

[99] Ces chiffres sont cités dans *Customs and Business Challenge* n° 004, septembre 2009, p.24.

A- Les supports réglementaires du système NEXUS

Sur le plan réglementaire, NEXUS, qui participe de la politique du Gouvernement camerounais d'alléger, de simplifier et de sécuriser, le transit des marchandises, repose sur un ensemble de textes[100]. Dans leur contenu, ces textes définissent notamment :

- l'organisation de la prise en charge des opérations de transit dans les sites de départ que sont les bureaux de douanes compétents ;
- les itinéraires ou corridors réglementaires[101] ;
- l'apposition des boîtiers GPS, la redevance y relative et la délivrance du titre de transit définitif ;
- les contrôles douaniers en cours d'acheminement aux check points réglementaires et les modalités de leur déroulement ;
- la surveillance spéciale du transit sous GPS menée par le cabinet de la direction générale des Douanes, du secteur du départ et surtout celle de la société GSSA, partenaire technique du système GPS ;
- les zones d'interdiction spéciales que sont les villes de Douala et Yaoundé ainsi que les espaces périurbains y attenants ;
- les contrôles au point de sortie et l'enlèvement des boîtiers GPS ;
- les modalités et lieux de constatation de sortie pour les itinéraires n°1, n°2, n°3 et n°4 ;
- les décharges des acquits-à-caution souscrits.

Toutefois, les autres dispositions du Code des douanes liées au transit et aux acquits-à-caution en général gardent leur pleine application.

B- Le dispositif technique de NEXUS

La mise en œuvre de NEXUS s'appuie sur des boîtiers électroniques installés dans les camions, camions citernes et autres moyens de transport agréés. Ces boîtiers émettent des signaux permettant à tout moment et en

---

[100]- L'instruction ministérielle N°170/MINFI/DGD/ du 19 mars 2009 :
-la note de service n°113/MINFIDGD du 01 juin 2009 organisant la mise en œuvre du dispositif de suivi par GPS des marchandises sous douane en circulation ;
-la note de service n°146/MINFI/DGD du 31 juillet 2009.

[101] Il existe deux corridors pour le transit international couvert par NEXUS notamment celui de Douala-Bangui, Douala-N'Djamena ont pour point unique de départ le check point de Yassa.

temps réel de suivre le déplacement, le mouvement de la marchandise dans le corridor mentionné dans la déclaration IM8 y relative.

Toutes les opérations de contrôle et de géo-localisation des marchandises en transit dans les corridors conventionnels sont effectuées par le partenaire technique GSSA qui dispose seul des installations techniques appropriées dans ses bureaux. Toutefois, l'Unité spéciale d'appui au transit (USAT II), interface légale avec l'opérateur GSSA, dispose depuis le réaménagement technique de NEXUS, d'un centre de suivi.

Si ce système commence à faire ses preuves dans la sécurisation du transit, au-delà des balbutiements dénoncés dans sa phase de démarrage et de certaines insuffisances, il faut regretter que son contrôle sur le plan technique échappe totalement à la douane.

La douane est par excellence une administration de souveraineté. À ce titre, elle ne saurait concéder durablement la gestion quasi exclusive du contrôle de la circulation des marchandises en transit à un opérateur privé quelle que soit son expertise technique. L'administration des douanes devrait s'approprier cette nouvelle technologie à travers l'acquisition des installations et des matériels appropriés dans des locaux où elle a seule le contrôle. Le recours à l'expertise technique d'un opérateur privé ne peut se concevoir que dans un cadre limité comme ce fut le cas dans la gestion de PAGODE jadis et SYDONIA aujourd'hui.

Le couplage des actions ou une synergie constructive entre NEXUS et le service des transmissions pourrait permettre une interception plus rapide et efficace des marchandises sous douane en circulation qui sortent délibérément des corridors de transit. Ainsi, l'information serait donnée par « NEXUS » aux brigades mobiles proches du lieu de commission des infractions dans le cadre d'un réseau autonome et sécurisé aux fins de saisie immédiate des marchandises avant tout déversement frauduleux à la consommation.

Des développements qui précèdent, il ressort que la facilitation s'appuie fondamentalement sur l'outil informatique et le scanner. Cela implique leur modernisation ou adaptation constante à l'évolution du volume des flux commerciaux. L'usage des nouvelles technologies de l'information et de la communication qui en est le corollaire s'avère incontournable afin de promouvoir la célérité.

Toutefois, pour établir durablement et consolider la politique de facilitation sur la place portuaire de Douala, il est indispensable qu'elle soit traduite et matérialisée par des textes et instruments juridiques à caractère obligatoire.

TROISIÈME PARTIE :

LES INSTRUMENTS JURIDIQUES SPÉCIFIQUES D'APPUI À LA FACILITATION

La plus grande visibilité de la politique de facilitation des échanges commerciaux se trouve dans les différents textes et mécanismes juridiques qui constituent le socle fort de cette option délibérée et structurée qui a pour cadre le monde dans sa globalité.

Ces textes destinés à promouvoir la facilitation consacrent dans leur intégralité la mise en place de délais coercitifs pour le traitement des opérations de dédouanement et allègent la chaîne des contrôles post-dédouanement.

En effet, la facilitation est et sera toujours une opération de démantèlement formelle de toutes les entraves et lourdeurs bureaucratiques dans l'ensemble de la chaîne de dédouanement afin d'y imprimer en profondeur la célérité.

Ces textes spécifiques ont une origine multiple. Certains relèvent de l'ordre juridique interne, d'autres sont issus d'un processus contractuel au champ bien ciblé. D'autres, enfin, ont pour émanation les cadres communautaires et multilatéraux de la CEMAC, de l'OMD et de l'OMC.

CHAPITRE I :

LES INSTRUMENTS JURIDIQUES UNILATÉRAUX D'INCITATION À LA FACILITATION

Ces instruments se matérialisent par des textes réglementaires qui consacrent formellement des délais limites de traitement des opérations de dédouanement notamment d'enregistrement des manifestes et d'autres mécanismes plus spécifiques de la facilitation. Ces textes relèvent pour certains de l'initiative propre de l'administration des douanes et pour d'autres du gouvernement camerounais dans le cadre d'une politique de facilitation marquée par une grande lisibilité.

Section I : Les textes réglementaires et les mécanismes d'origine douanière d'appui à la facilitation

Ces textes instituent des délais coercitifs à observer sous peine de sanctions dans le cadre de la procédure de dédouanement en vue de promouvoir la célérité. Il est nécessaire de les mettre en évidence.

§1- Le délai d'enregistrement des manifestes

Jusqu'en décembre 2006, le déchargement des navires ne pouvait intervenir au port de Douala, qu'après dépôt de la déclaration sommaire et avec l'autorisation du service. La procédure mise en place à compter de janvier 2007 a profondément modifié ce principe en permettant le déchargement des marchandises 24 h sur 24 h et sans autorisation préalable afin de réduire le temps d'immobilisation des navires.

En contrepartie de ces allégements consentis par l'administration des douanes, les consignataires se sont engagés à enregistrer le manifeste 48h avant l'arrivée des navires au port de Douala. Toutefois, cette nouvelle disposition, en dehors du protocole douanes/professions maritimes, a été consacrée, sur le plan réglementaire, par les différents textes qui ont accompagné et encadré la migration de PAGODE à SYDONIA.

Il s'agit d'une véritable révolution sur la place portuaire de Douala. Cette limite de délai a intégré et validé une pratique qui a cours dans les plus grands ports du monde et de certains de la côte occidentale de l'Afrique.

Jadis, le choix du moment de validation des manifestes relevait de la seule volonté de l'acconier ou du consignataire de navires. Ce dernier était de ce fait le seul maître du déclenchement de cette opération clé de la procédure de dédouanement. Il pouvait effectuer cette opération dans un délai de quatre à cinq jours et même au-delà, après l'arrivée du navire.

Ce véritable temps mort extrêmement variable d'un acconier à un autre était un frein à la mise en œuvre rapide de la procédure de dédouanement et à l'enlèvement des marchandises.

En effet, techniquement dans PAGODE, aucune déclaration en douane ne pouvait être validée avant la validation préalable du manifeste de référence. SYDONIA a conservé cette caractéristique technique de son devancier à la seule nuance du vocable utilisé pour désigner cette opération qui ici porte le nom d'enregistrement du manifeste. Toutefois, le terme validation reste usité pour désigner cette opération.

L'enregistrement ou la validation du manifeste dans un délai bien précis permet aux importateurs de planifier avec une plus grande certitude le moment du déclenchement de leurs opérations de dédouanement. Ils peuvent ainsi mobiliser avec une grande prévisibilité toutes les ressources et les documents nécessaires à l'opération envisagée.

Dans le prolongement de l'institution d'un délai obligatoire d'enregistrement des manifestes, il y a d'autres mesures coercitives qui complètent et appuient ce dispositif.

§2- Le délai de traitement des déclarations en douane

Afin d'impulser et de favoriser la culture de la célérité, la plupart des opérations de dédouanement sont assorties de délais obligatoires à observer strictement sous peine de sanctions pécuniaires.

A- Le délai de dépôt de la déclaration enregistrée

Dans le but d'éviter des temps morts et lenteurs dans la procédure de dédouanement imputables au commissionnaire en douane, il a été institué par note de service n°000072/DD du 24 octobre 2001, un délai limite de dépôt auprès du bureau compétent de la déclaration en douane enregistrée.

Ce délai qui était de 48h vient d'être ramené au jour même de la validation de la déclaration en douane par la note n°012/MINEFI/DGD

SDLT1 du 23 mars 2010 portant modification de la note de service n°08/MINEFI/DGD/SDLT1. Ainsi, toute déclaration enregistrée par un commissionnaire agréé en douane doit être déposée immédiatement pour traitement auprès de l'inspecteur de visite coté. Passé ce jour, une pénalité de 50 000 F CFA sera appliquée pour dépôt tardif.

Cette mesure peut permettre à tout importateur vigilant de savoir si la déclaration en détail et les pièces jointes se rapportant à ses marchandises a été diligemment déposée auprès du bureau de douane compétent. Son intérêt est à cet égard bien perceptible.

B- Le délai de traitement des déclarations à l'importation

Afin de promouvoir l'exigence de célérité, il a été institué par note de service n°00137/MINEFI/DD du 02 novembre 2000 portant réduction des délais de traitement des opérations de dédouanement et harmonisation des contrôles, un délai limite de 06h de temps pour l'étude et la vérification des déclarations en détail à l'importation. La délivrance subséquente du « Bon à enlever » en cas d'absence de toute irrégularité ou infraction sanctionne cette étude. Cette obligation de respect du délai incombe à titre principal aux inspecteurs de visite.

Les inspecteurs de visite sont tenus de respecter ce délai. En cas de manquement non justifié à cette obligation, ils s'exposent à des sanctions pouvant aller jusqu'à leur révocation de ce poste de travail stratégique et sensible dans la perception extérieure de l'image ou de la réputation de la douane globalement considérée. Il est important que ces derniers soient conscients qu'ils constituent une véritable vitrine de cette grande administration étatique et développent à cet égard une attitude exemplaire.

C- Le délai de traitement des déclarations à l'exportation

Pour accélérer les exportations, véritables sources de devises, d'amélioration de la balance commerciale et facteur essentiel de la croissance économique, le délai de dédouanement des marchandises à l'exportation est plus court. Il a été fixé par la note de service n°00137/MINEFI/DD précitée à une (01) heure de temps en cas d'absence de toute irrégularité. Les inspecteurs de visite sont tenus sous peine de sanctions diverses de l'observer avec rigueur.

En effet, à travers ce délai plus court se dégage une politique très lisible de promotion d'une plus grande célérité dans les exportations. Les inspecteurs de visite doivent garder présente à l'esprit cette préoccupation essentielle d'incitation à l'exportation de nos produits.

§3- La célérité découlant des procédures accélérées de dédouanement et la facilitation du transbordement

Ces procédures sont complémentaires et se situent au niveau de la mise en douane des marchandises même si le transbordement a une vocation bien différente.

A- Les procédures accélérées de dédouanement

Elles constituent des mesures unilatérales de facilitation édictées par l'administration douanière depuis bien longtemps. Ces procédures traditionnelles accélérées de dédouanement sont l'enlèvement direct et l'enlèvement sous palan. Elles s'appliquent exclusivement aux marchandises importées.

Ces facilités sont accordées aux entreprises qui en font la demande expresse au chef de secteur compétent. Toutes les demandes y relatives doivent être assorties de cautions bancaires souscrites auprès des banques de premier ordre pour garantir le paiement ultérieur des droits et taxes. Cependant, ces facilités peuvent dans la pratique être accordées sans caution de façon discrétionnaire.

Ainsi, pour éviter une double manutention et les pertes de temps subséquentes, les marchandises débarquées des navires sont directement chargées sur des moyens de transport pour leur enlèvement immédiat. C'est pourquoi l'agrément à ce traitement préférentiel doit être obtenu bien avant l'arrivée du navire pour assurer un gain de temps optimal. Toutefois, la mise en œuvre de cette facilité nécessite d'être bien encadrée pour éviter certains abus auxquels leur usage a donné lieu dans le passé. À cet effet, il est nécessaire de veiller à l'apurement des opérations concernées dans le strict respect du délai imparti. Car un suivi rigoureux est indispensable pour accompagner l'application de ces procédures exceptionnelles.

Ces deux mécanismes sont des dérogations au régime de dédouanement de droit commun avec le paiement différé des droits et taxes de douane. Les marchandises couvertes par ces procédures acquittent les droits de douane plus tard, au moment de la régularisation de ces procédures par le moyen des déclarations en détail adéquates.

Cette régularisation doit se faire sous peine de sanction dans le délai de quinze jours.

En complément à l'enlèvement direct et à l'enlèvement sous palan, on peut mentionner ici également le crédit des droits et taxes comme mesure d'accompagnement et d'appui à la facilitation. Toutefois, l'application de cette facilité a été suspendue au Cameroun avec la mise en place du programme de sécurisation des recettes douanières en 1995.

B- La facilitation du transbordement

Afin d'accompagner le développement du commerce mondial, notamment les flux qui transitent par le port de Douala, la douane camerounaise a élaboré et bien structuré le régime du transbordement.

L'accroissement du trafic des marchandises conteneurisées permet de justifier la valorisation de ce régime de facilitation des échanges commerciaux via la plate-forme portuaire de Douala. Toutefois, il a fallu donner à ce régime un fondement juridique et définir une procédure adéquate de sa mise en œuvre.

Ce régime est de plus en plus usité avec l'avènement de grands navires et porte-conteneurs à forte capacité de fret qui pratiquent abondamment le groupage et l'éclatement des cargaisons en vue de la réexpédition vers la destination finale.

Toutefois, en Afrique, les plus grands ports de transbordements sur la façade de l'océan Atlantique restent ceux d'Abidjan, Cotonou et de Lomé. S'agissant du port d'Abidjan, le directeur régional de Bolloré Africa Logistics remarque que « *malgré le contexte de crise en Côte d'Ivoire, les volumes sont restés stables dans leur ensemble. Avec une légère hausse à l'import de la plupart des produits. Il note en effet, une stagnation des transbordements dans le port d'Abidjan et une légère décroissance pour les produits exportés* »[102].

1- Précisions terminologiques et fondements juridiques du transbordement

Dans une acception usuelle, on peut appréhender le transbordement comme le transfert des marchandises d'un navire à un autre sous la surveillance douanière.

---

[102] Lionel LABARRE, « Terminal à conteneurs d'Abidjan : 50 milliards CFA d'investissement pour 2010-2013 » in *La Lettre de l'AGPAOC*, n°18, avril 2010, p.76.

Généralement, les marchandises sont transbordées d'un navire plus grand vers un plus petit à faible tirant d'eau.

Au regard du lexique de L'OMD, le transbordement est défini comme le régime douanier en application duquel s'opère sous le contrôle de la douane, le transfert de marchandises qui sont enlevées du moyen de transport utilisé à l'importation et chargées sur celui utilisé à l'exportation ; ce transfert étant effectué dans le ressort d'un bureau de douane qui constitue à la fois le bureau d' entrée et le bureau de sortie.

Le transbordement repose sur la note de service n° 95/MINFI/DD du 31 décembre 1997 portant procédure simplifiée de transbordement au port de Douala. Si le Code des douanes de la CEMAC en évoque rapidement l'existence, il reste cependant muet sur les conditions de définition de la procédure de sa mise en œuvre.

2- La procédure de mise en œuvre du transbordement

La mise en œuvre du régime de transbordement est subordonnée au dépôt d'une demande auprès du bureau principal des douanes hors classe de Douala - port III en charge du transit et du transbordement. Au titre des pièces exigibles à l'appui de cette demande, il faut citer la déclaration en détail IM8300, la caution bancaire, le connaissement et la facture.

En cas d'agrément de la demande, l'opération matérielle de transbordement se fera sous la surveillance conjointe de la cellule de prise en charge et de la brigade des arraisonnements. À la fin de cette opération, les agents qui la conduisent sur le terrain sont tenus d'adresser un compte rendu à leurs chefs respectifs. Au vu de ce compte rendu et du cachet du commandant du navire, l'operateur peut obtenir la mainlevée de sa caution.

Au-delà des difficultés relatives à l'évaluation des marchandises à transborder et du niveau de la caution à souscrire, le régime du transbordement est par excellence un régime de facilitation. Toutefois, à cause du risque de versement frauduleux ou de substitution des marchandises transbordées, il est nécessaire de mettre en œuvre une surveillance douanière renforcée de cette facilité.

C- La facilité de pompage du blé et sa mise en œuvre

Les quantités de blé débarquées au port de Douala sont très importantes en termes de tonnage. Il existe, en effet, dans la ville de Douala environ une dizaine d'entreprises de minoterie.

La facilité de pompage du blé a été aménagée pour répondre à l'impératif de pompage accéléré du blé dès l'arrivée du navire à quai et éviter un séjour prolongé de celui-ci. Cette opération doit se faire en continue 24heures sur 24 et 7 jours sur 7.

1- Le support juridique de cette facilité

La facilité du pompage du blé repose sur la note de service n°00092/MINEFI /DD du 30 novembre 1999 qui en pose le principe et les mécanismes de fonctionnement.

Au-delà de la facilité qui résulte du fait de son existence, la note de service susvisée vient combler certaines insuffisances préjudiciables au trésor public dans la gestion des magasins d'entreposage de blé dans les silos portuaires. Ces insuffisances se ramènent à l'absence de délais coercitifs pour le dépôt des déclarations de mise à la consommation y relatives après pompage.

Cette situation a contribué à retarder les liquidations des droits et taxes et privé le trésor public de sommes attendues à l'échéance mensuelle. C'est pourquoi il s'est avéré nécessaire de bien encadrer cette facilité.

2- La procédure de mise en œuvre et le délai de régularisation

La mise en œuvre de la facilité de pompage est subordonnée aux conditions textuellement libellées ci-après :

- adresser une demande d'agrément motivée à M. le chef de secteur des douanes (chef de secteur des douanes du Littoral I) relative à l'octroi de cette facilité ;
- disposer d'un entrepôt sous douane cautionné avec une attestation de soumission générale cautionnée dont le montant préalablement fixé par le chef de secteur doit être compatible avec le volume des importations du requérant ;
- chaque opération de pompage doit être accordée par le chef de secteur des douanes sur déclaration sommaire cautionnée par une banque de 1er ordre.

En cas d'agrément de la demande du requérant, la régularisation des opérations de pompage doit intervenir dans les 05 jours, par dépôt de déclaration de mise à la consommation. Il est important de préciser que le paiement des droits et taxes se fait postérieurement au pompage du blé d'où la nécessité de la mise en place d'une caution souscrite auprès d'une banque de 1er ordre. Par ailleurs, le respect du délai de régularisation est important pour garantir la liquidation et le paiement des droits et taxes au terme du délai de 05 jours accordé.

Le respect de ces conditions fera de la facilité de pompage du blé un mécanisme opérationnel et efficace qui sauvegarde à la fois les intérêts du trésor public et ceux de l'entreprise bénéficiaire.

Mais le réaménagement de la procédure de dédouanement issu du passage de PAGODE à SYDONIA donne à travers la suppression de certains visas, une plus grande réalité à la facilitation.

§4- La suppression des visas de procédure et des visas hiérarchiques relevant du circuit des déclarations

Dans le contexte de PAGODE, il existait un véritable circuit officiel des déclarations en douane dans les différents bureaux principaux des douanes situés à Douala. Ainsi, toutes les déclarations en détail validées, y compris les pièces jointes, devaient préalablement à leur traitement, être déposées au pool des préposés visiteurs du bureau des douanes compétent.

Immédiatement après ce dépôt, elles étaient prises en charge dans un registre ouvert à cet effet. Cette opération était matérialisée par l'apposition sur chaque feuillet de la déclaration, d'un cachet sec et du numéro de série suivant les exigences de la note de service n°00255/MINEFI/DD du 07 juin 1999 portant sur le circuit de la déclaration au secteur des douanes du Littoral.

Cette note reprenait déjà dans son préambule la préoccupation de réduction des délais de dédouanement en ces termes : « *Il m'est revenu que des délais anormalement longs s'écoulent entre la validation des déclarations et leur dépôt dans les différents Bureaux de dédouanement entraînant des retards de procédures artificiels faussement imputables à l'administration des douanes* ».

Toutefois, les déclarations concernant les véhicules et les acquits-à-caution étaient déposées directement auprès du chef de bureau compétent.

Ce visa obligatoire était exigé à chaque étape du circuit de la déclaration notamment à la vérification et à l'enlèvement des marchandises. Seules les déclarations portant ce visa devaient être traitées par le service.

Les déclarations étaient ensuite soumises à l'examen du chef de bureau. Ce dernier faisait mention à ce moment d'instructions spécifiques sur la *primata* pour indiquer à l'inspecteur de visite toutes les orientations à prendre en compte dans la vérification approfondie de la déclaration en détail visée.

Indépendamment de ces instructions, il devait toujours faire mention sur la *primata* qu'il avait pris connaissance d'une déclaration en détail pour permettre son traitement régulier par l'inspecteur de visite.

Dans certains cas, il y faisait mention obligatoire de compte rendu, avant la signature du « Bon à enlever » des marchandises par l'inspecteur de visite coté. Des instructions prescrivant le redressement de la valeur imposable ou la modification de l'espèce tarifaire pouvaient être aussi mentionnées sur la *primata* sous la forme manuscrite.

Lors de cet examen sommaire, certaines déclarations jugées sensibles pouvaient faire l'objet de décote par le chef de bureau pour des raisons relevant entièrement de sa discrétion.

Les déclarations étaient ensuite soumises à la sanction du chef de service de la vérification et de la liquidation. Cette étape du circuit des déclarations n'était pas toujours observée dans tous les bureaux principaux de douane de la place de Douala.

Ce visa dépendait aussi des relations personnelles entre le chef de bureau et son subordonné immédiat. Quand leurs relations étaient exécrables, le chef de service de la vérification et de la liquidation était mis hors circuit et passait le clair de son temps à se tourner les pouces et à ruminer sa disgrâce.

L'obtention de ces visas dans le cadre du circuit formel et obligatoire des déclarations générait des délais relativement importants et très variables. En prenant l'option de supprimer ces visas, ce sont des gains de temps réels qui ont été réalisés dans la durée des opérations de dédouanement.

Cette suppression des visas de procédure et des visas hiérarchiques a marqué un grand pas dans la facilitation et a accru la responsabilité des inspecteurs de visite surtout dans le contexte de SYDONIA. Elle représente en définitive par elle-même une révolution dans le traitement des dossiers.

En effet, cette suppression s'est accompagnée d'une disparition des registres de prise en charge au niveau des secrétariats et des pools des préposés visiteurs tout comme de l'affluence et de l'engorgement qu'on y observait dans un passé qui commence à devenir lointain. Elle a également eu pour conséquence le renforcement de la responsabilité de l'inspecteur de visite dans l'étude et la vérification approfondies des déclarations en détail en général.

Toutefois, en cas d'instructions spécifiques du chef de bureau compétent sur le traitement à donner à une déclaration en douane, il sera tenu de les observer strictement pour éviter toute sanction disciplinaire.

Si la suppression des différents visas préalables liés au circuit des déclarations et l'institution des délais coercitifs a contribué significativement à impulser la célérité dans les opérations situées en amont de la chaîne de dédouanement, il est indispensable qu'en aval de la même chaîne, cette préoccupation reste bien visible lors des ultimes contrôles sur le terrain pendant l'enlèvement des marchandises.

Section II : L'institution d'un Point unique de contrôle : le PUC

Les efforts déployés en vue de raccourcir le plus possible la durée du dédouanement auraient été vains si les autres administrations et organismes[103] impliqués dans cette procédure n'étaient pas regroupés dans le cadre de leur contrôle propre et ultime à un seul et même endroit à la sortie des marchandises.

§1- Genèse du PUC

Avant l'institution du Point unique de contrôle, tous les administrations et organismes intervenant dans la zone portuaire et ayant chacun un contrôle spécifique à exercer, pouvaient intercepter les marchandises en cours d'enlèvement à n'importe quel endroit du port de Douala.

Les contrôles menés dans ces conditions généraient des retards et se traduisaient assez souvent par des accrochages et des incidents répétés entre les agents des administrations qui les conduisaient et les usagers. À cet effet, l'enlèvement des marchandises du port de Douala s'apparentait

[103] Ces administrations et organismes sont constitués principalement de : la douane, le Port autonome de Douala, la Police, la Gendarmerie, le ministère de l'Agriculture à travers les services phytosanitaires, le ministère de l'Environnement et des Forêts à travers les services des eaux et forêts, et le ministère de l'Élevage, des Pêches et des Industries animales.

quelques fois à un véritable chemin de croix. Car les marchandises libérées par les agents d'une administration donnée étaient aussitôt soumises au contrôle d'une autre sur une distance parfois très courte.

Cela a également été à l'origine de nombreux conflits de compétence et des immixtions intempestives dans les attributions bien déterminées de certaines administrations, en l'occurrence la douane.

Cette situation regrettable a connu un dénouement tragique avec la mort de l'adjudant des douanes Bapetel Djidéré, chef de brigade du parc auto, tombé sous les balles d'un gendarme à la gâchette très facile le 31 décembre 1999, jour symbolique précédant immédiatement le passage au troisième millénaire.

Le gendarme assassin s'était rendu le jour de son crime à l'entrée du parc auto et y avait installé, selon une habitude bien établie, un poste de contrôle irrégulier et interceptait tous les véhicules qui en sortaient. Une vive altercation était alors survenue entre ce dernier et certains agents des douanes notamment une dame adjudant des douanes.

En essayant d'apaiser les esprits échauffés et de mener une mission de conciliation entre les deux « protagonistes du verbe », le chef de brigade du parc auto, l'adjudant Bapetel, musulman de confession et en pleine pratique du ramadan, y laissera sa vie malgré l'évacuation sanitaire vers la France entreprise avec diligence par le gouvernement camerounais.

Relatant cet épisode douloureux et malheureux qui avait provoqué la colère et la révolte légitimes du personnel opérationnel de la douane au port de Douala et une interruption momentanée du service ce jour fatidique du 31 décembre 1999, l'édition n°15 de février 2000 de la *Revue des Douanes Camerounaises*, y avait consacré tout un article sous le titre **« Le Douanier Bapetel abattu par un gendarme ».**

On peut y lire dès les premières lignes « *l'Adjudant des Douanes Bapetel Djidéré a été grièvement blessé par deux balles tirées à bout portant dans la poitrine par le gendarme major Atangana Ondoua, en service à la Brigade de Gendarmerie du port de Douala, et tristement célèbre dans l'arnaque des usagers du Parc Automobile* » ***annexe n°8.***

À cet égard, un hommage mérité et appuyé doit être rendu au très regretté adjudant Bapetel Djidéré dont le sang versé a contribué d'une façon certaine à accélérer la définition du cadre géographique et des conditions d'exercice des contrôles effectués à la sortie des marchandises par les différentes administrations qui opèrent sur la place portuaire de

Douala. Cela a permis aussi de mettre un terme aux dérives et abus de certains personnels chargés de son exercice.

En instituant un point unique de contrôle pour toutes les administrations, points fixes et individuels, matérialisés par trois guérites, le gouvernement a voulu mettre un terme à l'anarchie et instaurer un climat favorable aux affaires notamment leur fluidité.

Toutefois, il y a lieu de s'appesantir sur le support juridique de cette politique de promotion de la facilitation sur la place portuaire de Douala.

§2- Le contenu de l'arrêté interministériel instituant le PUC

L'institution d'un point unique de contrôle sur la place portuaire de Douala a été mise en place par l'arrêté interministériel n°812/MINDEF/MINEFI/MINT du 12 janvier 2000. Cet Arrêté Interministériel puise lui-même sa source dans les dispositions de l'article 41 du décret plus ancien n°85/1278 du 26 septembre 1985 portant règlement d'exploitation dans les domaines portuaires dont il détermine les modalités d'application.

Aux termes des dispositions des alinéas 1 et 2 de l'article 2 dudit arrêté, « *il est institué un point unique de contrôle de la marchandise à chaque sortie du port. En dehors du Point Unique de Contrôle, tout autre contrôle ou vérification improvisée après la tente est interdit dans l'enceinte portuaire* ».

S'agissant des administrations habilitées à l'exercer et du champ respectif de leurs contrôles, il est précisé à l'article 3, alinéas 1, 2 et 3 confondus de l'arrêté susvisé que « *le point de contrôle unique regroupe la Douane et la Gendarmerie.*

L'intervention de la Douane porte sur le contrôle de la régularité et de la conformité des pièces de dédouanement dont la liste est affichée au Point Unique de Contrôle ;

Le rôle de la Gendarmerie se situe dans le cadre de sa mission de police économique et concerne essentiellement les problèmes liés à la sécurité. Il n'implique pas le réexamen des documents relatifs au dédouanement des marchandises ».

Par ailleurs, il est indiqué dans ce même article, la procédure à suivre en cas de renseignement précis. Ainsi, « *lorsque la Gendarmerie est en possession d'un renseignement sur les opérations frauduleuses, elle en informe par écrit les autorités douanières qui procèdent aux vérifications nécessaires ».*

Dans le prolongement des dispositions très pertinentes de cet arrêté interministériel, la lettre n°397/LC/PLI/SP du 26 mai 2000 du gouverneur de la province du Littoral, portant instructions relatives à l'institution d'un point unique de contrôle aux sorties du port de Douala, détermine et identifie les seuls points uniques de contrôle de marchandises à savoir :

- la guérite principale ;
- la guérite Nord ;
- la guérite Sud.

Le strict respect des dispositions combinées de ces deux textes a permis effectivement de mettre en place les mécanismes de la facilitation au port de Douala et a mis un terme aux contrôles intempestifs et tracasseries dont étaient victimes les usagers.

Toutefois, certaines lézardes mineures sont observées de temps en temps dans le mur de la facilitation à cause des dérives et abus individuels des personnels relevant des services Étatiques de sécurité ou de défense.

L'exemple typique est l'initiative entreprise et poursuivie avec zèle par certains officiers peu soucieux du respect des textes gouvernementaux. Ces derniers avaient installé un poste irrégulier de contrôle dans l'enceinte portuaire les 28, 29 et 30 juin 2010 et bien au-delà de ces jours. Ce poste n'a été démantelé que grâce aux actions du comité FAL auprès du Premier ministre.

Ces lézardes s'observent également à la sortie du parc auto où est postée une chaîne de contrôles informels impliquant parfois plus de huit contrôles d'unités ou de services divers. La caractéristique majeure de certaines de ces unités est qu'elles sont éloignées géographiquement du port et dépourvues de tout lien avec les questions de dédouanement des marchandises.

Il s'agit de véritables poches de résistance à la facilitation qu'il faut démanteler en permanence à travers des mesures hiérarchiques appropriées et/ ou disciplinaires marquées par la fermeté. La résurgence fréquente de ces poches de résistance montre bien que c'est une bataille qui doit être menée au quotidien afin que les premiers acquis encore bien fragiles ne soient pas détruits.

La consolidation de la politique de facilitation au port de Douala requiert de ce fait une vigilance et une mobilisation collectives de toutes les instances pour faire échec aux dérives individuelles de certains agents zélés des administrations concernées.

Au-delà de ce qui précède, il convient de remarquer que les mécanismes de la facilitation sont multidimensionnels.

Section III : La rationalisation des contrôles douaniers

Rationnaliser les contrôles douaniers, c'est éviter leur superposition sur une période donnée au sein d'une même entreprise ou société. La rationalisation implique la définition d'un cadre réglementaire et formel de leur déroulement.

Ces contrôles sont réglementés par les circulaires n°04/454 MINFIB/DD du 12 août 2004 *portant modalités d'exercice des contrôles douaniers après enlèvement des marchandises et 010/MINFI/DGD du 17 septembre 2008 modifiant et complétant la Circulaire n°04/454/MINFIB portant modalités d'exercice des contrôles douaniers après enlèvement des marchandises.*

Les contrôles menés dans le cadre direct de la procédure de dédouanement ne sont pas les seuls effectués par la douane dans sa globalité. Les contrôles douaniers constituent une véritable chaîne à maillons bien limités se succédant les uns aux autres dans le temps avant et après l'enlèvement des marchandises.

Afin d'éviter une attitude contre-productive de harcèlement vis-à-vis des importateurs à travers une multiplicité de contrôles, et susceptibles d'être intempestifs, il s'est avéré nécessaire de les réglementer.

§1- Typologie des contrôles douaniers

Le dédouanement des marchandises fait intervenir une véritable chaîne de contrôles qui se situent à trois niveaux bien déterminés dans le temps et leurs champs respectifs.

A- Les contrôles immédiats

Ces contrôles sont menés dans le cadre de la procédure de dédouanement dans les bureaux principaux des douanes en fonction de leurs compétences respectives. Ils sont exercés par les seuls inspecteurs de visite sous le contrôle du chef de bureau et du chef de service de la vérification et de la liquidation.

La sanction de ces contrôles est la mainlevée des marchandises par le moyen du « Bon à enlever ».

Sous réserve de décote, seuls les inspecteurs de visite automatiquement cotés par SYDONIA sont habilités à exercer ce contrôle. La mention expresse de leur nom dans le cadre réservé à cet effet dans la déclaration en détail leur confère cette compétence exclusive.

À cet égard, la douane compte parmi les administrations où le principe « qui peut le plus, peut le moins » ne s'applique pas toujours en raison de la responsabilité et du respect du sacro-saint principe des compétences exclusives des inspecteurs de visite. En effet, il est difficilement imaginable qu'un chef de secteur ou un chef de bureau puisse se substituer à l'inspecteur de visite pour donner un *Bon à enlever* des marchandises même si, avec SYDONIA, cela est techniquement possible.

Une fois le *Bon à enlever* délivré électroniquement dans le délai obligatoire prescrit plus haut, sous réserve des marchandises orientées en circuit rouge, l'inspecteur de visite est complètement dessaisi de tout contrôle sur la déclaration ainsi libérée.

Ce dessaisissement ouvre la voie à la prochaine étape des contrôles.

B- Les contrôles différés

Tel que stipulé dans leur dénomination, ces contrôles se situent généralement après l'enlèvement des marchandises. Ils prennent également l'appellation de contrôle de deuxième ligne.

Ils sont menés par la cellule du contrôle différé, s'agissant des secteurs du Littoral qui disposent chacun d'une cellule du contrôle différé. Cette cellule est placée sous l'autorité d'un chef de cellule et animée par 10 inspecteurs vérificateurs.

Selon les dispositions combinées de ces deux circulaires, les contrôles différés consistent en l'examen des documents au vu des déclarations en douane et de leurs pièces jointes, après mainlevée des marchandises.

Il y est précisé que ces contrôles ont pour but de s'assurer de la bonne application du tarif et de la réglementation et consistent à procéder sur place aux contrôles qui n'ont pas été effectués au bureau ou bien à réexaminer des déclarations déjà contrôlées.

Dans la pratique, il est observé que ces contrôles se font également par le moyen du ciblage propre de ces cellules et avant l'enlèvement des marchandises. Ce ciblage très sélectif et nourri par des renseignements spécifiques permet de rattraper facilement les erreurs et certains manquements des inspecteurs de première ligne soumis à la pression de la célérité.

Afin que ces contrôles ne génèrent pas des délais additionnels, ils sont soumis à l'exigence d'une libération des dossiers au bout d'une heure en cas d'absence de tout litige selon une pratique bien établie.

S'agissant du contrôle différé proprement dit, sa mise en œuvre doit se faire par le moyen d'une convocation en bonne et due forme signée par le chef de secteur ou le chef de cellule du contrôle différé sous peine de nullité. Cette convocation est adressée au commissionnaire en douane ayant validé la déclaration en détail visée en référence.

Elle doit lui être notifiée avec décharge de sa part et mention expresse du jour et de l'heure de la convocation. En cas d'inobservation du rendez-vous, le commissionnaire en douane recevra sous huitaine une mise en demeure. Et en l'absence de toute réaction subséquente, des actions plus contraignantes et pouvant aboutir à la suspension du commissionnaire en douane de mauvaise foi, peuvent être entreprises.

C- Les contrôles *a posteriori*

Selon les termes des circulaires susvisées, les contrôles *a posteriori* sont déclenchés par une lettre adressée à la personne physique ou morale à contrôler qui en accuse réception.

D'emblée, ces circulaires proscrivent toute superposition de contrôles auprès d'un contribuable sur le même objet, l'exécution de plus d'un contrôle général au cours de la même année auprès du même assujetti et toute reprise de contrôle sanctionnée par un procès-verbal régulier.

Ce souci de bien encadrer l'action des missions de contrôle vise à éviter des abus de pouvoir et leur succession immédiate dans le temps susceptible de s'apparenter à un véritable harcèlement.

À cet effet, les membres des missions de contrôle sont tenus :

- d'exercer leurs attributions dans le strict respect de la déontologie en matière de contrôle douanier et en conformité avec les obligations légales et leur serment ;

- de respecter la procédure de mise en œuvre du contrôle caractérisée par la rédaction des : procès-verbal d'ouverture, procès-verbal intermédiaire et procès-verbal de clôture ;

- de garantir le fonctionnement régulier des structures contrôlées ;

- de s'abstenir de s'immiscer dans la gestion courante de l'organisme contrôlé ;

- de faire toutes diligences nécessaires à la bonne fin de leur mission dans les délais impartis.

En contrepartie de ces obligations et dans le but de faciliter son déroulement, les responsables de l'entité contrôlée doivent mettre spontanément à la disposition de l'équipe de contrôle :

- tous les documents douaniers comptables et financiers nécessaires à l'accomplissement de leur mission, généralement listés dans la lettre de mission de contrôle conformément au droit de communication prévu à l'article 76 du code communautaire des douanes ;

- des locaux adaptés pour leur travail et faire preuve de bonne collaboration.

L'entité contrôlée devrait éviter des incidents et autres mesures dilatoires susceptibles de détériorer le climat de travail et la convivialité. Seul le respect de cette attitude permettra de réaliser le contrôle dans le délai réglementaire de 03 mois.

§2- Le déroulement des contrôles douaniers

Les contrôles doivent être marqués par la courtoisie et le respect mutuel. Dans le cadre du partenariat public/privé, il est indispensable de considérer les responsables de l'entité contrôlée comme des interlocuteurs plutôt que des adversaires. Cette prédisposition psychologique est gage d'un climat de travail empreint de sérénité et d'efficacité et favorise une bonne collaboration.

Il est utile de préciser que les contrôles immédiats ont pour cadre les bureaux principaux des douanes notamment le guichet unique et l'aéroport pour la ville de Douala.

Les sièges des secteurs pour le contrôle différé et l'entreprise pour les contrôles *a posteriori*.

L'institution d'un délai pour l'exercice de ces contrôles participe du souci de les faciliter et de les rendre plus fluides. Cette exigence à laquelle devrait adhérer le staff dirigeant présente l'avantage d'éviter une mobilisation prolongée du personnel administratif et comptable. Le rendement de l'entreprise contrôlée en serait préservé.

Section IV : Les mécanismes simplifiés de règlement des litiges douaniers

Ces mécanismes tournent autour de la définition des conditions d'une mainlevée rapide des marchandises en cas de litige et de la saisine du comité d'appel. D'emblée, il faut préciser que le comité d'appel est un organe de facilitation du règlement des litiges douaniers.

§1- Les conditions de la mainlevée rapide des marchandises en cas de litige

Dans le cadre de l'étude et de la vérification approfondies des déclarations en douane, un litige ou contestation peut survenir entre les services de première ligne et le commissionnaire en douane. Ici, le CAD seul ou solidairement avec l'importateur ou l'exportateur conteste le fondement légal ou matériel d'une infraction retenue à son encontre par le service. Le litige peut également survenir au cours des contrôles différés ou *a posteriori*.

Généralement, il s'agit d'une infraction ayant une incidence sur le montant des droits et taxes à payer. Cette infraction qui porte sur les éléments de taxation a pour enjeu un paiement additionnel des droits et taxes de douane ou droits compromis selon la formule plus usitée.

Avant la mise en place du comité d'appel, les marchandises n'étaient libérées qu'après règlement total du litige.

Pendant cette immobilisation des marchandises, l'importateur se trouvait obligé de payer toutes les charges liées au stationnement et aux surestaries. Cela générait donc des surcoûts au dédouanement.

Actuellement, en attendant le règlement au fond du litige, les marchandises sont libérées dès que le commissionnaire en douane présente au service une soumission contentieuse cautionnée par une banque de premier ordre à hauteur du montant des droits et taxes querellés. Cette démarche permet d'éviter tous les surcoûts sus cités.

S'agissant de la recevabilité des recours devant le comité d'appel, l'article sixième du chapitre deuxième de la loi de finances 2008, énonce ce qui suit : « *Les recours contre les constatations du service sont recevables aux conditions ci-après :*

i. Le procès-verbal doit être signé avec des réserves explicites ;

ii. Le recours adressé à la hiérarchie doit reprendre point par point les différentes constatations en y opposant à chaque fois, des arguments ou preuves contraires ;

iii. Le recours auquel un récépissé de dépôt d'une soumission contentieuse est joint est déposé auprès du service verbalisateur qui en assure la transmission à l'autorité hiérarchique. La soumission contentieuse cautionnée par une banque de premier ordre est préalablement déposée dans le même service et couvre les droits et pénalités éventuels ;

iv. Le recours doit intervenir dans un délai de deux semaines à compter de la date de signature du procès-verbal. Passé ce délai, il est irrecevable ;

v. Le refus de signer un procès-verbal de constat est dûment constaté par le service après mise en demeure. Le service procède à l'enregistrement dans ses livres du procès-verbal et la mise en route des poursuites et autres contraintes prévues par le Code des douanes ».

A- Création du comité d'appel

Le comité d'appel a été créé par la décision n°071/CF/MINEFI/DD du 30 décembre 1999. Cette décision qui relève du ministre d'État chargé de l'Économie et des Finances traduit par la qualité de son signataire, la volonté du gouvernement camerounais de mettre en place un cadre simplifié de règlement des litiges douaniers.

Elle indique à l'article 1 que le comité d'appel est compétent pour « *connaître des litiges portant sur les énonciations de la déclaration ou bordereau de taxation relatives à l'espèce, à l'origine, à la valeur, à la quantité ou au poids des marchandises importées ou exportées* ».

B- Nature juridique du comité d'appel

Le comité d'appel est un organe arbitral caractérisé par sa composition paritaire. En effet, le nombre de représentants de l'administration des douanes qui siègent à cette instance est presque équivalent à celui des représentants des organisations professionnelles maritimes ou assimilées.

En dehors de son président qui est le directeur général des douanes, on y retrouve textuellement :

- le sous-directeur de la révision à la direction des douanes ;
- le sous-directeur de la législation à la direction des douanes ;
- le chef de secteur du Littoral, ou son représentant ;
- le déclarant en douane concerné, éventuellement assisté de son mandant ;
- un représentant des syndicats maritimes ;
- un représentant des syndicats des commissionnaires agréés en douane ;
- un représentant de la SGS.

Le comité d'appel est saisi par le déclarant en douane ou son mandant, l'importateur ou l'exportateur. La demande y relative est appuyée de toutes les pièces justificatives nécessaires. En général celles jointes à la déclaration en détail.

La saisine du comité d'appel est un préalable incontournable à toute action devant les tribunaux civils et même de saisine des instances de la CEMAC dans le cadre des voies de recours[104].

Les décisions du comité d'appel sont rendues par consensus. Toutefois, sa composition paritaire est un gage d'équilibre et d'objectivité de son verdict. Par ailleurs, le caractère contradictoire des débats renforce également la valeur de son verdict qui est immédiatement exécutoire.

Il est constant, s'agissant du comité d'appel, qu'« *à l'évidence, ses prérogatives s'inscrivent dans la mouvance du droit de recours visant à protéger les usagers des services des douanes contre les omissions et les décisions des responsables qui seraient contraires aux lois et règlements douaniers. La sauvegarde des intérêts des usagers reste une préoccupation constante* »[105].

---

[104] Lorsque l'usager conteste une décision du comité d'appel, il saisit dans le délai de deux semaines, le conseil des ministres de l'Union économique des États de l'Afrique centrale (UEAC). Par contre, pour les sociétés sous conventions d'établissement, le recours devant l'instance arbitrale sera fait dans les délais prévus par la réglementation en vigueur, alinéa 6, article sixième du chapitre deuxième de la loi de finances 2008.

[105] NEGOU, « Le Comité d'Appel, un Instrument efficace pour le règlement des litiges douaniers » in *Revue des Douanes camerounaises* n° 0017, décembre 2002, p.54.

D'autres mesures unilatérales de facilitation complètent ce dispositif.

Section V : Les autres mesures unilatérales personnalisées de facilitation

Ces mesures sont subordonnées à l'autorisation préalable de l'administration des douanes et sont accordées, *intuitu personae*, après étude minutieuse, à certaines entreprises qui en font la demande. D'autres, à l'opposé, relèvent de la seule initiative de l'administration douanière. Toutefois, les mesures découlant d'une autorisation administrative sont assises sur des critères objectifs et lisibles.

§1- Le dédouanement à domicile

Il s'agit d'une mesure de facilitation instituée par la note de service n°00185/MINEFI/DD/CE1 du 08 juin 1998 qui définit exhaustivement les conditions à remplir pour être éligible à cette facilité. Cependant, ce traitement préférentiel ne concerne que les entreprises.

A- Les conditions d'éligibilité

La procédure de dédouanement à domicile est soumise à l'autorisation du directeur général des Douanes et s'adresse essentiellement aux entreprises industrielles. Elle exclut d'office les marchandises en Transit, les entreprises commerciales, les particuliers, et les marchandises non inspectées avant embarquement, sauf dérogation spéciale du directeur général des Douanes.

L'éligibilité des entreprises s'appuie sur les critères textuels ci-après :

- justifier d'un flux important et régulier de transactions avec l'étranger, portant sur les matières premières, les équipements et leurs accessoires ;
- jouir d'une solvabilité établie et reconnue par le service ;
- jouir d'une bonne moralité. À ce titre, elles ne doivent pas figurer dans le fichier fraude de la douane.

La mise en œuvre de cette procédure est placée sous le contrôle des chefs de secteurs des douanes du Littoral. Ces derniers ont l'obligation de mobiliser à cet effet les inspecteurs vérificateurs de leurs cellules du contrôle différé respectives pour le suivi des opérations y relatives.

B- La procédure proprement dite

La procédure de dédouanement à domicile est effectuée par les seuls commissionnaires en douane agréés. À chaque importation, le déclarant de l'entreprise requérante dépose dans un guichet spécial ouvert à cet effet à la SGS, une déclaration simplifiée comportant l'engagement sous les peines de droit de représenter les marchandises en l'État.

La déclaration simplifiée doit être assortie du connaissement, des factures et de la Déclaration d'importation DI (SGS) afférents aux marchandises. La SGS y appose son visa et émet en même temps un bordereau de taxation simplifié.

Après cette étape, la déclaration simplifiée ainsi que ses pièces jointes est déposée auprès du chef de secteur compétent où elle est prise en charge et coté par ses soins à un inspecteur vérificateur. Ce dernier délivre le « Bon à enlever » provisoire sous réserve de visite à domicile.

La suite de la procédure relève des étapes ordinaires de la procédure de droit commun avec l'apurement du manifeste puis l'enlèvement qui ouvre la voie à la visite à domicile par l'inspecteur coté.

Le dépôt de la déclaration de régularisation intervient dans le délai de cinq jours francs à compter de la visite.

D'une manière générale, cette facilité s'adresse à des entreprises citoyennes ou dites citoyennes et sont proportionnelles à la fiabilité de l'entreprise et à son profil risque.

§2- L'empotage à domicile

La procédure de l'empotage à domicile est concédée aux entreprises agro-industrielles et industrielles, à leur demande, pour la facilitation de leurs opérations d'exportation. Elle constitue un véritable mécanisme bien structuré d'anticipation et engendre des gains de temps réels dans la procédure de dédouanement.

Dans le cadre de cette facilité, les produits à l'exportation sont empotés dans des conteneurs sur le site de production de ces entreprises en présence des agents de douane. Une fois l'empotage terminé, des plombs et autres moyens de scellement inviolables sont apposés sur le ou les conteneurs.

Un certificat d'empotage reprenant le numéro du conteneur ainsi que les références alphanumériques des plombs de scellement est établi et dûment signé par des agents de douane (au moins deux qui ont procédé à cette opération). Cette facilité est utilisée notamment par la société HEVECAM et certaines entreprises d'exportation de contreplaqués comme ALPICAM pour ne citer que ces deux là.

Les conteneurs remplis et fermés à l'usine en présence des agents de douane ne peuvent plus être ouverts lors des opérations ultérieures liées à la vérification de la déclaration en douane à l'exportation au niveau du bureau des douanes compétent à Douala, lieu final d'exportation.

§3- La procédure du Canal vert

Cette procédure accélérée de dédouanement a été mise en place par l'instruction ministérielle n°060/CF/MINEFI/DD du 01 novembre 1999. Elle est centrée sur un rôle plus accru de la Société générale de surveillance (SGS), qui dans le cadre d'un contrat conclu avec le Gouvernement et transposé dans le décret mettant en place le programme de sécurisation des recettes douanières, apporte son appui technique aux douanes camerounaises.

A- Les objectifs du Canal vert

D'après les termes de l'instruction susvisée, le Canal vert vise essentiellement à :

- accélérer les opérations de dédouanement et d'enlèvement des marchandises soumises à l'inspection avant embarquement ;
- mieux sécuriser les recettes de l'État.

Toutefois, l'objectif de dédouanement rapide ne peut être atteint que si le ciblage respecte le quota maximal de 3% de conteneurs par manifeste. Il convient à cet égard d'élaborer des critères plus spécifiques et différenciés de ces marchandises conteneurisées dans le panel général pour tenir l'objectif recherché.

Sur le plan de la sécurisation des recettes douanières, il y a lieu de mentionner des failles qui ont donné à constater dans des cas heureusement limités, des disparités entre l'espèce tarifaire déclarée et celle empotée ou reconnue à la visite.

B- Le champ d'application du Canal vert

Le Canal vert est textuellement « *un couloir de dédouanement rapide des conteneurs Full Container Load (FCL)*[106]*, muni d'un scellé de sécurité SGS dénommé Canal Vert* ». Cette facilité ne concerne que les conteneurs qui ont été inspectés à l'embarquement et qui sont munis de scellés de sécurité.

À la seule l'analyse, cette procédure ne s'applique pas aux conteneurs de groupage[107]. Son champ d'application exclut également les marchandises en vrac, les conteneurs qui n'ont pas subi d'inspection avant embarquement et les conteneurs devant faire l'objet d'une visite conjointe douane/SGS.

C- Les obligations et responsabilités de la SGS découlant du Canal vert

La principale caractéristique de ce mécanisme découle de ce que la SGS est tenue d'assister à l'empotage des marchandises et de procéder au scellement des conteneurs sauf les exceptions liées à son champ d'application.

Par ailleurs, la responsabilité administrative de la SGS est engagée lorsque des anomalies sont constatées dans les conteneurs au scellement intact et régulier (quantité, espèce, nombre de colis non conformes). Toutefois, en cas de droits et taxes compromis, leur règlement incombe à l'importateur.

Le panel de ces mesures unilatérales est loin d'être exhaustif.

§4- Le crédit d'enlèvement

Il ne s'agit pas en tant que tel d'une innovation mais d'un mécanisme qui a existé dans un passé peu lointain dans les services des droits indirects, service délocalisé de la direction du Trésor, en charge de la perception des droits de douane au port de Douala.

---

[106] Dans le langage maritime, la notion Full Container Load (FCL) désigne un conteneur plein de marchandises et empotées au profit d'une seule et même personne ou société donc un destinataire unique. Cette notion s'oppose à celle de LCL, Less Container Load (LCL) qui indique un conteneur pas entièrement rempli.

[107] Le conteneur de groupage est celui dans lequel les marchandises empotées ont plusieurs destinataires ou propriétaires. Ce mode de conditionnement des marchandises permet de les sécuriser et de répartir le fret entre les destinataires.

A- Aperçu historique

Le crédit d'enlèvement constitue une facilité mise en place sous l'égide de PAGODE pour accélérer la procédure de dédouanement. Cette facilité de paiement s'adressait aux commissionnaires agréés en douane qui validaient un important volume de déclarations en détail mettant en jeu des montants élevés des droits et taxes de douane.

Elle consistait pour un commissionnaire en douane à payer de façon regroupée au terme de chaque quinzaine tous les droits et taxes liquidés dans le cadre des déclarations en détail levées pour son compte. Cette facilité était subordonnée à la mise en place d'une soumission annuelle cautionnée.

L'apparition de la crise économique et ses conséquences sur la trésorerie de l'État d'une part, et les contraintes découlant des différents plans d'ajustements structurels d'autre part, avaient conduit à sa suspension. Le contexte actuel est favorable à sa restauration.

B- Pour la restauration du crédit d'enlèvement

L'embellie actuelle des finances publiques et la consolidation de la relance économique permettent d'envisager la restauration du crédit d'enlèvement pour accompagner et appuyer la politique gouvernementale de facilitation sur la place portuaire de Douala, première place économique du Cameroun et d'Afrique centrale.

En appui à SYDONIA, cette mesure complémentaire permettait d'accélérer le paiement des droits et taxes, et de réaliser des gains de temps importants dans la procédure de dédouanement.

Toutefois, il est indispensable d'être très strict sur les conditions et critères d'éligibilité à cette facilité. Seules les sociétés ou commissionnaires en douane ayant respecté rigoureusement dans le passé toutes les obligations attachées à cette facilité devraient être privilégiés ou retenus.

Si cette éligibilité relève réglementairement de la responsabilité du receveur des douanes, il paraît plus judicieux de confier l'agrément d'une société à ce mécanisme facilitateur, à une structure collégiale ou *ad hoc* qui pourrait tenir une session annuelle spécialement consacrée à cette question. Cette session d'agrément pourrait être aussi un cadre d'évaluation de l'application de cette facilité et de formulation des mesures correctives adéquates.

Dans tous les cas, la soumission annuelle cautionnée reste incontournable. Afin d'éviter des doubles cautionnements et faire appliquer pleinement les dispositions du protocole entre l'administration des douanes et les banques, la définition d'un mécanisme approprié de couverture et de garantie ne donnant pas lieu à des charges financières additionnelles est nécessaire. Il faudra, en définitive, mettre en place un nouveau crédit d'enlèvement sécurisé pour éviter qu'il génère une nouvelle catégorie de restes à recouvrer.

D'un point de vue textuel, cette facilité a été restaurée par la loi de finances 2004 dans son article cinquième, 11 qui dispose à cet effet : « *Les redevables des droits et taxes liquidés par l'administration des douanes peuvent bénéficier du crédit d'enlèvement qui leur permet d'enlever leurs marchandises au fur et à mesure des vérifications, et avant liquidation et acquittement des droits, moyennant le dépôt entre les mains du comptable compétent d'une soumission cautionnée renouvelable chaque année sous l'obligation de payer une remise. Ces dispositions s'appliquent non seulement aux droits et taxes d'entrée et de sortie, mais aussi à tous les autres droits et taxes accessoires liquidés par le service des douanes* ». On peut cependant constater que, six ans après cette restauration, le crédit d'enlèvement demeure inutilisé.

Faciliter les échanges commerciaux, c'est également limiter les visites physiques des marchandises.

§5- La limitation réglementaire des visites physiques des marchandises

Aucune douane dans le monde ne peut visiter physiquement et intégralement toutes les marchandises qu'elle est appelée à dédouaner et à contrôler au quotidien. Cette réalité concerne davantage les marchandises conteneurisées impossibles à identifier sans ouverture et dépotage partiel ou total de leur contenant.

Le commerce mondial a de plus en plus recours à ce mode de conditionnement des marchandises d'où la floraison sur les grandes lignes maritimes à travers le monde, de navires porte-conteneurs aux dimensions titanesques.

Afin de ne pas entraver ou retarder le dédouanement des marchandises par des visites systématiques, facteurs par essence d'allongement des délais, seule une proportion bien limitée peut faire l'objet d'une visite.

Cette limitation concerne également les visites des marchandises non-intrusives réalisées par le moyen du scanner. Seule une proportion précise de marchandises peut faire l'objet de scanning. Aujourd'hui, à l'échelle mondiale, une grande réflexion a cours dans toutes les administrations des douanes et particulièrement à l'OMD[108] sur les dispositions à prendre pour minimiser l'impact de *la récente Loi américaine 100 % scanning*[109] ou *House Resolution*, adoptée le 1er juillet 2010 sur la facilitation du trafic maritime international.

A- Intérêt de la pratique des visites douanières

Les visites douanières des marchandises visent à mieux les identifier qualitativement et quantitativement. Elles concernent davantage les marchandises importées en conteneurs, mode de conditionnement ne permettant pas une visibilité immédiate des marchandises.

La visite physique d'un conteneur nécessite une préparation et le paiement des frais subséquents auprès de l'acconier concerné. Elle génère des délais plus importants s'il s'agit d'une visite intégrale d'un conteneur ou par épreuve ou en fonction du nombre de conteneurs à visiter.

Une visite physique peut se dérouler pendant plusieurs jours si elle porte sur un nombre élevé de conteneurs, et mobiliser plusieurs agents de manutention, le préposé visiteur et l'inspecteur des douanes sous l'autorité duquel elle est menée.

La visite physique est généralement un préalable incontournable à la mainlevée des marchandises. Elle permet d'assurer une bonne identification de l'espèce des marchandises et liquidation conséquente des droits et taxes dus.

Elle permet de mettre en lumière les fausses déclarations d'espèces et de quantités et de sanctionner en conséquence les infractions ainsi découvertes. Les redressements de la valeur imposable qui en découlent,

---

[108] L'OMD a fait entreprendre une étude prospective sur la loi américaine 100 % scanning sous le titre « Les impacts macro et micro économiques de la Loi américaine 100 % scanning », Étude menée sous la direction de Frédéric CARLUER en vue de mesurer son impact sur les exportations des pays partenaires commerciaux des USA.

[109] La loi américaine 100 % scanning fait partie de la continuité du train des mesures sécuritaires prises par les États-Unis à la suite des attentats du 11 septembre 2001. Elle fera obligation, dès son entrée en vigueur, le 1er juillet 2012, à soumettre au scanning, tous les conteneurs exportés vers ce pays.

assurent le paiement intégral des droits et taxes et des amendes y relatives.

Le recours au scanner comme moyen d'inspection ou de visite des conteneurs engendre toujours un temps de préparation supplémentaire. Ce temps se trouve allongé du fait de l'existence d'un seul scanner au port de Douala. Ce temps concerne le chargement du camion, l'attente du scanning et l'enlèvement effectif de l'enceinte portuaire. Mais celui-ci reste l'instrument privilégié de visites des marchandises permettant de réaliser des gains de temps. La même exigence s'applique aussi au scanning des conteneurs sous réserve de l'accroissement de leur nombre.

Il est pourtant nécessaire de limiter les visites physiques pour ne pas freiner les opérations de dédouanement.

B- Les textes instituant des limites réglementaires

D'un point de vue historique, on peut considérer que la limitation des visites physiques des marchandises découle initialement de l'ensemble des textes juridiques qui ont accompagné la mise en place de PAGODE.

En effet, ces textes avaient institué deux types de traitements des déclarations en détail dès leur validation dans le système. Celles qui étaient validées avec la mention « visite » dans leur segment général, devaient obligatoirement faire l'objet d'une visite physique. Par contre, celles qui étaient validées avec la mention « conforme » dans ledit segment, étaient soumises à la seule étude documentaire sauf instructions hiérarchiques contraires dans les deux cas considérés.

La répartition des déclarations en détail entre ces modes de traitement faisait l'objet d'une proportion qui privilégiait l'étude documentaire. Par ailleurs, la prescription d'un nombre élevé de visites aurait provoqué un véritable engorgement du parc à conteneurs et rendu difficile leur bon déroulement.

Avant la mise en place de SYDONIA, le dernier texte instituant une limite réglementaire aux visites est la note de service N°0110/MINFI/DD/CE2 portant rationalisation des opérations de visite. Cette note dispose textuellement dans son premier paragraphe :

« Dans le but de réduire davantage les délais de passage des marchandises en Douane, le Service et les usagers sont informés que pour compter de la date de signature de la présente Note, et sauf dérogation expresse du chef du Bureau principal compétent, les visites ne

*sont admises que sur les marchandises préalablement identifiées par le système et reconnaissables par la mention « **visite** » inscrite au segment général de leur déclaration ».*

Il est important de souligner d'emblée que la préoccupation de *« réduire les délais de passage des marchandises en Douane »* qui est mise en exergue, constitue le point focal de cette note. C'est pourquoi en conclusion de celle-ci, **une limite quantitative des visites** est fixée dans les termes ci-après :

« Le chef de Division de l'Informatique et des statistiques devra prendre toutes les mesures pour que la proportion des marchandises sélectionnées pour les visites ne dépasse en aucun cas 20% de l'ensemble des opérations ».

L'avènement de SYDONIA et l'institution d'une cellule de ciblage des déclarations ont maintenu cette limitation quantitative des visites à travers le ratio de 20% du total des déclarations enregistrées. Par ailleurs, sur une plus grande échelle, mondiale notamment, l'OMD recommande de limiter les visites physiques des marchandises, car sur plus de 325 millions de conteneurs[110] manutentionnés dans le monde, moins de 0,5 sont scannés.

D'autres mesures prospectives et personnalisées émanant de l'OMD et intégrées dans la réglementation douanière française peuvent compléter ce dispositif.

§6- Prospective sur le statut d'Opérateur économique agréé (OEA)

Il s'agit d'une facilité qui existe aujourd'hui dans les douanes françaises et qui s'adresse spécifiquement aux entreprises. Elle a pour vocation de simplifier et d'alléger les contrôles avant et après dédouanement des marchandises et revêt un caractère personnalisé. Sa mise en œuvre est relativement récente et date du 1er décembre 2007.

Les conditions d'éligibilité tournent autour de la crédibilité et de la réputation de l'entreprise au regard de ses opérations de dédouanement antérieures. En réalité, ce statut préférentiel qui est une émanation de l'Organisation mondiale des douanes peut être expérimenté et transposé

[110] Ce chiffre est fourni dans l'étude prospective sur la loi américaine 100 % scanning sous le titre « Les impacts macro et micro économiques de la Loi américaine 100 % scanning », Frédéric CARLUER, Op cit.

au niveau des douanes camerounaises en complément à la procédure de visite à domicile peu usitée dans la pratique. Il peut également être utilisé à titre exclusif.

Cette crédibilité est assise sur des déclarations régulières et constantes sur une longue période et consacrant par elle-même une ligne légale et éthique de déclarations en douane propre à cette entreprise.

L'ensemble de ces facilités et leurs différents instruments de mise en œuvre méritent d'être évalués dans une période bien précise afin d'apporter des corrections appropriées aux insuffisances ou dérives éventuelles.

Mais la plus grande vitrine et visibilité de la facilitation sur la place portuaire de Douala réside dans la dynamique contractuelle engagée par l'administration des douanes avec certains partenaires impliqués dans la procédure de dédouanement.

CHAPITRE II :

LES INSTRUMENTS JURIDIQUES CONTRACTUELS DE LA FACILITATION

L'administration des douanes a développé depuis le début de ce millénaire, sous l'impulsion croisée du gouvernement et de l'Organisation mondiale des douanes, une véritable politique de collaboration avec le secteur privé notamment les opérateurs économiques regroupés autour d'organisations syndicales ou professionnelles.

Les objectifs spécifiques de cette politique de collaboration s'articulent autour de la mise en place d'un cadre formel de concertation et de dialogue aux fins de :

- trouver des solutions adéquates aux problèmes communs ; réduire les délais de passage des marchandises en démantelant tous les goulots et entraves ;
- accroître la célérité ;
- régler les litiges entre les parties contractantes de façon contradictoire ou consensuelle.

Sur le plan interne, cette politique s'appuie sur le partenariat public /privé prôné par le Gouvernement.

À l'échelle multilatérale, cette politique de collaboration trouve son fondement dans le cadre SAFE[111] des normes de l'OMD notamment la norme 2 qui promeut expressément le partenariat public/privé, la mise en place d'un cadre permanent de concertation entre la douane et les opérateurs économiques.

Cette politique essentiellement contractuelle trouve sa matérialisation dans les différents protocoles conclus entre l'administration des douanes et certains acteurs tels les syndicats et les professions impliqués dans la procédure de dédouanement.

---

[111] Le cadre SAFE est un instrument juridique à adhésion libre et volontaire élaboré par l'OMD sous forme de normes visant à faciliter et sécuriser le commerce international.

Section I : Le protocole d'accord entre la douane et les commissionnaires agréés en douane

Les commissionnaires agréés en douane seront appréhendés ici davantage sous l'angle collectif et dans le cadre de leur syndicat comme entité unique.

Plus connu sous l'appellation populaire de « déclarant » ou de « transitaire », il peut être appréhendé comme un intermédiaire légal et obligatoire entre la douane et ses usagers notamment les importateurs, les exportateurs, les organismes et sociétés désireux d'accomplir une opération de dédouanement.

§1- Le rôle légal du commissionnaire en douane

Le commissionnaire en douane est par excellence le mandataire de l'importateur ou de l'exportateur auprès de la douane. Ce mandat est formalisé par l'ordre de transit à travers lequel l'importateur ou l'exportateur confie par la remise documentaire, une opération ou plusieurs opérations de dédouanement à un commissionnaire agréé en douane. Tel un avocat, il est « constitué » pour défendre les intérêts d'un importateur ou d'un exportateur auprès de la douane.

Cet acte, véritable déclencheur de la procédure de dédouanement requiert à cet effet la signature du mandant identifié ici comme l'importateur ou l'exportateur.

Le recours au commissionnaire en douane est obligatoire dans le cadre de toute opération de dédouanement. Toutefois, cette obligation est tempérée par des exceptions bien définies.

À ce titre, l'article 112 du Code des douanes de la CEMAC énonce à l'alinéa 1er « *les marchandises importées ou exportées ne peuvent être déclarées en détail que par leurs propriétaires ou par des personnes physiques ou morales bénéficiaires d'un agrément en qualité de commissionnaires en douane* ».

Soucieux de donner une certaine marge de liberté aux États en la matière, le législateur de la CEMAC a aménagé à cet effet, une disposition plus restrictive à l'alinéa 2 de cet article en précisant : *« Les États membres peuvent en cas de besoin, limiter ce droit aux seuls commissionnaires agréés »*.

S'agissant des exceptions, elles sont consacrées par l'article 113 alinéa 3 avec la faculté donnée aux :

- administrations publiques ;
- missions diplomatiques ;
- organismes internationaux, de déclarer pour leur propre compte.

Cette exception se retrouve également dans l'autorisation de dédouaner, autorisation ponctuelle édictée par l'article 114 alinéas 1 et 2.

Dans le même sens, le droit de déclarer en douane, a été étendu dans la loi de finances 2004 aux propriétaires des véhicules d'occasion et aux sociétés pétrolières en ce qui concerne leurs exportations de pétrole brut.

En définitive, il s'agit théoriquement d'une personne morale à l'expertise technique avérée pour lever une déclaration en douane et accomplir toutes les formalités y afférentes. Car aucune société ne peut être agréée à l'exercice de cette profession si elle ne dispose d'une personne ayant des qualifications techniques solides[112] dans ce domaine et attestée par un diplôme ou certificat.

Le caractère obligatoire du recours aux commissionnaires en douane dans le cadre des opérations de dédouanement fait d'eux des intermédiaires incontournables entre la douane et les opérateurs économiques. Ils ont un rôle de représentation de l'importateur ou de l'exportateur auprès de la douane.

---

[112]Le statut de commissionnaire agréé en douane ainsi que les conditions d'agrément à cette profession sont définis par l'acte n°31/81-CD-1220 du 14 décembre 1981 portant modification de l'acte n°114/69-CD-769 du 19 décembre 1969 fixant le statut des commissionnaires en douane agréés. L'article 5 dudit acte énonce que « *les personnes physiques ou morales désirant exercer la profession de commissionnaire en douane doivent apporter la preuve de l'exercice pendant une durée d'au moins dix années, dans un secteur public ou privé, d'une activité relevant du domaine du transit et du dédouanement des marchandises. Les sociétés désireuses d'obtenir l'agrément de commissionnaire en douane doivent justifier que les personnes responsables des opérations douanières et habilitées à les représenter possèdent la même qualification. Toutefois, le Comité de Direction peut apprécier le cas des postulants ne remplissant pas cette condition mais reconnus néanmoins aptes par les Comités Consultatifs Nationaux* ». Outre la procédure d'agrément, cet acte fixe également le montant minimal de la caution à souscrire, à titre préalable, à 10 millions de francs CFA. Toutefois, chaque État garde la liberté d'en relever le montant. S'agissant du Cameroun, ce montant a été relevé à 25 000 000 F FCA par la note de service n°224 MINEFI DD3/SDL du 11 mai 2000 portant Augmentation de la Caution Bancaire relative aux opérations des commissionnaires agréés en douane.

§2- Les syndicats des commissionnaires en douane

Dans le souci de mieux défendre leurs intérêts et ceux de leurs clients face à l'administration des douanes investie des prérogatives de puissance publique, les commissionnaires en douane sont organisés en syndicats.

Le principe de « l'union fait la force » trouve dans le regroupement syndical une réalité et une pleine consécration. Il existe environ 170 commissionnaires en douane[113] exerçant au Cameroun, principalement à Douala et actifs dans SYDONIA à travers une connexion propre. Cependant, l'article 7 de l'acte n° 31/81-CD-1220 du 14 décembre 1981 portant modification de l'acte n°114/69-CD-769 du 19 décembre 1969 fixant le statut des commissionnaires en douane agréés fait obligation à tout commissionnaire en douane d'adhérer à un syndicat[114].

Individuellement considéré, le commissionnaire en douane ne peut exercer aucun contrepoids à l'action de l'administration des douanes ; d'où la nécessité pour eux de se regrouper en un syndicat pour assurer une meilleure défense de leurs intérêts corporatifs et ceux de leurs clients.

Il existe sur la place portuaire de Douala trois syndicats de commissionnaires en douane :

- le SCADTC : Syndicat des commissionnaires agréés en douane et transitaires du Cameroun ;
- le SYNAUTRATRA : Syndicat national des auxiliaires de transport et de transit ;
- le SYNTRAC : Syndicat national des transitaires, transporteurs et acconiers du Cameroun.

La sauvegarde des intérêts de ces syndicats et de leurs membres s'est traduite par la conclusion d'un protocole d'accord avec l'administration des douanes et centré sur des préoccupations communes.

---

[113] Il s'agit ici des commissionnaires en douane actifs dans SYDONIA.

[114] Cet article dispose que : *« Tout commissionnaire en douane agréé doit obligatoirement appartenir à un syndicat, Groupement, Fédération ou tout autre organisme corporatif dont relève l'exercice de cette profession »*.

§3- Les objectifs du protocole d'accord

Le protocole d'accord entre l'administration des douanes et les commissionnaires en douane agréés a été conclu le 08 mars 2004. Parmi les signataires, la douane était représentée au niveau le plus élevé par le directeur national des Douanes et chaque syndicat par son président.

Les parties prenantes ont mis en place ce protocole à l'effet de :

- aménager un cadre formel d'alliance stratégique en vue de l'amélioration continue de leurs relations ;
- valoriser et professionnaliser l'activité de commissionnaire en douane tout en instaurant un climat paisible et des attitudes ;
- contribuer à l'amélioration continue des prestations de la douane ;
- promouvoir la simplification des procédures, la réduction des délais de dédouanement et la sécurisation des recettes douanières et de service.

Ces objectifs ne peuvent être atteints que si chaque partie contractante respecte ses engagements limitativement définis sur lesquels il convient de s'appesantir.

§4- Les engagements de l'administration des douanes

Ces engagements sont ainsi formulés selon les termes de ce protocole :

1- Appliquer les principes de la valeur transactionnelle et faire fonctionner tous les mécanismes qui l'accompagnent conformément aux dispositions légales et réglementaires en vigueur. Le passage de la marchandise sera privilégié sous réserve de la souscription d'une soumission contentieuse cautionnée ou de la consignation des droits querellés.

2- Combattre les tracasseries et abus divers par la mise en place d'un système de résolution des problèmes en temps réel (liste des numéros de téléphone en cas d'urgence et réaction de la hiérarchie pour solution).

3- Respecter les prescriptions qui fixent les délais de traitement des déclarations non litigieuses à 6h à l'importation, et à 2h à l'exportation. À cet effet, des fiches ou tout autre mécanisme de déclarations, seront mis en œuvre dans les bureaux de douane.

4- Respecter le fonctionnement du ciblage par :

- le regroupement de toutes les formes d'appels et de blocages au niveau des chefs secteurs ;

- l'attribution de l'initiative des visites non programmées au ressort exclusif des chefs de secteurs.

5- Assurer la continuité du service par une disponibilité totale des personnels pour les opérations de dédouanement et d'enlèvement des marchandises.

6- Simplifier au maximum les procédures de dédouanement et d'enlèvement des marchandises en vue de la réduction des délais de passage. Cela passe par exemple par la mise en place des horodateurs au guichet unique et la suppression des visas inutiles.

7- Combattre dans ses rangs l'absentéisme par la mise en œuvre d'une discipline rigoureuse et des mesures de contrôle des présences effectives aux postes de travail.

8- Améliorer l'éthique et la déontologie professionnelles (par la promotion de l'intégrité des personnels de douane et le respect du principe hiérarchique).

9- Procéder aux contrôles des commissionnaires en douane agréés (CDA) avec la présence effective des représentants des syndicats de CDA. Toutefois, l'absence des représentants des syndicats de CDA dûment notifiée au moins trois (3) jours avant, ne constitue pas un motif d'invalidation des contrôles douaniers.

10- Reconnaître le CDA comme interlocuteur privilégié en matière de procédure de dédouanement et d'enlèvement des marchandises, conformément aux dispositions légales et réglementaires en vigueur.

11- Entériner les sanctions disciplinaires prises par un syndicat de CDA à l'encontre de ses membres.

12- Aider les CDA à assainir leur profession notamment par une grande rigueur dans les critères d'agrément et dans les contrôles.

13- Mettre à la disposition des CDA toutes les correspondances initiées par l'administration des douanes.

L'analyse du contenu des obligations contractuelles à la charge de la douane donne à constater qu'elles tournent autour des exigences d'application de la valeur transactionnelle, de la célérité dans le traitement des opérations de dédouanement avec son corollaire qu'est la réduction des délais de passage. Elle met également en évidence l'exigence du ciblage rationnel et maîtrisé des déclarations en douane, la continuité du service public de la douane à travers une assiduité rigoureuse des personnels exerçant dans les bureaux de dédouanement et la valorisation du CDA comme interlocuteur privilégié de la douane.

Indépendamment des dispositions du protocole, la plupart des obligations sus-énoncées sont reprises et consacrées dans différentes notes de services propres à la douane. À cet effet, on peut citer la note de service n°00137/MINEFI/DD du 02 novembre 2000 portant réduction des délais de traitement des opérations de dédouanement et harmonisation des contrôles.

La consécration de ces engagements par des textes juridiques internes à la douane leur donne une plus grande opposabilité, visibilité et applicabilité vis-à-vis de l'ensemble des personnels de la douane. En effet, seule cette insertion dans ces textes peut leur conférer véritablement un caractère obligatoire. Sur le plan strictement disciplinaire, il serait difficile de se prévaloir d'une disposition de ce protocole pour enclencher une action à l'encontre d'un agent quelconque. De même, la nature juridique de l'acte et la qualité ou le niveau hiérarchique de son auteur influencent considérablement son application durable.

À l'exemple d'un contrat synallagmatique, le protocole d'accord entre la douane et les commissionnaires, crée également des engagements à leur charge.

§5- Les engagements des commissionnaires en douane

Les engagements des commissionnaires en douane dans ce protocole sont déclinés ainsi qu'il suit :

1- Solliciter sans délai, le règlement transactionnel pour les infractions dûment constatées. Lors de la signature des procès-verbaux et des feuilles de transaction, le CDA aura la possibilité d'émettre des réserves. La douane tiendra compte de la pertinence de ces réserves. Le refus de signer les procès-verbaux entraîne de ce fait la suspension du CDA en cause.

2- Assurer une meilleure circulation des correspondances des structures syndicales vers les CDA concernés.

3- Se soumettre sans délai au contrôle différé des déclarations.

4- Déférer sous 48h ouvrables à toute convocation de la douane dûment déchargée par le CDA, copies desdites convocations étant transmises aux syndicats concernés.

5- Assumer le cas échéant la responsabilité de toutes les inexactitudes et omissions relevées lors de la vérification des déclarations en douane.

6- Régler dans 72h ouvrables les facturations mensuelles des frais de TEL (Travail extra légal).

7- Contribuer à l'émergence des attitudes citoyennes vis-à-vis de la douane.

8- Se discipliner à travers leurs organisations syndicales.

9- Dénoncer les cas de validations abusives des déclarations ou d'enlèvements de marchandises sans règlement des droits et taxes.

10- Mettre en place une gestion administrative adéquate notamment une bonne tenue des archives, des mises à jour régulières des fichiers de fondés de pouvoir à transmettre dans les 24h à la douane, et employer un personnel qualifié.

11- Diligenter au plus vite toute opération chez eux domiciliée, sans conservation excessive, ni abusive de déclarations.

12- Prendre l'attache des responsables de la douane en cas de lenteurs excessives dans le traitement des dossiers.

13- Mettre à la disposition de l'administration des douanes une copie de l'ordre de transit en recevabilité, et présenter l'original sur réquisition de l'administration des douanes.

L'énumération exhaustive de ces obligations met en exergue l'exigence de professionnalisme, d'intégrité, de pleine et franche collaboration du CDA individuellement considéré et de leurs syndicats respectifs. Il s'en dégage aussi le souci de promotion de l'éthique et de respect scrupuleux de la légalité et de la discipline syndicale.

§6- Le suivi et la mise en œuvre des engagements issus du protocole

Dans une acception générale, toutes les obligations nées d'un contrat ou protocole d'accord lient les parties contractantes en vertu du principe *pacta sun servanda*.

Pour assurer le plein respect des engagements contractuels et leur mise en œuvre effective, le protocole a créé à cet effet un comité de liaison. Ledit comité assure :

- le suivi et l'application du protocole ;
- l'évaluation périodique du protocole ;
- le règlement des litiges mineurs nés de son application ;
- la convocation en plénière des différents membres en cas de besoin ;
- le suivi des pourcentages de ciblage tels que prévus par la réglementation en vigueur.

La composition du comité de liaison reflète le souci d'associer toutes les parties contractantes. Ce suivi anime son mode de convocation et le quorum exigé pour la validité d'une session.

Le comité de liaison est composé de :

- un représentant du directeur des douanes ;
- un représentant du comité FAL ;
- trois représentants par syndicat de CDA ;
- le chef de secteur des douanes du Littoral I ;
- le chef de secteur des douanes du Littoral II ;
- tous les chefs de bureaux principaux des secteurs des douanes du Littoral ;
- tous les commandants de subdivision active des secteurs des douanes du Littoral.

Cette composition élargie traduit la préoccupation de prendre en compte un grand panel d'opinions et de contributions pour la gestion des problèmes découlant des opérations de dédouanement sur la place portuaire de Douala. Problèmes qui sont à l'origine de la mise en place du protocole douane-CDA.

Cela participe également du souci de corriger collectivement les dérives, abus et manquements constatés. Il y a lieu de constater que la dynamique contractuelle de l'administration des douanes ne se limite pas aux seuls commissionnaires en douane.

Section II : Le protocole d'accord entre l'administration des douanes et les professions maritimes

Pour appuyer cette démarche contractuelle bien structurée, l'administration des douanes a conclu le 20 décembre 2001, un protocole d'accord avec les professions maritimes exerçant sur la place portuaire de Douala. Ce protocole revêt une importance capitale tant à cause de la diversité des compagnies et sociétés impliquées que de leur rôle dans le processus de prise en charge des marchandises et de leur mise à disposition au profit de leurs clients respectifs. Cette importance découle également de la grande incidence des actes et documents délivrés par les sociétés de ce groupement dans la mainlevée finale des marchandises.

En effet, la vitesse de délivrance de ces documents notamment les connaissements, Bon à délivrer, facturation du stationnement et des surestaries, influe directement sur la réduction des délais de passage dans le cadre de la procédure de dédouanement.

§1- Identification des professions maritimes et précisions terminologiques

Sous le vocable de professions maritimes, on désigne les armateurs, les consignataires de navires ou les agents maritimes, les acconiers et les avitailleurs.

Il s'agit des professions dont l'activité est centrée sur le transport maritime des marchandises, de leur chargement et déchargement sur les quais, de la recherche et mise à disposition du fret, de l'avitaillement des navires et de la délivrance ou remise des documents liés au transport maritime tels les connaissements et les « Bon à délivrer ».

L'acte n°3/98 UDEAC-648-CE-33 portant réglementation des conditions d'exercice des professions maritimes et auxiliaires des transports en UDEAC définit en son article 6 les professions maritimes comme « *toutes les activités maritimes qui consistent à exploiter des navires en propriété et/ou en location sous le nom générique d'armateur* ». Cet article précise qu'il s'agit notamment du transporteur maritime, de l'affréteur et du fréteur.

Dans le cadre des professions des auxiliaires de transport maritime, l'alinéa 2 de l'article susvisé mentionne : le consignataire de navires, l'agent maritime et le courtier maritime.

Cette définition communautaire est consolidée par la réglementation camerounaise. Au regard de celle-ci, le terme « professions maritimes » est défini par le décret n° 96/071 du 08 avril 1996 à l'article 2 ainsi : « *Sont considérées comme professions maritimes au sens du présent décret, les professions dont l'exercice nécessite l'exploitation, en propriété et/ou location de navires : transporteur maritime, affréteur, Fréteur* ».

Les sociétés regroupées sous la dénomination de « professions maritimes », et parties prenantes comme entités propres à ce protocole sont dans l'ordre alphabétique :

- Assa, Camship, Geodis, Clgg, (Consignation et Logistique Du Golfe de Guinée) Getma, Groupe 2m, Maersk, P And Q Nedlloyd, Saga Sapemcam, Sdv, Socomar, Socopao, Sudmar, et Supermaritime.

La multiplicité des sociétés impliquées renforce l'intérêt et la portée du protocole.

Ces professions, surtout les acconiers assurent la garde et la mise à disposition finale des marchandises à travers ce document spécifique qu'est le « Bon à délivrer ». C'est l'ultime document après le « Bon à enlever » de la douane qui permet l'enlèvement des marchandises de l'enceinte portuaire.

Elles occupent une place de premier plan dans le transport maritime d'un bout à l'autre de la chaîne logistique et dans le contrôle réel des mouvements des marchandises tant au chargement/déchargement qu'à l'enlèvement final vers les magasins ou entrepôts de l'importateur ou l'exportateur.

§2- Les objectifs du protocole d'accord

Le protocole entre l'administration des douanes et les professions maritimes traduit l'intention commune des parties prenantes *à mettre en œuvre une étroite collaboration visant à améliorer la qualité de la prise en charge des marchandises, dans le but de pouvoir valider les manifestes au plus tard à l'arrivée du Navire à l'import et cinq (5) jours au plus tard après l'appareillage à l'export dans le Port de Douala.*

Ce protocole vise également à définir les conditions de règlement du travail extra légal.

§3- Les engagements des professions maritimes

Ces engagements concernent l'importation et l'exportation à titre principal, mais à côté de ceux-ci, il existe d'autres engagements plus spécifiques.

A- Les engagements liés à l'importation

D'après les propres termes du protocole, les professions maritimes s'engagent à :

1- Valider l'image fidèle du manifeste « NE VARIETUR » dans le système douanier « PAGODE », SYDONIA aujourd'hui, au plus tard à l'accostage du Navire dans le port,

2- Constater les modifications à apporter à ce manifeste au plus tard deux jours francs après l'appareillage du Navire. Les entreprises s'organiseront à ramener ce délai, dans les trois mois qui suivent, à un jour franc après l'appareillage du Navire. Toutefois, une évaluation sera faite contradictoirement au terme de trois mois suivant l'entrée en vigueur du présent protocole aux fins de déterminer l'opportunité de ramener ce délai à un jour franc ;

3- Déposer les justificatifs au bureau du chef de secteur accompagnés d'une demande en deux exemplaires dont le modèle est ci-joint. Dans le cas où le service a constaté de façon contradictoire les éléments à modifier sur le manifeste, le personnel douanier contresignera, sans frais, les documents de pointage concernés ;

4- Supporter les pénalités sur les modifications significatives ultérieures du manifeste en cas de dépassement des délais précisés au point 2. Sont considérées comme significatives, des informations pouvant éluder les droits ou compromettre les mesures de prohibitions ;

5- Amener leurs entreprises à l'usage de la Transmission de leurs manifestes de façon électronique suivant le format UN-EDIFACT[115] *;*

6- Payer le travail extra légal suivant le tableau ci-annexé, tableau qui sera revu trimestriellement d'accord parties.

[115] Le format UN-EDIFACT est la normalisation des dimensions du support documentaire sous lequel les manifestes doivent être présentés ou transférés par voie électronique à la douane.

B- Les engagements liés à l'exportation

Ces engagements se ramènent à :

1- Présenter les permissions d'embarquement pour l'obtention du visa « Navigation » à la fin des opérations d'embarquement ;

2- Valider le manifeste au plus tard cinq (05) jours après l'appareillage du Navire ;

3- Supporter les pénalités sur les modifications ultérieures en cas de dépassement des délais précisés aux points 1 et 2 ci-dessus ;

4- Payer le travail extralégal suivant le tableau en annexe, tableau qui sera revu trimestriellement d'accord parties.

C- Les autres engagements plus spécifiques

Ces engagements se situent dans le cadre de la modernisation des infrastructures portuaires, de la réduction des délais de passage et de la sécurisation des procédures du commerce extérieur.

Ils se déclinent ainsi qu'il suit :

1- La professionnalisation de la profession maritime par l'emploi d'un personnel qualifié ;

2- Les formations initiales et continues du personnel ;

3- L'acquisition des moyens de travail ultramodernes tels que les bandes transporteuses informatisées, les ponts bascules et les suceuses étalonnés et scellés par l'administration des poids et mesures.

Globalement, les obligations contractuelles issues de ce protocole exigent des professions maritimes, l'amélioration de la prise en charge des marchandises à travers la validation rapide des manifestes.

Cette charge exclusive de validation des manifestes fait d'eux, notamment des acconiers, les déclencheurs de la procédure de dédouanement. À cet effet, l'amélioration de la prise en charge des marchandises impose l'adoption des nouvelles technologies de l'information et de la communication. Seules celles-ci peuvent assurer le transfert rapide, par voie électronique, au service douanier spécialisé dans la prise en charge des marchandises, des données intégrales des manifestes.

Pour des raisons d'efficacité, ces obligations des acconiers sont couplées harmonieusement à celles de l'administration des douanes.

§4- Les engagements de l'administration des douanes

Les engagements de l'administration des douanes dans le cadre de ce protocole sont ainsi libellés :

1- Procéder immédiatement dans « PAGODE » (aujourd'hui SYDONIA) et dans les conditions de la grille prévue, aux modifications détaillées dans les demandes de modifications de manifestes qui auraient été annotées au préalable et horodatées.

2- Renforcer le service de traitement des manifestes dans le but d'accélérer la procédure convenue.

3- Prévoir dans son système informatique, les fonctionnalités nécessaires à accompagner la réception des manifestes transmis avant l'accostage des navires de façon électronique suivant la norme UN-EDIFACT.

4- Étudier avec la profession toutes méthodes de traitement qui assurent la plus grande célérité aux opérations tout en sécurisant les contrôles douaniers dans le but de moderniser à l'instar des ports européens, le port de Douala.

5- Accorder aux entreprises maritimes les délais de modification ci-dessus énoncés à l'importation et à l'exportation. En cas de dépassement de ce délai, l'administration des douanes sera en droit d'appliquer au maximum les pénalités en annexes.

L'énumération de ces obligations met en lumière la préoccupation commune d'accélérer la procédure de dédouanement dès l'instant premier de la prise en charge des marchandises.

Dans un monde marqué par l'évolution technologique fulgurante, les parties contractantes s'obligent mutuellement à adopter des logiciels et moyens techniques les plus appropriés dans le cadre de la facilitation du transfert des données liées aux opérations du commerce extérieur.

§5- Le suivi et la mise en œuvre des engagements contractuels

Afin d'assurer la pleine application des engagements issus de ce protocole, les parties contractantes ont mis en place un comité de liaison.

Ce comité composé à la fois des représentants de l'administration des douanes et des professions maritimes a pour compétence :

- le suivi de l'application de toutes les dispositions du protocole ;
- l'évaluation des obstacles et difficultés ;

- le règlement des litiges ;
- la convocation en plénière des différents membres en cas de besoin.

Compte tenu du champ de couverture de ce protocole et de la pluralité des acteurs impliqués, il revêt une importance capitale dans la maîtrise des délais liés aux opérations situées en amont de la procédure de dédouanement, notamment la prise en charge des marchandises.

La sanction de la prise en charge des marchandises est la validation du manifeste. Le caractère préalable de la validation du manifeste en fait une étape incontournable et *sine qua non* dans le déclenchement de la procédure de dédouanement. En effet, cette opération technique marque et caractérise le début de la mise en œuvre de cette procédure. En conséquence, l'intérêt de ce protocole et des acteurs de cette opération s'en trouve renforcé.

Cependant, pour plus d'efficacité opérationnelle dans la réduction des délais de passage, ce processus contractuel mérite d'être élargi à toutes les entités et tous les organismes qui interviennent dans la procédure de dédouanement à quelque titre que ce soit.

Section III : Le protocole d'accord entre l'administration des douanes et la profession bancaire

Dans le cadre du dédouanement des marchandises, plusieurs régimes douaniers peuvent être mis en œuvre notamment le régime de la mise à la consommation directe, les régimes suspensifs et les régimes économiques.

La validation des déclarations en détail dans le cadre des régimes suspensifs et économiques est subordonnée à la souscription d'une caution bancaire en bonne et due forme auprès d'une banque pour garantir le paiement ultérieur des droits et taxes de douane suspendus.

La suspension totale ou partielle du paiement des droits et taxes de douane qui caractérise essentiellement ces régimes ne peut se faire sans garantie d'une banque fiable dans les conditions fixées par le Code des douanes de la CEMAC et par certains textes réglementaires.

Afin de faciliter et d'alléger la mise en place des cautions relatives aux régimes suspensifs, de définir des conditions communes de leur mainlevée, d'éviter des doubles cautionnements générateurs des frais bancaires additionnels et en fonction de la durée de cette garantie de paiement, l'administration des douanes a conclu le 15 novembre 2002 avec la profession bancaire, un protocole d'accord avec des objectifs bien spécifiques.

Au titre des parties contractantes s'agissant des banques et de leur groupement, signataires de ce protocole, il y a lieu de citer :

- l'APECCAM (Association professionnelle des établissements de crédit du Cameroun) ;

- Afriland First Bank, Amity Bank, BICEC, City Bank, Commercial Bank of Cameroon, Crédit Lyonnais Cameroun, Ecobank, SGBC, Standard Chartered Bank, et Union Bank.

Les banques engagées dans ce protocole aux côtés de l'APECCAM qui est leur groupement représentent plus de 95 % du marché bancaire au Cameroun. Le poids financier cumulé très important de ces banques ainsi que leur nombre élevé confère à ce protocole une grande valeur et renforce son intérêt comme instrument de facilitation de la mise en place des cautions bancaires.

§1- Les objectifs du protocole

Ce protocole a été élaboré d'accord parties pour mettre un terme aux multiples incompréhensions qui ont existé entre l'administration des douanes et les banques à la suite des liquidations d'office opérées pour non-respect des engagements cautionnés.

En effet, la validation définitive de toute déclaration en douane relative à un régime suspensif ou économique est subordonnée, sauf dérogation, à la production préalable d'une caution bancaire[116].

Dans le cadre de cette procédure soumise à l'autorisation préalable du directeur des douanes, une déclaration provisoire reprenant l'ensemble des éléments de la déclaration notamment l'espèce, la valeur, l'origine et les quantités avec pré-liquidation des droits et taxes, est levée par le commissionnaire en douane.

---

[116] L'obligation de souscrire une caution bancaire est consubstantiellement attachée à la nature d'acte d'acquit-à- caution qui caractérise à la fois les régimes suspensifs et les régimes économiques. À cet effet, l'article 150 du Code des douanes de la CEMAC énonce que « l'acquit-à-caution comporte, outre la déclaration détaillée des marchandises, l'engagement solidaire du principal obligé et de sa caution de satisfaire, dans les délais fixés et sous les peines de droit, aux prescriptions des textes législatifs et réglementaires ». L'article 151 tempère légèrement cette exigence ainsi : « Si les marchandises ne sont pas prohibées, la garantie de la caution peut être remplacée par la consignation des droits et taxes ».

Cette déclaration provisoire dûment signée par le commissionnaire en douane avec le montant exact des droits et taxes à acquitter est soumise ultérieurement à la banque du principal obligé c'est-à-dire l'importateur pour matérialiser son engagement sur ce document.

Dans la procédure de souscription de cette caution, la banque appose sur la déclaration provisoire son cachet humide et sec. Elle affecte un numéro à l'opération engagée et appose également la signature du ou des responsable (s) habilité (s) à cet effet. Leur liste doit être communiquée à l'avance à la douane conformément aux clauses du protocole. Toutes les révisions ou actualisations de ladite liste doivent être notifiées en temps réel à la douane pour confrontation et comparaison avec les cautions présentées.

L'agrément et la validation de la caution emportent substitution de la banque engagée à s'acquitter du paiement des droits et taxes de douane en cas de défaillance du principal obligé ou non-respect des engagements spécifiques à chaque acquit- à-caution.

Les cas de non-respects des engagements souscrits ont été nombreux. En conséquence, la douane a été amenée à appeler les cautions et à procéder aux liquidations d'office pour le recouvrement des droits et taxes suspendus. Toutefois, ces cas ne sauraient être cités ici pour des raisons liées au respect du secret professionnel.

§2- Les engagements de l'administration des douanes

Dans le cadre de ce protocole, l'administration des douanes s'est engagée, après chaque mutation de personnel, à mettre à la disposition des banques, les spécimens de signatures des autorités habilitées à signer les mainlevées de caution.

L'administration des douanes s'est également engagée, exclusion faite du transit, à respecter le montant du cautionnement indiqué dans l'acte de caution c'est-à-dire, ne pas demander à la banque souscriptrice, le paiement d'un montant des droits et taxes supérieur à celui agréé dans ledit acte.

Afin de faciliter les opérations de dédouanement en général, l'administration des douanes s'engage à accepter le principe de la mise en place d'un cautionnement global au profit de certains opérateurs économiques. Cependant, une telle facilité fera l'objet d'une convention particulière entre l'administration des douanes et la banque concernée.

L'administration des douanes s'engage aussi à :

- maintenir la pratique de l'apurement partiel des cautions, car les mainlevées partielles permettent de diminuer l'encours des cautions mises en place ;

- notifier aux banques à la fin de chaque trimestre les États des cautions non apurées ;

- effectuer les liquidations d'office dans le cadre d'une démarche contradictoire préalable avec le redevable, sanctionnée par la rédaction d'un procès-verbal dont copie doit être notifiée à la caution ;

- accepter dans le cadre du transit, un cautionnement couvrant uniquement les droits et taxes à l'exclusion de toutes les pénalités ;

- accorder un délai de sept (07) jours francs pour le paiement des droits, taxes et pénalités dans la limite du montant de la caution en cours, accepter la validité de la caution bancaire jusqu'à sa mainlevée. Toutefois, une caution non-appelée dans un délai maximum de cinq (05) ans est caduque.

Ces engagements consacrent globalement la volonté de l'administration des douanes de sanctionner les manquements des principaux obligés dans le cadre des régimes suspensifs et économiques sans nuire aux intérêts des banques auprès desquelles sont domiciliées les cautions désormais litigieuses.

§3- Les engagements des banques

Dans le cadre de ce protocole qui vise à faciliter la mise en place des cautions bancaires et à circonscrire les conditions de leur appel, les banques quant à elles se sont engagées à :

- *communiquer à la douane les spécimens de signatures de leurs responsables pouvant engager la banque sous forme de cautionnement ;*

- *respecter le délai de sept (07) jours pour le paiement des droits, taxes et pénalités en cas d'appel de la caution ;*

- *procéder à la mainlevée des cautions uniquement sur présentation de l'acte de mainlevée dûment délivré par les autorités habilitées par la douane.*

À l'analyse, il y a lieu de constater que les obligations des deux parties contractantes ne sont pas très équilibrées. Toutefois, seul le respect mutuel de toutes les obligations issues de ce protocole peut contribuer à l'atteinte des objectifs recherchés et surtout créer les conditions d'un engagement plus spontané et facile des banques à apporter la garantie financière nécessaire à certaines opérations de dédouanement.

Dans le prolongement du protocole avec les banques et en appui aux autres, l'administration des douanes s'est également engagée avec CAMRAIL, à conclure un autre protocole pour faciliter le transport des marchandises en transit par la voie ferrée à partir du port de Douala.

Section IV : Le protocole d'accord de partenariat avec CAMRAIL

Dans le cadre de la poursuite de la politique contractuelle marquée par la volonté de l'administration des douanes d'élargir le champ de la facilitation, un protocole d'accord a également été conclu le 11 avril 2003 avec la société CAMRAIL spécialisée dans le transport des marchandises par voie ferroviaire sur l'ensemble du territoire national.

Ce protocole d'accord s'inscrit dans le prolongement des mesures visant à alléger et simplifier les procédures administratives relatives au transit des marchandises en général, et par la voie ferrée en particulier. Il est essentiellement centré sur sa facilitation et fait explicitement référence dans son préambule, à l'instruction ministérielle n°03/001/CF/MINFI/DD du 02 janvier 2003 relative au transit[117].

Il revêt une importance particulière pour les marchandises en transit à destination du Tchad dont plus de 90% sont acheminées par voie de chemin de fer jusqu'à Ngaoundéré, point de rupture de charges et de transfert desdites marchandises sur des moyens de transport routier, notamment des camions.

Ce protocole s'articule sur des engagements respectifs de chaque partie contractante.

§1- Les engagements de la société CAMRAIL

Ces engagements se déclinent ainsi qu'il suit :

1- De n'accepter de transporter sous le régime du transit que les marchandises faisant l'objet d'une déclaration D15 (aujourd'hui IM8) ou d'un titre de transit établi conformément à la réglementation en

---

[117]L'instruction ministérielle n° 170/MINFI/DGD/ du 19 mars 2009, instituant un dispositif douanier de suivi par GPS des marchandises sous douane en circulation.

vigueur. La procédure du titre de transit est également applicable en matière d'exportation des produits fabriqués localement.

2- De ne charger des marchandises déclarées en transit que dans l'enceinte du port ;

3- En revanche, s'agissant des produits manufacturés localement sous le régime de la TVA et faisant l'objet d'une déclaration D16 (aujourd'hui IM), leur chargement peut s'effectuer en tout lieu ;

4- De sécuriser les transports effectués sous le régime du transit par la pose de scellés, plombs et autres cadenas sur les wagons ;

5- Lors de chaque voyage, d'établir en trois (03) exemplaires un manifeste des marchandises en transit visé par le bureau de départ qui en conserve un exemplaire ;

6- En cours d'acheminement, de requérir prioritairement l'assistance de l'administration en cas d'accident ou de perturbation graves du trafic aux fins de constat contradictoire. Toutefois, un procès-verbal de constat peut être valablement établi par une unité de gendarmerie, une autorité administrative ou un agent assermenté de CAMRAIL ;

7- De remettre au Bureau des douanes de destination, le second exemplaire du manifeste se rapportant à toutes les marchandises sous D15 et/ou D16 à décharger sous la supervision du service des douanes ;

8- De présenter les marchandises intactes et les documents de transit au Bureau des douanes de destination dans le délai prescrit par le Bureau de départ, sauf en cas d'incident ou de perturbation de la circulation sur la voie, en ayant respecté les mesures d'identification prises par le service du transit ;

9- D'établir au début de chaque mois et au plus tard le 05, un listage récapitulatif des manifestes qui ont été présentés au Bureau des douanes de destination au cours du mois précédent. Ce listage doit reprendre au minimum les éléments suivants :

a) Le numéro du manifeste et la date du voyage ;

b) Les numéros des déclarations D15 et/ou D16 (IM8 et IM aujourd'hui) et les numéros des titres de transit ;

c) Pour chaque envoi, le nombre, la nature, les marques et numéros des colis, la désignation des marchandises, leurs poids et le cas échéant, les numéros des conteneurs ;

d) *Numéros des trains et des wagons ainsi que leurs poids.*

10- De présenter ce listage au Bureau de destination qui le vise dans l'immédiat ;

11- De renvoyer le listage visé au Bureau de départ au plus tard le 10 du mois suivant ;

12- De conserver trace de tous les envois sous D15 et D16 dans ses écritures et la tenir à la disposition du service des douanes durant toute la période non-prescrite en application des dispositions de l'article 76 du code des douanes ;

13- De s'acquitter mensuellement auprès des chefs de secteurs territorialement compétents, d'indemnités dont le montant sera déterminé d'accord parties, au titre de travail extralégal prévu par l'Arrêté 316/MINFI du 04 juillet 1994 ;

14- De mettre à la disposition de l'administration, l'État actualisé de ses agents assermentés.

En dehors du souci constant de faciliter le transit, il se dégage de ces engagements, une volonté nette de faciliter et de donner une meilleure traçabilité aux opérations de transit par voie ferrée.

§2- Les engagements de l'administration des douanes

Globalement, les engagements de l'administration des douanes consistent :

1- À s'aligner sur les horaires de travail de CAMRAIL (07h-18h) afin de ne pas perturber le fonctionnement normal des activités de cette entreprise ;

2- À mettre en place un service d'astreinte travaillant 24h sur 24h :

- au port de Douala pour la coordination du Littoral ;
- au bureau secondaire de Belabo pour la coordination de l'EST
- au secteur de Ngaoundéré pour la coordination du Nord.

3- À communiquer mensuellement à CAMRAIL la liste des personnels d'astreinte, leurs coordonnées téléphoniques (bureaux, domiciles, cellulaires) ainsi que leur plan de domicile ;

4- À mettre à la disposition de l'entreprise en temps et en lieu, à première réquisition, au moins deux (02) agents pour des interventions ponctuelles ;

5- À remettre à CAMRAIL, immédiatement après chaque intervention, copie des actes de constatation établis, opposables aux deux parties ;

6- À organiser à la demande de CAMRAIL et sur son financement, des actions de formation à l'intention des agents publics et des personnels de cette société intervenant dans la procédure de transit des marchandises ;

7- À mettre à la disposition de CAMRAIL SA, l'État actualisé des commissionnaires en douane agréés.

Dans le but d'assurer le plein respect des obligations issues de ce protocole, les parties contractantes ont convenu de mettre en place un comité de suivi composé des responsables de l'administration et de CAMRAIL.

Par ailleurs, dans le cadre du partenariat public/privé, l'administration des douanes a mis en place des protocoles d'accord individuels et spécifiques avec certaines entreprises et dont les objectifs varient en fonction de leurs raisons sociales. Il s'agit d'une démarche formelle et structurée de contractualisation des rapports entre la douane et certaines entreprises privées.

Pour matérialiser cette approche sur le plan contractuel, on peut citer à titre indicatif :

- le protocole d'accord entre la direction générale des Douanes et la société Maersk Cameroun du 19 octobre 2001 ;
- le protocole d'accord entre la direction générale des Douanes et la société Guinness du 10 mai 2010 à Yaoundé ;
- le protocole d'accord entre la direction générale des Douanes et la société Fokou Foberd du 14 juillet 2008 ;
- le protocole d'accord entre la direction générale des Douanes et la Société générale de représentation commerciale SARL du 14 juillet 2008 ;
- le protocole d'accord entre la direction générale des Douanes et la société Business Link International du 14 juillet 2008

En outre, la création d'un cadre de concertation et de dialogue permanents avec les entreprises baptisé forum douanes/entreprises complète cette démarche. À la fin de l'année 2009, année de lancement de cette initiative, plusieurs entreprises ont été primées sur la base d'une dizaine de critères dans le cadre de la deuxième édition de la soirée des partenaires de la direction générale des Douanes, le 30 décembre 2009 au club SNEC de Douala[118].

Les développements qui précèdent soulignent à suffisance, l'intérêt de l'administration des douanes et au-delà, celui du gouvernement camerounais, de mettre en place dans cette démarche contractuelle structurée, des instruments juridiques appropriés pour appuyer la facilitation sur la place portuaire de Douala.

Le succès de ces protocoles comme instruments de facilitation dépend de la volonté de toutes les parties contractantes. À cet effet, il est indispensable que chacune d'elle respecte pleinement ses engagements au quotidien et qu'une évaluation périodique de leur application soit menée dans un intervalle de temps assez court pour pouvoir adopter au plus vite des mesures correctives adéquates.

Toutefois, la politique contractuelle présente des limites inhérentes au champ d'action de la Douane qui est le commerce international. À cet égard, le mouvement de la facilitation doit être relayé et amplifié par une législation à vocation mondiale.

---

[118] *Customs and Business Challenge*, n°006 mars 2010, p.17.

CHAPITRE III :

LES INSTRUMENTS JURIDIQUES MULTILATÉRAUX LIÉS À LA FACILITATION

La facilitation est par essence un mouvement mondial marqué par son caractère irrésistible et irréversible. Son impulsion est donnée par le développement propre au commerce à l'échelle planétaire.

En accompagnement de ce mouvement, toutes les administrations douanières du monde à titre individuel ou de façon concertée sous l'égide de l'Organisation mondiale des douanes, de l'Organisation mondiale du commerce et d'autres organisations régionales spécialisées, doivent s'y engager pour être en phase avec toutes les exigences multiples liées à cette évolution.

Dans le cadre du multilatéralisme, le Cameroun fait partie des organisations internationales sus citées et à l'échelle régionale de la CEMAC. Toutes ces organisations poursuivent chacune des objectifs bien spécifiques mais convergents en définitive. L'adhésion de notre pays à ces institutions a conduit à l'adoption des instruments et résolutions édictés par celles-ci dans le but de promouvoir le développement du commerce mondial et régional et l'amélioration du fonctionnement de certaines administrations publiques impliquées dans ce processus.

Ces organismes ont élaboré et adopté des textes visant de façon spécifique à promouvoir la facilitation à travers des instruments juridiques appropriés et qu'il appartient obligatoirement à chaque État membre, à titre individuel, d'incorporer dans son ordre juridique interne et de faire appliquer.

La douane camerounaise s'est approprié l'ensemble de ces instruments juridiques visant à la facilitation des échanges commerciaux et les applique pour la plupart dans ses différentes procédures.

Section I : Les conventions élaborées par l'Organisation mondiale des douanes (OMD)

La facilitation, même si le terme n'était pas consacré à la création de l'OMD, s'appuie essentiellement sur des instruments juridiques plus anciens et à vocation mondiale en ce qui concerne leur champ d'application.

Ce terme facilitation se retrouve notamment dans la convention de Londres de 1965 encore baptisée convention FAL conclue sous l'égide de l'Organisation maritime internationale (OMI)[119] visant à faciliter le trafic maritime international[120].

La douane camerounaise se doit de prendre résolument le train de la facilitation sinon elle pourrait être dépassée par celui-ci et devenir malgré elle un frein à cette dimension essentielle de la mondialisation. Son adaptation à ce contexte devient une nécessité impérative.

L'Organisation mondiale des douanes a élaboré depuis sa création le 26 janvier 1953, un ensemble d'instruments juridiques et mécanismes visant à harmoniser et à simplifier les procédures douanières afin de favoriser et accompagner le développement du commerce mondial en fonction de ses nouvelles exigences nées au fil du temps.

Dans sa démarche de facilitation et de promotion affirmées des échanges commerciaux, l'OMD a élaboré puis fait adopter plusieurs conventions centrées sur cet objectif précis dont il convient de s'appesantir sur les plus saillantes.

§1- La convention sur le Système harmonisé de désignation et codification des marchandises (SH)

Cette convention revêt une importance majeure car elle consacre la mise en place d'une nomenclature unique utilisée dans toutes les administrations des douanes des pays contractants[121]. Le poids numérique et la répartition géographique des parties contractantes renforcent l'intérêt et la valeur de celle-ci.

---

119 OMI : Organisation maritime internationale.

120 La convention FAL de 1965 toujours en application, bien qu'ayant fait l'objet de plusieurs révisions, vise à faciliter les voyages et les transports maritimes à travers la mise en place des modèles de formulaires normalisés destinés aux formalités déclaratives à remplir par les navires à l'entrée ou à la sortie d'un port. On peut mentionner à juste titre le formulaire de déclaration de cargaison. Par ailleurs, cette convention préconisait déjà dans son texte initial la création de comités nationaux ou locaux de facilitation propres à chaque État pour l'élaboration des mesures spécifiques à cette question.

121 Le nombre actuel des pays contractants géographiquement répartis sur tous les continents est de 176.

Le concept de nomenclature traduit l'adoption d'appellations et de noms communs pour désigner une ou plusieurs marchandises reconnues comme telles par toutes les parties contractantes dans le cadre d'un document unique de référence.

Le SH, véritable langage du commerce international est une base essentielle du tarif douanier. Il permet de disposer partout dans le monde d'un seul et même code de désignation pour une même marchandise et contribue ainsi à l'harmonisation des régimes douaniers et des procédures commerciales et douanières. C'est un instrument de facilitation des échanges commerciaux, par excellence, à portée mondiale car plus de 98% des marchandises échangées[122] à travers la planète sont classées en fonction de la nomenclature du SH.

A- Sens et portée de cette convention

La convention sur le Système harmonisé de désignation et de codification des marchandises a été adoptée en 1983 à Bruxelles à l'initiative de l'organe exécutif de l'OMD et est entrée en vigueur en 1988. Elle a pour vocation essentielle la facilitation du commerce mondial.

Le SH est une nomenclature polyvalente de marchandises, utilisée comme base pour déterminer les tarifs douaniers et pour établir des statistiques commerciales internationales. Il comprend 5000 groupes de marchandises identifiées chacune par un code à 6 chiffres et classées suivant une structure légale et logique. Ce système repose sur des règles bien déterminées qui permettent d'obtenir un classement uniforme des marchandises avec obligation de le mentionner dans toutes les factures commerciales et autres pièces liées à une transaction donnée.

À titre de rappel, il convient de souligner que cette convention a pris le relais d'une autre plus ancienne, la nomenclature de Bruxelles baptisée sous le nom NCCD, et devenue inadaptée au fil du temps à cause du développement fulgurant du commerce mondial marqué par l'apparition de nombreuses innovations technologiques.

La Convention du Système harmonisé de désignation et de codification des marchandises est par excellence un instrument de facilitation du commerce international, car il évite aux déclarants et

[122] Ce chiffre est extrait du site web de l'Organisation mondiale des douanes dans la rubrique « Publications de l'OMD sur les mises à jour du SH ».

commissionnaires en douane une perte de temps liée à la recherche de la position tarifaire adéquate d'un produit.

Dans le contexte du SH, cette position tarifaire ou tout au moins ses 6 premiers chiffres figurent généralement tant dans la déclaration en douane à l'exportation que dans la facture commerciale et les autres documents d'accompagnement.

B- Les mises à jour du système harmonisé

La nomenclature du SH est caractérisée par sa souplesse et sa capacité d'adaptation avec l'intégration facile dans sa structure de nouveaux produits technologiques.

Le commerce international est marqué par une dynamique irrésistible de développement d'innovations technologiques et commerciales auxquelles il faut trouver une classification douanière.

Cette opération est rendue possible par le moyen des mises à jour au tarif qui constituent son actualisation formelle dans le cadre d'une nouvelle édition au bout d'une période bien donnée par la direction des questions tarifaires et commerciales de l'OMD dans le cadre d'une session *ad hoc*.

Ces mises à jour qui intègrent la totalité des nouveaux produits commerciaux dans le corpus même du SH de façon officielle par l'OMD, permettent à celui-ci de n'être pas en déphasage avec cette évolution et de la suivre progressivement sans créer une sorte de vide juridique. En effet, le recours au classement provisoire doit rester une solution d'attente de la validation ou de l'infirmation de celle-ci

L'adoption formelle de ces mises à jour par l'OMD les rend opposables aux États membres et leur confère la force juridique appropriée. Mais sur ce plan, force est de regretter la faible vulgarisation en Afrique des dernières versions.

Il appartient à l'administration des douanes de s'abonner à titre individuel ou de renouveler avec rigueur son abonnement aux mises à jour du SH et de les mettre à la disposition du personnel surtout celui relevant des services de la vérification et de la liquidation. Car, il s'agit d'instruments de travail de première importance dans le classement des marchandises et susceptibles d'influencer le niveau de liquidation des droits et taxes. En effet, une étroite corrélation peut être établie entre le classement des marchandises et le niveau de liquidation des droits et taxes y relatif.

Cet abonnement devrait également s'étendre aux avis de classement et au recueil y relatif concernant les produits ayant des caractères essentiels contradictoires rendant difficile leur classement.

Enfin, il importe de veiller à ce que ces mises à jour soient introduites dans le système SYDONIA pour être prises en compte et être opérationnelles immédiatement. Il convient d'éviter les inadéquations entre le tarif des douanes dans sa version manuscrite et le tarif des douanes dans sa version électronique telle qu'elle existe dans le système SYDONIA. À cet effet, toutes les mises à jour doivent être transposées dans ces deux versions du tarif par l'adjonction des positions nouvelles relatives aux nouveaux produits commerciaux ou par l'éclatement de positions tarifaires existantes.

Cette opération indispensable doit être menée dès l'officialisation ou la notification des mises à jour à chaque partie contractante à titre individuel ou à titre collectif dans le cadre d'une organisation économique à vocation régionale comme la CEMAC s'agissant du Cameroun.

La dynamique qui caractérise le commerce mondial donne à constater que le tarif issu de la convention du SH est rendu aujourd'hui à sa 5e édition[123].

§2- La convention internationale sur la simplification et l'harmonisation des régimes douaniers

Cette convention encore appelée, convention de Kyoto a été adoptée en 1974 puis révisée en 1999. Elle constitue la pièce maîtresse du dispositif international en matière de facilitation des échanges commerciaux dans le monde et l'instrument juridique de référence dans l'harmonisation et la simplification des régimes douaniers et des procédures y relatives.

Sa version révisée, entrée en vigueur le 03 février 2006, se caractérise par l'aménagement de sa structure en annexes autonomes, souples et complémentaires pour susciter l'adhésion du plus grand nombre possible d'administrations douanières. En effet, seule une adhésion massive peut

[123] La première édition du SH date de 1988, la deuxième de 1996, la troisième de 2002, la quatrième de 2007 et la dernière édition déjà disponible, est prévue pour 2012.

lui conférer une dimension véritablement mondiale et renforcer sa portée. Actuellement, plus de 150 pays ont adhéré à cette convention qui constitue le fondement des procédures douanières modernes et du 21e siècle.

A- Les objectifs de la convention révisée de Kyoto

La révision de la version originelle de la convention de Kyoto répond au souci de l'adapter à l'évolution du commerce international notamment aux contraintes y relatives.

En effet, les administrations des douanes jouent un rôle primordial dans le développement des échanges internationaux et du marché mondial. À ce titre, il leur appartient d'impulser la facilitation des échanges légitimes et en même temps d'assurer la sécurité face aux menaces que constituent le terrorisme, la criminalité transfrontalière organisée et la fraude commerciale. Ce rôle nécessite la mise en place de régimes douaniers susceptibles d'influencer et de faire progresser de manière significative la compétitivité économique en favorisant la promotion des échanges internationaux dans un environnement commercial plus sûr.

Dans le préambule de cette version révisée, il est mentionné expressément : « *Il est inacceptable que les procédures et les régimes douaniers soient utilisés comme des obstacles aux échanges internationaux et à la croissance mondiale, ou qu'ils soient perçus comme tels* ».

Globalement, la convention de Kyoto révisée vise à favoriser la facilitation des échanges à travers un ensemble de règles harmonieuses et de régimes douaniers simples, efficaces et prévisibles. Elle préconise l'usage généralisé des technologies de l'information et de la communication d'une part, et des techniques d'inspection des marchandises non-intrusives, d'autre part.

Cette convention révisée apparaît comme le fondement des procédures douanières modernes et efficaces du 21e siècle.

B- Le contenu de la convention révisée

Au nombre des matières et préoccupations majeures couvertes par cette convention, il y a lieu de citer à titre indicatif les grandes articulations ci-après :

- les formalités de dédouanement ;

- la liquidation des droits et taxes, le paiement différé et le remboursement des droits et taxes ;
- les contrôles douaniers ;
- l'application des technologies de l'information ;
- les relations entre la douane et les tiers ;
- les renseignements et décisions communiqués par la douane ;
- l'importation, notamment la mise à la consommation et la réimportation ;
- l'exportation et les entrepôts de douane ;
- l'admission temporaire ;
- les régimes de transformation notamment le perfectionnement actif et passif.

Le contenu de cette convention se ramène de façon synthétique à la transparence et la prévisibilité des contrôles douaniers, à la normalisation et la simplification des déclarations des marchandises et des pièces justificatives correspondantes, aux procédures simplifiées et à l'utilisation maximale des technologies de l'information et au partenariat douane-entreprise.

Sur le plan de sa structure, en dehors du corps de la convention concernant les modalités d'adoption et de gestion, elle s'article autour d'une annexe générale[124] et des annexes spécifiques qui édictent au total six cents normes. Le corps de la convention et l'annexe générale représentent un contrat minimal de par leur caractère obligatoire pour les parties contractantes. Il est essentiel de garantir l'harmonisation dans les pays qui adhèrent à la convention, sachant toutefois que toute partie contractante a le choix d'accepter telle ou telle annexe spécifique, ou tel chapitre.

Cette latitude permet à chaque partie contractante de moduler ses engagements et de prendre en compte les spécificités propres à chaque administration sans perdre de vue l'objectif final qui est une adhésion totale et définitive à l'ensemble de la convention.

---

[124] L'annexe générale de la convention de Kyoto révisée comporte 10 chapitres et les annexes spécifiques 10 chapitres. À titre d'exemple, l'annexe A traite de l'arrivée des marchandises sur le territoire douanier et des formalités antérieures au dépôt de la déclaration en douane. L'annexe E concerne le transit et l'annexe F les régimes de transformation notamment le perfectionnement actif et le perfectionnement passif.

Seule l'application coordonnée et simultanée de cette convention par l'ensemble des parties contractantes contribuera certainement à en faire un vecteur essentiel de facilitation des échanges commerciaux.

§3- La convention d'Istanbul sur l'admission temporaire

Cette convention est le cadre juridique international de référence du régime de l'admission temporaire des marchandises. Il s'agit du régime sous lequel est placée une frange très importante de marchandises en circulation dans le monde et particulièrement les conteneurs.

Son intérêt se trouve renforcé en tant qu'instrument de facilitation du commerce international car le conteneur est devenu le véhicule par excellence du commerce mondial. En effet, chaque année, plus de 250 millions de conteneurs[125] circulent à travers la planète.

A- Objectifs et champ d'application

Cette convention a été conclue le 26 juin 1990 à Istanbul en Turquie. Ses objectifs sont énoncés dans son préambule. Ils participent pour l'essentiel du souci d'uniformiser et de fusionner toutes les conventions douanières internationales en matière d'admission temporaire.

À cet égard, les parties contractantes constatant que la multiplication et la dispersion des conventions relatives à cette matière n'étaient pas satisfaisantes, ont convenu d'engager une démarche globale de simplification et d'harmonisation des régimes douaniers par l'adoption d'un instrument juridique international unique.

Toutes les parties contractantes sont habitées par la conviction qu'un instrument international proposant des dispositions uniformes en matière d'admission temporaire peut apporter des avantages substantiels aux échanges internationaux en vue d'assurer un plus haut degré de simplification et d'harmonisation des régimes douaniers.

Ce souci transparaît dans le large éventail des matières que cette convention a vocation à régir dans ses 34 articles et ses 05 annexes qui, dans le cas d'espèce, font partie intégrante du corps de celle-ci.

Cette convention couvre notamment :

---

[125] Ce chiffre est donné par l'OMD dans les statistiques du commerce international sur son site Web.

- les marchandises destinées à être présentées ou utilisées à une foire, un congrès ou manifestation similaire ;

- le matériel professionnel de presse, de radiodiffusion et de télévision et le matériel cinématographique ;

- le matériel importé dans le cadre d'une opération de production cinématographique ;

- les marchandises importées dans un but éducatif, scientifique ou culturel ;

- les effets personnels des voyageurs et marchandises importées dans un but sportif ;

- le matériel de propagande touristique ;

- les marchandises importées en trafic frontalier ;

- les marchandises importées dans un but humanitaire ;

- les moyens de transport ;

- les animaux notamment ceux présentés dans les cirques.

Toutefois, l'annexe B3 relative aux conteneurs et autres marchandises importées dans le cadre d'une opération commerciale semble la plus importante de toutes. Cette importance se justifie par le nombre élevé de conteneurs qui circulent à travers le monde chaque année et par le fait que le conteneur est devenu le meilleur moyen de conditionnement et de transport des marchandises dans le trafic maritime international. Il a contribué significativement à lui donner une croissance exponentielle en peu de temps.

En effet, comme déjà indiqué plus haut, plus de 250 millions de conteneurs circulent à travers le monde. Selon les dispositions de l'article premier de cette convention (annexe B3), le conteneur est un engin de transport (cadre, citerne amovible ou autre engin analogue) :

1- Constituant un compartiment totalement ou partiellement clos, destiné à contenir des marchandises ;

2- Ayant un caractère permanent et étant de ce fait suffisamment résistant pour permettre son usage répété ;

3- Spécialement conçu pour faciliter le transport des marchandises, sans rupture de charge, par un ou plusieurs modes de transport ;

4- Conçu de manière à être aisément manipulé, notamment lors de son transbordement d'un mode de transport à un autre ;

5- Conçu de façon à être facile à remplir et à vider, et d'un volume intérieur d'au moins un mètre cube.

Selon cet article, le terme conteneur comprend également les accessoires et équipements du conteneur selon sa catégorie, à condition qu'ils soient présentés, transportés avec le conteneur.

Ce mode combiné de conditionnement et de transport des marchandises a permis de réduire le nombre de dockers et d'abréger les escales des navires dans les ports.

Pour les expéditeurs et les destinataires, la conteneurisation a permis de réduire les risques de vol et de détérioration des marchandises du fait de leur manipulation dans le cadre des opérations de débarquement ou d'arrimage répétés de la cargaison.

Les conteneurs sont faciles à utiliser à cause de leur diversité, de leur mode de fermeture et de scellement. Il existe des conteneurs pour marchandises solides, réfrigérées, liquides (citernes) et à toit ouvert.

Tous ces avantages renforcent leur usage et soulignent le caractère stratégique de cette convention plus spécifiquement de cette annexe.

Dans le prolongement de cette convention, une autre élaborée sous les auspices de l'Organisation des nations unies (ONU) et régissant également la libre circulation des conteneurs a été adoptée le 21 janvier 1994 à Genève. Cette Convention à forte connotation douanière, porte le nom de **Convention relative au régime douanier des conteneurs utilisés en transport maritime dans le cadre d'un pool.**

Dans son objectif, cette convention vise à faciliter l'utilisation en commun des conteneurs par les membres d'un pool, sur la base de la compensation à l'équivalent et définit les règles de fonctionnement de ce mécanisme.

Globalement, chaque partie contractante s'engage à admettre les conteneurs explicitement visés à l'article 3 de la convention, en franchise des droits et taxes à l'importation, sans prohibition, ni restriction d'importation de caractère économique et sans limitation en trafic interne et sans exiger, lors de leur importation et de leur exportation, la production de documents douaniers et la constitution d'une garantie.

S'agissant des conteneurs, on peut mentionner à titre indicatif, la **convention internationale sur la sécurité des conteneurs** conclue à Genève le 02 décembre 1972 et la convention plus globale de 1965 amendée le 11 janvier 1996 dénommée **convention visant à faciliter le trafic maritime international** encore appelée **convention FAL.**

§4- La convention de Nairobi sur l'Assistance mutuelle administrative (AMI)

Sous l'égide de l'OMD, la convention internationale d'assistance mutuelle administrative en vue de prévenir, rechercher et réprimer les infractions douanières, a été adoptée à Nairobi le 09 juin 1977. Cette convention est généralement désignée sous le sigle contracté « AMI », Assistance mutuelle internationale.

Dans le cadre de cette convention qui comporte 23 articles et 11 annexes, les parties contractantes s'engagent à se porter mutuellement assistance dans la lutte contre les infractions à la législation douanière qui portent préjudice aux intérêts économiques, sociaux et fiscaux des États ainsi qu'aux intérêts légitimes du commerce.

Cette convention met en place un cadre institutionnel et des mécanismes appropriés d'échanges d'informations sur la fraude et la contrebande entre les administrations des douanes des pays contractants.

Le champ de cette assistance est très large et couvre à titre principal :

- l'assistance spontanée ;
- l'assistance sur demande en matière de détermination des droits et taxes à l'importation ou à l'exportation ;
- l'assistance sur demande en matière de surveillance ;
- l'assistance sur demande en matière de contrôle ;
- la centralisation des renseignements notamment l'institution d'un fichier central concernant les informations et renseignements sur les fraudes douanières qui présentent un intérêt international ;
- l'assistance en matière de lutte contre la contrebande de stupéfiants et de substances psychotropes ;
- l'assistance en matière de lutte contre la contrebande d'objets d'art et d'antiquité et d'autres biens culturels.

Toutefois, cette convention est assortie de certaines mesures de sauvegarde qui peuvent ruiner son intérêt et son efficacité à cause de leur champ quasi illimité et de la libre et souveraine appréciation de chaque partie contractante. L'article 3 de cette convention en donne la parfaite illustration car il dispose à cet égard que « *lorsqu'une partie contractante estime que l'assistance qui lui est demandée serait de nature à porter atteinte à sa souveraineté, à sa sécurité ou à ses autres intérêts essentiels, ou encore à porter préjudice aux intérêts légitimes des entreprises publiques ou privées, elle peut refuser de l'accorder ou de ne l'accorder que sous réserve qu'il soit satisfait à certaines conditions ou exigences* ».

Cette convention a fait l'objet d'une révision le 27 juin 2003 à Bruxelles, révision allant dans le sens de son actualisation pour une plus grande efficacité.

En dehors des conventions sus-déclinées et analysées, l'Organisation mondiale des douanes a élaboré, à son initiative propre, d'autres instruments juridiques moins contraignants spécifiques à la facilitation. D'autres instruments juridiques sur lesquels il n'est pas prématuré de s'appesantir, sont en cours d'élaboration dans le cadre de la coopération OMD-OMC.

§5- Le cadre SAFE des normes de l'OMD

À la session annuelle du conseil de juin 2005, les directeurs généraux des douanes des pays membres de l'OMD ont adopté à l'unanimité un instrument international unique, sous l'appellation de cadre SAFE des normes de l'OMD.

Le cadre des normes SAFE a pour vocation essentielle la sécurisation et la facilitation du commerce mondial. Cependant, l'adhésion au cadre des normes SAFE est volontaire et libre.

Les objectifs et principes du cadre SAFE sont textuellement les suivants :

- *établir des normes qui assurent la facilitation et la sécurité de la chaîne logistique à l'échelon mondial en vue de promouvoir certitude et prévisibilité ;*
- *rendre possible une gestion intégrée de la chaîne logistique pour tous les modes de transport ;*
- *renforcer le rôle, les fonctions et les capacités de la Douane à relever les défis et à tirer parti des opportunités du 21e siècle ;*
- *renforcer la coopération entre les administrations des Douanes afin d'améliorer leur capacité à déceler les envois à haut risque ;*
- *renforcer la coopération Douane-entreprises ;*
- *promouvoir la circulation ininterrompue des marchandises le long des chaînes logistiques internationales sécurisées.*

Le corps des normes du cadre SAFE s'articule autour de quatre éléments clés. En premier lieu, le cadre SAFE détermine de façon harmonisée les renseignements préalables de la déclaration de chargement qui doivent être transmis par voie électronique pour les envois à l'arrivée, au départ ou en transit.

En deuxième lieu, tout pays qui adhère au cadre SAFE s'engage à appliquer une démarche cohérente en matière de gestion des risques afin de lutter contre les menaces en matière de sécurité.

En troisième lieu, le cadre SAFE exige que, sur demande raisonnable de la nation destinataire fondée sur une méthodologie comparable de ciblage des risques, l'administration des douanes de la nation expéditrice effectue une inspection au départ des conteneurs et du fret à haut risque en utilisant de préférence du matériel de détection non-intrusif tels que des machines à rayon X de grande capacité et des détecteurs de rayonnements.

En quatrième lieu, le cadre SAFE définit les avantages que la douane offrira aux entreprises qui appliquent les pratiques conseillées et respectent les normes minimales en matière de sécurité de la chaîne logistique.

Il est important de préciser que ce cadre SAFE a été adopté sous la forme d'une résolution. Il convient de relever explicitement que la norme 6 du pilier douane-entreprise qui prône le partenariat est consacrée totalement à la facilitation.

Cette préoccupation majeure est au centre du cycle de Doha entre l'OMD et l'OMC dans le cadre d'une coopération fructueuse qui vise à élaborer un instrument juridique commun pour appuyer la facilitation des échanges internationaux.

§6- Le projet de convention du cycle de Doha sur la facilitation des échanges : la coopération OMD-OMC

L'Organisation mondiale du commerce et l'Organisation mondiale des Douanes négocient actuellement dans le cadre du cycle de Doha, une convention spécifique sur la facilitation des échanges. Ce projet de coopération en vue de l'élaboration d'un accord commun sur cette question illustre à suffisance les multiples facettes du commerce international.

Ce caractère multidimensionnel du commerce international rend difficile l'élaboration des règles de son développement par une seule organisation internationale. La coopération entre les organisations internationales ayant pour vocation la promotion du commerce international, de l'économie mondialisée et d'un système financier multilatéral, est plus que nécessaire pour démanteler toutes les multiples entraves à cet objectif commun.

Cette coopération doit également s'orienter vers le développement d'un véritable cadre de concertation formel avec une organisation comme la Chambre de commerce internationale (CCI).

En effet, cette institution plus ancienne que toutes les organisations sus citées a jeté, dès 1936, les premiers jalons de la facilitation du commerce mondial à travers l'élaboration des Incoterms[126], véritables supports commerciaux et juridiques de toutes les transactions dans les échanges planétaires.

Les incoterms définissent notamment les conditions de transport, d'assurances, le lieu de transfert des risques et de propriété des marchandises ou de leur livraison dans le cadre d'un contrat entre le vendeur et l'acheteur.

Ces supports juridiques des transactions liées au commerce international épousent le caractère dynamique de celui-ci. Depuis la version initiale de 1936, il y a en eu 4 autres. La dernière version de 2000 va céder la place à celle de 2011 qui sera applicable à partir du 1er janvier de cette année citée[127].

L'importance douanière des incoterms résulte du fait qu'ils constituent le socle des éléments de taxation de toute déclaration en douane à savoir la valeur FOB des marchandises, le fret et l'assurance. Ces éléments doivent être mentionnés sur toutes les déclarations douanières à travers le monde dans un segment spécifique et obligatoire qui précise le type d'Incoterm.

---

[126] Incoterms est un sigle issu de la contraction des mots anglais, International Commercial Terms qui définissent les responsabilités et les obligations d'un vendeur et d'un acheteur dans le cadre de contrats de commerce internationaux.

[127] La version nouvelle incoterms s'articule autour de 13 sigles de 3 lettres (EXW, FCA, FAS, FOB, CFR, CIF, CPT, DAF, DES, DEQ, DDU et DDP), vise à mieux répondre aux besoins des acteurs du commerce international et s'analyse comme le fruit d'une coopération fructueuse entre tous les organisations et organismes directement impliqués dans le commerce mondial.

D'autres conventions plus spécifiques conclues sous l'égide de certaines organisations internationales plus spécialisées complètent le dispositif juridique international de facilitation.

Section II : Les conventions élaborées par l'Organisation mondiale du commerce (OMC)

Les conventions élaborées ou en cours d'élaboration sous l'égide de l'OMC sont nombreuses. Compte tenu de leur incidence douanière importante, seuls les Accords de Marrakech méritent un examen plus approfondi.

§1- Les accords de Marrakech et l'avènement de l'Organisation mondiale du commerce (OMC)

Les accords de Marrakech de 1994 qui ont vu l'avènement de l'OMC occupent une place centrale dans le dispositif de facilitation du commerce mondial à cause du champ très large des questions qu'ils couvrent. Ces accords marquent la conclusion du cycle de l'Uruguay Round et consacrent l'OMC dont la gestation a été longue et difficile, comme un instrument essentiel de régulation du commerce international.

Depuis la fin de la Seconde Guerre mondiale, tous les membres des Nations Unies n'avaient pu mettre en place que les seules règles du GATT (General Agreement on Tariffs and Trade) pour réglementer les échanges commerciaux internationaux. Ils n'avaient pas jusque-là réussi à créer une véritable organisation internationale relevant du système des Nations Unies et spécialement consacrée au commerce. La dislocation de L'URSS a certainement joué un rôle d'accélérateur dans ce processus.

À l'évidence, les 134 États membres actuels de cette organisation lui donnent un poids considérable. Par ailleurs, le nombre important des demandes d'adhésion, souligne son rôle de régulateur du commerce international tout comme les autres instruments juridiques et protocoles en cours d'élaboration ou d'adoption.

Si le champ des accords de Marrakech est grand, il reste cependant plus important de mettre l'accent sur ceux qui ont une forte incidence douanière notamment l'annexe 6 sur l'évaluation des marchandises en douane.

A- L'étendue globale des Accords

À titre indicatif, il convient de faire l'économie des principales matières qui donnent à ces accords une place angulaire dans le commerce mondial. Ces accords et décisions sont au nombre de 60 environ et représentent 550 pages au total.

En dehors de l'acte final qui constitue l'ossature même de l'accord, il convient de mentionner les annexes sur le commerce des marchandises (annexe 1 A), le commerce des services (annexe 1B), la propriété intellectuelle (annexe 1 C), le règlement des différends (annexe 2), le mécanisme d'examen des politiques commerciales (annexe 3), les accords plurilatéraux (annexe 4 comportant 04 annexes spécifiques) et les listes d'engagements.

Ces accords concernent globalement s'agissant de l'accord de l'annexe 1 A :

- la lutte contre le dumping ;
- la limitation des subventions et des mesures compensatoires ;
- la protection contre les importations en cas d'urgence (sauvegardes) ;
- les normes et réglementations techniques ;
- les licences d'importation ;
- l'évaluation des marchandises en douane ;
- l'inspection des marchandises avant expédition ;
- l'origine (règles) ;
- les mesures concernant les investissements.

Toutefois, notre intérêt dans ces accords sera centré sur l'annexe 1A relative à l'évaluation en douane.

B- L'accord sur l'évaluation en douane : la valeur transactionnelle

L'annexe 1A des accords de Marrakech met en place un mécanisme d'évaluation des marchandises fondé sur des règles communes et équitables visant à éviter toute discrimination qui pourrait entraver les importations ou les exportations d'un pays à destination d'un autre. Ce mode d'évaluation nouveau des marchandises revêt l'appellation de valeur transactionnelle. Il vient remplacer le mode d'évaluation dit

« *définition de la Valeur de Bruxelles* » de 1950 (DVB) basée sur la notion de prix normal et jugé peu dynamique.

Selon les dispositions de cet accord, l'évaluation en douane doit, excepté dans certaines circonstances bien définies, se fonder sur le prix effectif des marchandises à évaluer, prix qui figure sur la facture. Toutefois, ce prix peut donner lieu à des ajustements éventuels pour tenir compte de certains éléments propres à la transaction réelle. Il s'agit de la *valeur transactionnelle* qui constitue la base première et principale de détermination de la valeur en douane dans le cadre de l'accord.

Lorsqu'il n'existe pas de valeur transactionnelle ou que la valeur transactionnelle n'est pas acceptable en tant que valeur en douane parce que le prix a été faussé à la suite de certaines circonstances, l'accord prévoit cinq (05) autres méthodes d'évaluation qui doivent être appliquées dans l'ordre hiérarchique prescrit.

De façon synthétique la première méthode de la valeur transactionnelle repose sur le prix effectivement payé ou à payer après ajustements tels que prévus à l'article 8 desdits accords. Cette règle s'applique non seulement aux transactions entre parties non liées, mais aussi aux transactions entre parties liées.

À titre indicatif, les autres méthodes complémentaires et à appliquer dans un ordre strict sont :

- la valeur transactionnelle des marchandises identiques (méthode n°2) ;
- la valeur transactionnelle des marchandises similaires (méthode n°3) ;
- la méthode déductive (méthode n°4) ;
- la valeur calculée (méthode n°5) ;
- la méthode du dernier recours (méthode n°6).

Toutefois, l'ordre d'utilisation des méthodes 4 et 5 peut être interverti à la demande de l'importateur.

Il est indispensable, en appui à l'application des méthodes 2 et 3, de mettre en place un *Fichier de la Valeur* dans tous les bureaux de douane. En effet, ces méthodes sont fondées sur des comparaisons qui font ressortir notamment le niveau commercial de la transaction de référence, l'identité ou la similarité des marchandises, le pays d'origine et surtout le délai de 90 jours.

L'exigence de l'actualisation de ce fichier est de ce fait incontournable. Car le délai de 90 jours est essentiellement dynamique et se définit par rapport à la date de la dernière déclaration en détail qui sert de référence aux termes de la comparaison. Il importe donc de définir une période d'actualisation de ce fichier qui pourrait être le trimestre. De même, il faudra affecter à plein temps un personnel à cette tâche et mettre à sa disposition tous les outils nécessaires.

En définitive, seule l'application simultanée et générale de cet accord par l'ensemble des parties contractantes peut en faire un instrument juridique international de facilitation du commerce mondial.

C- Les implications de l'accord sur la valeur transactionnelle

L'objectif fondamental de l'accord est de protéger les intérêts des consommateurs en exigeant que la Douane accepte de retenir le prix effectivement payé par l'importateur dans la transaction concernée pour déterminer la valeur en douane. Cette acceptation vaut pour toutes les transactions, qu'elles se fassent entre parties liées ou non liées.

L'accord tient compte du fait que les prix obtenus par différents importateurs pour un même produit peuvent varier. À cet effet, le simple fait qu'un importateur ait obtenu un prix inférieur à celui payé par d'autres importateurs pour le même produit ne peut motiver le refus de la valeur transactionnelle.

Le refus de la valeur transactionnelle doit être fondé sur le doute de la véracité ou de l'exactitude du prix déclaré. Dans ce cas, la douane doit donner aux importateurs la possibilité de justifier leur prix et si cette justification n'est pas acceptée, de leur donner les raisons pour lesquelles elle refuse la valeur transactionnelle.

En cas de litige sur la valeur, l'accord donne le droit à l'importateur d'enlever ses marchandises contre la garantie d'une caution ou dépôt couvrant les droits et taxes dont les marchandises sont passibles. Ceci en attendant le règlement ultérieur de ce litige

Par ailleurs, la valeur transactionnelle se veut une valeur dynamique, concurrentielle et évolutive. Cette réalité est consacrée par le fait qu'elle s'exprime généralement dans la devise de référence de la transaction commerciale et au cours du jour d'enregistrement de la déclaration en détail[128]. En effet, les cours des principales devises utilisées dans le commerce international subissent des fluctuations dont il faut tenir compte dans la détermination définitive de la valeur à déclarer en douane. À cet égard, force est de constater que « *le dollar demeure la principale monnaie internationale* [...] *C'est ainsi que 47,6 % du commerce international est libellé en dollars contre 15,3% en deutschemark, 4,8 % en yen japonais et 18,2 % en d'autres monnaies européennes dont la livre sterling, le franc français, le florin hollandais et l'ECU. En d'autres termes, le dollar couvre 47,6 % du commerce mondial contre 33,5 % pour les monnaies européennes 4,8 % pour le yen japonais et 14,1 % pour les autres* »[129]. L'avènement de l'euro n'a pas significativement bouleversé cette situation de dominance du dollar américain au-delà de l'âpreté des batailles entre les monnaies[130].

Par conséquent, cela implique un problème de conversion monétaire entre la devise de la transaction visée et sa contre-valeur en F CFA au jour d'enregistrement de la déclaration en détail. Cette actualisation de la parité est indispensable pour la détermination d'une valeur imposable plus réelle et gage de la juste liquidation des droits et taxes y relatifs car toutes les importations, sauf clause exceptionnelle, sont libellées en devises étrangères.

D- Les dérogations à l'application de la valeur transactionnelle issues des accords de Marrakech

Ces dérogations participent de la sauvegarde de l'économie nationale et des industries de chaque État signataire desdits accords. Selon le principe qui en résulte un membre pourra appliquer une mesure de sauvegarde à l'égard d'un produit si celui-ci est importé sur son territoire

[128] Sur un plan interne à la douane camerounaise, le directeur général des Douanes, eu égard à cette fluctuation monétaire et son incidence sur la valeur imposable des marchandises, prend mensuellement une note de service qui fixe le cours légal des différentes devises par rapport au franc CFA. La parité ainsi fixée dans cette note est opposable aussi bien au service qu'aux usagers.

[129] Jean KUETE, *Le Franc CFA face à l'Euro*, Éditions Saagraph, Yaoundé, décembre 1998, p.160.

[130] Aujourd'hui dans le monde, il existe une grande bataille entre le dollar américain et l'euro d'une part, et le dollar américain et le yuan (monnaie chinoise) d'autre part. S'agissant de « la guerre » entre le yuan et le dollar américain, la Banque centrale américaine (Federal Reserve) estime que le yuan est sous-évalué et que cette situation favorise la compétitivité des exportations chinoises.

en quantités tellement accrues par rapport à la production nationale et à des conditions qu'il cause ou menace de causer un dommage grave à la production nationale de produits similaires ou directement concurrents.

À cet effet, l'annexe III, alinéa 2, stipule que « *les pays en développement qui évaluent les marchandises sur la base de valeurs minimales officiellement établies pourraient souhaiter faire une réserve qui leur permette de conserver ces valeurs sur une base limitée et à titre transitoire suivant les modalités et à des conditions convenues par les membres* ».

Plus loin, il est indiqué que si les pays en développement formulent une telle réserve, les membres y consentiront au titre de l'article 21 de l'accord.

Les dérogations au Cameroun sont consacrées par les différentes mercuriales, valeurs de référence, valeurs minimales et minimum de perception mises en place par plusieurs notes de services.

Toutefois, il est nécessaire de s'attarder sur la mercuriale[131] relative au champagne et au whisky. L'analyse de son application au fil du temps donne à constater qu'elle est contre productive. En effet, l'évaluation des déclarations en douane concernant ces produits dans leur nombre et leurs valeurs imposables le prouve à suffisance.

Le nombre de ces déclarations est faible tout comme leurs valeurs imposables déclarées au terme d'une année alors que les statistiques d'exportation de ces produits au départ de la France pour considérer ce seul pays, indiquent une tendance haussière et progressive s'agissant du champagne. Car plus de 98 % de champagne[132] importé au Cameroun a pour origine la France.

Les chiffres repris dans les développements précédents consacrés au scanner sont très éloquents à cet égard. Le Cameroun était le premier pays importateur du champagne en Afrique en 2000, 2001 et 2002. Pourtant les recettes douanières collectées sur ce nectar pétillant sont

---

[131] Cette mercuriale a été instituée par la décision n° 659/CF/MINEFI/ CAB du 29 décembre 2004 fixant des valeurs imposables minimales pour la taxation des boissons alcoolisées. À titre d'exemple, d'après ce texte, la valeur imposable minimale du champagne (Moêt, Laurent Perrier, De la Roche, Trouillard, etc. 10 00 F CFA pour la bouteille de 75 cl). S'agissant du whisky, la valeur imposable minimale est de 35 000 F CFA pour le carton de White Horse, Haig, Passport, Clan Campbell, Sir, Edouard, etc.

[132] Ce chiffre est une synthèse de l'analyse des déclarations en douane extraites de SYDONIA relatives au champagne sur la période 2007-2009.

faibles et dérisoires et sans aucun rapport avec le volume de ce produit importé.

L'instauration d'une mercuriale sur le champagne favorise le développement d'un important courant de fraude et de contrebande sur ce produit compte tenu de la surveillance quasi inexistante ou intermittente du plan d'eau.

La pratique de cette mercuriale spécifique doit être évaluée et repensée. Il faut soumettre le champagne à la valeur transactionnelle pour lui donner plus de visibilité sur les déclarations en douane et réduire par cet acte les enjeux et gains tirés ou à tirer sur d'éventuelles opérations de fraude ou de contrebande. La récente mesure d'estampillage du champagne déjà mentionnée plus loin pourrait permettre de lui donner une meilleure traçabilité légale.

En accompagnement d'une telle mesure, le traitement des déclarations en détail afférentes au champagne au niveau des bureaux principaux devrait faire l'objet d'une vigilance accrue et d'un encadrement strict de la part de la hiérarchie immédiate.

Cette mesure envisagée permettrait à ce produit et à bien d'autres de sortir du maquis fiscal pour être pleinement déclaré. Les droits et taxes recouvrés à ce poste s'en trouveraient améliorés car leur niveau n'a cessé de régresser depuis l'instauration de la mercuriale.

Il est souhaitable que l'État profite davantage au plan fiscal de notre « bon » classement dans le tableau des premiers importateurs de champagne en Afrique.

Dans le même registre, force est de constater que, depuis l'instauration récente d'une mercuriale[133] sur les huiles végétales importées, celles-ci ont connu une chute drastique aussi bien dans leurs quantités qu'au niveau des droits et taxes collectés. Entre les mois d'avril et septembre 2010, ces recettes ont enregistré un manque à gagner de plus de 5 milliards de F CFA sur cette période[134].

---

[133] Cette mercuriale a été instituée par la décision n° 488/MINFI/DGD du 27 mars 2009 fixant le prix de référence pour la taxation des huiles végétales importées au Cameroun. Globalement sous réserve de la nature de l'huile végétale considérée (huile de soja, huile d'arachide, huile de palme raffinée, huile de coton, etc.), le prix est de 1500 F CFA le kilogramme.

[134] Synthèse de l'analyse des statistiques de SYDONIA pour la période allant du 1er avril au 30 septembre 2010.

Par ailleurs, le problème du **prix de transfert** sur lequel s'est penchée l'OMD lors des travaux de sa 27e session à Bruxelles du 20 au 24 octobre 2008, mérite d'être mis en évidence. Cette notion renvoie à « *la détermination du prix et autres conditions concernant le transfert de marchandises, services et avoirs entre sociétés faisant partie du même groupe situées dans des juridictions fiscales différentes* »[135]. Il pose globalement le problème de l'évaluation des transactions entre parties liées.

Le prix de transfert revêt une double importance aujourd'hui. En effet, il y a lieu de constater que « *le commerce entre société mère et filiale devient de plus en plus important au point de constituer les deux tiers du commerce mondial* »[136]. Ensuite, il influence à la fois le niveau des impôts directs et des impôts indirects. Car le prix de transfert a une incidence directe sur la détermination de la valeur en douane. Plus ce prix sera bas, plus la valeur transactionnelle sera également faible avec comme conséquence pour la douane, des recettes moins importantes.

L'adoption d'un instrument juridique formel et unique dans le cadre de l'OMD ou de l'OMC est indispensable pour harmoniser et régir le traitement de cette question à l'échelle mondiale.

En définitive, la réussite de la politique de facilitation à l'échelle planétaire dépend de l'application globale de tous les instruments juridiques fondamentaux élaborés à cet effet.

À l'image d'un orchestre jouant les mêmes partitions, il est indispensable que toutes les parties contractantes soient habitées par la volonté permanente et immuable de faire triompher cette vision commune de facilitation du commerce international.

La coopération entre l'Organisation mondiale des douanes et l'Organisation mondiale du commerce, toutes centrées sur le développement du commerce international est plus que nécessaire et doit être poursuivie avec fermeté pour surmonter tous les obstacles sur cette voie.

Actuellement, les deux organisations coopèrent en vue de parvenir à un Accord commun sur les technologies de l'information (ATI), les règles d'origine et la facilitation des échanges.

---

[135] Jean TCHINDA, « Prix de transfert et évaluation en Douane » in *Revue des Douanes camerounaises* n° 22 octobre-décembre 2009, p.73.

[136] Paul K. FOKAM, *L'Entreprise Africaine et la mondialisation*, Afredit, 2010, p.69.

À l'échelle régionale, ces préoccupations constituent la vocation même de la CEMAC et les fondements de son existence.

Section III : Les conventions et instruments juridiques élaborés et adoptés par la CEMAC

Dès l'avènement de l'indépendance du Cameroun, l'Union douanière équatoriale qui regroupait en dehors de celui-ci, le Congo, le Tchad, le Gabon et la République Centrafricaine, a cédé la place à l'UDEAC pour prendre en compte leur accession à la souveraineté internationale. En effet, l'Union douanière équatoriale (UDE) avait été créée par l'administration coloniale française pour les pays d'Afrique centrale relevant de sa sphère d'influence. Cette Union avait pour but de mettre en place un espace économique et commercial propre à ces pays.

En 1964, l'UDEAC, institution née sur les cendres de l'UDE, a pris le relais dans la poursuite des objectifs visant à construire un véritable cadre économique et monétaire plus structuré autour de ces États nouvellement indépendants. Cette institution a contribué à jeter les jalons d'une intégration économique et monétaire plus poussée par la mise en place d'une politique douanière et fiscale commune à travers notamment un tarif des douanes unique et des régimes économiques tels la Taxe unique (TU) et la Taxe intérieure à la production (TIP).

À la suite de la réforme fiscalo-douanière de 1994, la CEMAC a vu le jour dans le cadre du traité signé le 16 mars de cette même année à N'Djamena (Tchad) en lieu et place de l'UDEAC. Sa naissance marque la volonté commune des parties contractantes notamment le Cameroun, le Tchad, le Congo, la Guinée Équatoriale, la République Centrafricaine et le Gabon de créer une véritable Union économique et monétaire dans la sous-région.

La volonté de promouvoir et développer le commerce intra-communautaire et la mise en place d'une politique monétaire commune se trouvent plus affirmées dans la CEMAC à travers les deux entités principales qui font son ossature institutionnelle, notamment le conseil des ministres de l'UEAC et l'Union monétaire.

L'adoption[137] de nombreux instruments juridiques d'accompagnement et de mise en place de la facilitation du commerce international élaborés

---

[137] Cette adoption relève de la compétence exclusive du conseil des ministres de L'UEAC, organe de la CEMAC investi du pouvoir de légiférer selon les dispositions de

dans le cadre multilatéral des organisations comme l'OMD et l'OMC, procède aussi de cette volonté. Toutefois, cette politique a une grande visibilité dans les instruments juridiques spécifiquement communautaires.

§1- Les instruments juridiques propres à la CEMAC

La réforme fiscalo-douanière de 1994 qui s'inscrivait elle-même dans le cadre du programme régional des réformes, peut être considérée à juste titre comme un grand tournant dans la politique communautaire d'harmonisation des instruments juridiques relatifs à la taxation des marchandises tant à l'import qu'à l'export et de facilitation.

Menée sous l'égide de l'UDEAC, précurseur de la CEMAC, cette réforme a été marquée par d'importantes innovations. Celles-ci ont davantage contribué à consolider et à renforcer la politique d'intégration économique.

A- Le nouveau Tarif extérieur commun (TEC)

Le TEC[138] est un instrument fondamental de tarification et de taxation des marchandises importées dans toute Union douanière ou économique. Il s'applique exclusivement aux marchandises importées, la taxation à l'exportation relevant de la souveraineté de chaque État membre[139].

Le nouveau TEC issu de la réforme fiscalo-douanière de 1994 se caractérise par la double suppression de la taxe sur le chiffre d'affaires et de la taxe complémentaire d'une part, et la fusion des éléments restants du TEC (droit de douane et droit d'entrée) en un droit unique à l'importation (DDI) applicable à la valeur CAF (coût, assurance et fret) des produits importés, d'autre part.

---

l'article 7, alinéas 1et 2 du Code des douanes communautaires : « le pouvoir de légiférer en matière de droits et taxes d'importation est exercé par le Conseil des Ministres de l'UEAC. Les actes du Conseil des Ministres de L'UEAC sont exécutoires de plein droit et doivent entrer en vigueur simultanément dans les États membres auxquels ils s'appliquent. Ils peuvent être promulgués selon la procédure d'urgence ».

[138] L'article 3 du Code des douanes de la CEMAC alinéa 1, dispose à cet effet : « Les marchandises qui entrent sur le territoire douanier sont passibles des droits d'importation inscrits au tarif des douanes ».

[139] Cf. article 5 du Code des douanes de la CEMAC qui énonce qu'« *à l'exportation, la taxation relève de la souveraineté de chaque État* ».

L'autre caractéristique majeure découlant de cette réforme, outre l'adoption du Droit de douane d'importation (DDI), est la mise en place d'une structure tarifaire plus allégée et harmonisée[140]. Celle-ci repose essentiellement sur la combinaison du Droit de douane d'importation (DDI) et de la Taxe sur la valeur ajoutée (TVA) s'agissant de la taxation de la quasi-totalité des marchandises importées en CEMAC.

En complément à ces éléments du TEC et dans un souci plus poussé d'uniformiser la législation communautaire en matière de droits et taxes, la CEMAC a pris la décision n°110/ 07-UEAC-028-CM-16 portant modification de l'annexe 1 de la Décision N°20/07-UEAC-028-CM-15 du 19 mars 2007 portant Corrigendum de l'annexe 1 de la décision n°1/99 CEMAC - 28 – CM-03 du 18 décembre 1999 portant harmonisation des législations des États membres en matière de Droit d'accises (DA) du 18 décembre 2007.

Cet acte qui institue le droit d'accises représente une véritable avancée au niveau communautaire car il définit limitativement la liste des produits susceptibles d'y être soumis.

Ce droit s'applique à des marchandises bien déterminées et s'apparente davantage à une surtaxe portant sur des produits de luxe ou du bien-être. On peut constater que son application est marginale car il touche essentiellement les boissons alcoolisées ou les produits du chapitre 22 du tarif des douanes, les cosmétiques et autres produits de beauté, les cigarettes et les grosses cylindrées.

En dehors des éléments suscités du TEC dont l'application est quotidienne, il faut noter l'existence de la surtaxe temporaire.

Cette surtaxe communautaire n'est applicable que dans un contexte économique exceptionnel et apparaît comme une mesure de protection des industries locales contre une concurrence déloyale des produits importés. Elle s'analyse aussi comme une mesure de rétorsion et a une vocation essentiellement temporaire comme son nom l'indique si bien. Toutefois, l'opportunité de son application ainsi que son taux sont laissés à la liberté de chaque État.

---

[140] L'article 4 du Code des douanes de la CEMAC alinéas 1 et 2 confondus, est précis en ces termes : « À l'importation, le Tarif des Douanes est constitué du droit de douane et de la taxe communautaire d'intégration. Outre le Droit de Douane, il est perçu des droits à caractère fiscal (Droit d'accises, TVA, etc.) applicables aux marchandises quelles que soient leur origine et leur provenance ».

Il y a lieu de relever que la structure tarifaire qui constitue le nouveau TEC s'adosse sur une classification des marchandises en quatre catégories reprises dans le tableau ci-après :

Catégorie	Désignation	Taux du TEC
Catégorie 1	Biens de première nécessité	5 %
Catégorie 2	Matières premières et biens d'équipements	10%
Catégorie 3	Biens intermédiaires	20%
Catégorie 4	Biens de consommation courante	30%

Sur le plan formel, son application repose sur l'acte n° 7/93-UDEAC - 556-SE1 portant révision du tarif extérieur commun et fixant les modalités d'application du tarif préférentiel généralisé.

Dans le cadre d'une politique d'harmonisation plus poussée et de codification des instruments douaniers communautaires, la CEMAC a initié en janvier 2010 un projet désigné « *Proposition d'harmonisation régionale des données douanières de la CEMAC* » portant sur :

1-Modèles de déclarations et régimes douaniers ;

2-Codifications internationales ;

- pays ;
- devise ;
- -mode de transport ;
- locode (lieu de chargement/lieu de déchargement) ;
- type d'emballage ;
- incoterms ;
- unités complémentaires ;
- conditions de paiement ;
- code infractions ;
- conteneurs.

B- Le Tarif préférentiel généralisé (TPG)

Il est l'instrument juridique de tarification et de taxation des marchandises dans le cadre des échanges entre les États membres de la CEMAC. Son adoption et son application ont contribué à booster le commerce intra-communautaire.

Le TPG est le cadre par excellence de définition des règles applicables aux échanges communautaires. Il trouve sa base légale dans l'acte n°7/93-UDEAC –556SE1 du 21 juin 1993 sus cité et rendu exécutoire au Cameroun par l'ordonnance n° 94/001 du 24 janvier 1994.

Au moment de son adoption, la validité du TPG avait été bien circonscrite dans le temps en tant qu'instrument de référence de taxation pour les échanges communautaires. Par ailleurs, il avait vocation à avoir un taux nul dès le 1er janvier 1998. Cette réalité était déjà bien illustrée par le fait que « *la durée de vie du TPG est limitée dans le temps, dans la mesure où le législateur de l'UDEAC a posé le principe de sa disparition au 1er janvier de l'année 1998, dans l'heureuse hypothèse où la situation macro-économique d'ensemble de la sous-région venait à connaître une sensible amélioration au bout de cette échéance* »[141].

En accompagnement de son application, l'acte y relatif avait défini les modalités pratiques de son utilisation en donnant, entre autres, la définition précise de la notion de « *produit UDEAC* », la détermination de la base d'imposition au TPG et le taux d'imposition relatif à chaque produit.

Ces deux instruments ont contribué à faciliter et à accroître le commerce intra-communautaire en harmonisant les règles y afférentes.

Sur le plan strictement fiscal, l'acte 1/92, complément de ceux sus cités, a contribué à une plus grande harmonisation avec l'introduction de la Taxe sur le chiffre D'affaires (TCA), ancêtre de la TVA actuelle et du droit d'accises.

§2- L'incorporation de certaines conventions internationales dans l'ordre juridique communautaire

Il s'agit ici des conventions qui ont été élaborées sous les auspices de certaines organisations internationales telles l'OMD et l'OMC visant la facilitation du commerce international et partant, communautaire.

Ces conventions ont été transposées dans l'ordre juridique communautaire par des actes spécifiques adoptés par le conseil de direction tant de l'UDEAC que de la CEMAC.

---

[141] Georges ALOUMOU, « Le Tarif Préférentiel Généralisé (TPG) : Un instrument au service des échanges intra-communautaires en UDEAC » in *Revue des douanes camerounaises*, numéro spécial, 1re éd., 1995, p.33.

§3- L'adoption de la convention sur le Système harmonisé (SH)

La convention sur le Système harmonisé de désignation et de codification des marchandises examinée plus haut est un outil majeur de facilitation du commerce international, un outil de référence élaboré par l'OMD. Il permet à toutes les administrations douanières de s'appuyer sur une nomenclature tarifaire unique pour désigner les marchandises en circulation dans le monde.

Cette convention a été adoptée dans le cadre de l'UDEAC par l'acte n°9/88-UDEAC-1368 du 08 décembre 1988 approuvant le tarif des douanes de l'UDEAC transposé dans les termes du Système harmonisé de désignation et de codification des marchandises.

L'actualisation constante de cette nomenclature du fait des innovations technologiques, fait obligation à la CEMAC d'adopter les nouvelles éditions et ses mises à jour consécutives.

En raison de cette adoption formelle et consacrée par l'acte susvisé, le tarif des douanes de la CEMAC[142] est dans sa structure, ses énonciations et ses appellations, une copie conforme et intégrale de celui mis en place, à l'échelle multilatérale dans le cadre de la convention du Système harmonisé (SH).

§4- L'adoption de l'accord sur l'évaluation en douane

À titre de rappel, il convient de souligner que l'accord sur l'évaluation en douane a été élaboré sous les auspices de l'OMC et non de l'OMD. Cet Accord plus connu sous l'appellation de valeur transactionnelle est l'instrument privilégié de la détermination des valeurs de la quasi-totalité des marchandises en circulation dans le monde, puisque d'une part, tous les pays qui dominent le commerce mondial sont membres de l'OMC et que d'autre part, cette organisation regroupe en son sein actuellement 150 États.

La détermination de la valeur en douane permet d'aboutir à une liquidation équitable des droits et taxes dans le cadre de la taxation *ad valorem*.

L'accord sur l'évaluation en douane de l'OMC a été adopté par l'acte 2/98-UDEAC-603-CD-60 au niveau communautaire.

---

[142] La nomenclature du tarif des douanes de la CEMAC est une copie conforme de celle élaborée par l'OMD et comporte 97 chapitres répartis autour de 21 sections.

Au plan national, l'application de cet accord est consacrée par l'article cinquième de la loi n°2001/008 du 30 juin 2001 portant loi de finances de la République du Cameroun pour l'exercice 2001/2002. Il faut souligner que l'instruction ministérielle n°02467 MINEFI/DD du 30 juillet 2001 complète les modalités d'application dudit accord.

En dehors des instruments juridiques élaborés dans le cadre multilatéral par l'OMD et l'OMC, la CEMAC a récemment mis en place de nouveaux régimes douaniers destinés à faciliter le commerce et le développement de l'industrie.

Toutefois, du fait des dérogations liées à la sauvegarde de certaines industries nationales et d'autres impératifs commerciaux, cet accord se trouve fragilisé dans son application. Ces dérogations devraient rester ponctuelles et exceptionnelles pour donner à l'accord la prévisibilité et l'application intégrale seules susceptibles de lui conférer sa viabilité totale.

§5- Les nouveaux régimes communautaires de facilitation

Dans la dernière version du Code des douanes de la CEMAC[143], le législateur communautaire a créé, par les articles 202 à 248, de nouveaux régimes douaniers de facilitation des échanges commerciaux et industriels encore désignés sous le vocable commun de régimes de transformation.

L'existence de ces régimes économiques consacre par elle-même, avec les régimes suspensifs traditionnels que sont le transit, l'admission temporaire et l'entrepôt, un droit économique douanier[144].

A- Le régime du perfectionnement actif

Selon les dispositions de l'article 202 du Code des douanes de la CEMAC, *« le régime du Perfectionnement Actif est le régime douanier qui permet de recevoir dans un territoire douanier, en suspension des droits et taxes à l'importation, certaines marchandises destinées à subir une transformation, une ouvraison ou une réparation et à être ultérieurement exportées »*.

---

[143] Édition d'août 2003.

[144] Claude J. BERR et Henri TREMEAU, *Le droit douanier*, Titre 3e partie, Éditions Economica, p.259.

Les marchandises admises sous ce régime bénéficient de la suspension totale des droits et taxes à l'importation. Toutefois, les produits, y compris les déchets provenant de l'ouvraison ou de la transformation des marchandises admises à cette facilité et qui ne sont pas exportées ou traitées de manière à leur ôter toute valeur commerciale, peuvent être soumis à l'acquittement des droits et taxes à l'importation.

En raison du fait que le régime du perfectionnement actif implique dans son principe la suspension du paiement des droits et taxes à l'importation, sa mise en œuvre est subordonnée à une autorisation préalable délivrée par le directeur national des douanes. Cette autorisation détermine également le délai de séjour des marchandises sous ce régime préférentiel tout comme les modalités d'apurement[145] par les produits compensateurs qui résultent de cette opération.

Ce régime a vocation à valoriser l'expertise technique de l'industrie locale et à assurer sa promotion. En effet, l'ouvraison complémentaire à apporter à un produit suppose la bonne maîtrise de la technologie appropriée. Il peut donc à ce titre favoriser le développement de l'industrie et du commerce lié à ce produit spécifique tant sur le plan national qu'international.

B- Le régime du perfectionnement passif

Selon l'article 230 du Code des douanes de la CEMAC, le perfectionnement passif est « *le régime douanier qui permet d'exporter temporairement des marchandises qui se trouvent en libre circulation dans le territoire douanier, en vue de leur faire subir à l'étranger une transformation, une ouvraison ou une réparation, et de les réimporter ensuite en exonération totale ou partielle des droits et taxes à l'importation* ».

Le régime du perfectionnement passif, comme celui du perfectionnement actif, est un régime de transformation. Il s'agit de transformer un produit semi-ouvré, semi-fini en produit fini. Cette transformation peut déboucher sur un produit physiquement très différent du produit initial et générer des pertes de matières ou de déchets. Dans ces conditions, des difficultés d'apurement de l'acquit-à-caution peuvent

[145] Ces modalités sont définies par la note de service n°189/MINFI/DGD3/CDL du 16 septembre 2008 portant mise en application du régime du perfectionnement actif.

apparaître. Mais le législateur de la CEMAC a mis en place un mécanisme approprié à travers les produits compensateurs.

L'article 231 du Code des douanes de la CEMAC définit les produits compensateurs comme « *les produits obtenus à l'étranger qui résultent de la transformation, de l'ouvraison ou de la réparation des marchandises pour lesquelles l'utilisation du régime du perfectionnement passif a été autorisé* ».

À l'exemple du régime du perfectionnement actif, le régime du perfectionnement passif est également soumis à une autorisation préalable délivrée par le directeur national des Douanes.

Ce régime fait appel à l'expertise technique de l'industrie étrangère. Dans le cas d'espèce, les produits vont être transformés à l'étranger en produits finis de haute qualité parce que l'industrie locale n'a pas la capacité technique à le faire. À l'analyse, l'ouvraison à l'étranger peut également se fonder sur le coût plus attractif et compétitif.

On devrait privilégier le régime du perfectionnement actif car il apporte de la valeur ajoutée aux produits semi-ouvrés et favorise le développement de l'industrie locale et, par conséquent, la création des emplois stables.

Le régime du perfectionnement actif est un facteur de prospérité économique et générateur de devises. Il permet donc d'améliorer la balance des paiements et de renforcer la valeur de la monnaie locale.

Il apparaît, en définitive, qu'en mettant en place ces régimes, le législateur de la CEMAC a voulu trouver des réponses adéquates aux besoins des entreprises industrielles soucieuses d'assurer un développement qualitatif de leurs produits et d'être compétitives sur le marché international. À cet effet, ces régimes constituent à la fois des instruments de facilitation, de développement du commerce et de l'industrie dans le cadre communautaire de la CEMAC.

Toutefois, parmi les régimes suspensifs traditionnels consacrés dès la création de l'UDEAC dans le Code des douanes et maintenus après sa révision, le régime du transit dans le cadre de la CEMAC du fait de sa grande utilisation revêt une importance stratégique.

À cet égard, l'ensemble des mécanismes régionaux élaborés pour sa facilitation méritent une attention particulière à cause des multiples enjeux y afférents.

§6- La facilitation du transit communautaire : le projet FASTRAC

La facilitation du transit communautaire est une exigence fondamentale pour assurer l'acheminement des marchandises à destination des pays de la sous-région tels la République Centrafricaine, le Tchad, la partie continentale de la Guinée Équatoriale et le Nord du Congo notamment la région de Ouesso. Ce transit est effectué à partir du port de Douala au Cameroun et revêt donc des enjeux multiples.

A- Aperçu sur le projet FASTRAC

En raison de sa position géographique privilégiée et de son appartenance à la CEMAC, le Cameroun joue un rôle de premier plan dans la facilitation du transit communautaire. Il se présente donc comme le pays le plus concerné par les enjeux de la facilitation du transit avec tous ses gains subséquents.

En effet, les corridors Douala-N'Djamena et Douala-Bangui permettent d'acheminer les marchandises importées par voie maritime ayant pour destination finale le Tchad et la RCA.

Le projet FASTRAC vise globalement à faciliter le transit dans le cadre communautaire. Cette facilitation passe par la levée des obstacles physiques et non physiques lors du passage des différentes frontières par les marchandises.

Ce projet repose sur le règlement n° 14/06-UEAC-160-CM-14 portant adoption du Programme régional de facilitation des transports et de transit en zone CEMAC adopté le 11 mars 2006. Élaboré par l'organe exécutif de la CEMAC, il a reçu l'appui financier de l'Union européenne. Au-delà de la mise en place de ces prémices à un code de transport communautaire, la réussite du projet FASTRAC dépend de la pleine application des règles faisant sa structure par l'ensemble des États concernés. Sa réussite permettra d'assurer une meilleure intégration économique et valorisera davantage la CEMAC.

À titre de rappel, on peut mentionner comme précurseur de ce projet, le système TIPAC qui existait dans le cadre de l'UDEAC. Il s'agissait d'un régime douanier de Transit international des pays de l'Afrique centrale (TIPAC) qui fut après une longue période de gestation accepté par les États membres le 22 novembre 1991 à Libreville puis confirmé par les chefs d'État lors du 21e sommet de l'UDEAC le 5 décembre 1991 à Libreville.

Au départ, ce système avait pour principal objectif la simplification des procédures douanières au passage et à l'arrivée des marchandises en transit et de responsabiliser les différentes parties prenantes de l'opération de transit proprement dite. Il avait vocation à réduire de façon considérable les délais d'acheminement des marchandises en transit.

Le fonctionnement du système était basé sur un itinéraire de transit dit itinéraire TIPAC qui devait être obligatoirement emprunté à l'exclusion de tout autre. Il reposait sur la signature du carnet TIPAC qui définissait les règles et les obligations des deux parties[146].

Malgré son adoption formelle, le système TIPAC n'a jamais été opérationnel. C'est ce qui explique l'avènement du projet FASTRAC sur le transit communautaire.

B- Les mécanismes liés à la mise en œuvre du projet FASTRAC

Les mécanismes du projet FASTRAC tiennent pour l'essentiel à l'interconnexion du système SYDONIA des six États membres de la CEMAC et Sao Tome et Principe en vue d'assurer un meilleur suivi des opérations de transit. À cet effet, ce projet vise à démanteler tous les obstacles physiques et non physiques le long des corridors de transit.

Dans le cadre de ce projet, trois niveaux d'interconnexion sont envisagés :

- interconnexion des bureaux de douanes situés le long des corridors de transit ;
- interconnexion entre les États membres ;
- interconnexion entre la commission de la **CEMAC** et les États membres ainsi que l'École inter-États des douanes de la **CEMAC (EIETD).**

Globalement, ce projet vise le renforcement de la capacité opérationnelle des administrations douanières des pays susvisés par l'automatisation des procédures douanières traitant les opérations à l'importation, à l'exportation et surtout celles relatives au transit et leur arrimage aux normes internationales. Cela contribuera significativement au démantèlement des obstacles, tracasseries et autres lenteurs qui caractérisaient jusqu'ici les corridors du transit Douala-N'Djamena et Douala-Bangui[147].

---

146 Administration des douanes et transporteur.

147 **CAMEROUN-CENTRAFRIQUE** :

Le projet FASTRAC s'insère globalement dans la facilitation et la sécurisation du transit régional en Afrique centrale. Il est souhaitable que ce projet soit conduit à son terme et que son application donne une grande visibilité à la politique communautaire de facilitation du transit. La CEMAC en sera davantage valorisée dans son existence et ses fondements.

L'application simultanée de l'ensemble des instruments juridiques existants ou en cours d'élaboration et objet des développements précédents, permet de constater que la réduction du temps de traitement douanier des déclarations en douane est bien réelle au niveau des bureaux principaux basés à Douala et à la subdivision active des accès portuaires dans le cadre des constatations de sortie.

Le temps cumulé de traitement réel des déclarations en douane dans le cadre des services opérationnels douaniers se situe autour de 7h à l'importation et 2h à l'exportation à Douala.

Ce résultat remarquable a été obtenu grâce à la combinaison de la mise en place du guichet unique, des adaptations institutionnelles, technologiques et logistiques des services opérationnels et par l'adoption d'instruments juridiques spécifiques à la facilitation.

Les mécanismes de la facilitation ne concernent pas intrinsèquement et uniquement le seul acteur majeur qu'est la douane dans ses procédures propres et les exigences de son adaptation multidimensionnelle.

La facilitation des échanges commerciaux sur la place portuaire de Douala nécessite la participation et l'engagement total de tous les acteurs de la chaîne de dédouanement. Faute de quoi la douane risque d'être ce cavalier solitaire qui court très vite, de plus en plus vite, le plus vite possible mais qui ne gagne pas la course en fin de compte.

1- Itinéraire, Douala ----Yassa----Bertoua---Garoua-Boulai----Beloki----Bangui

- **CAMEROUN-TCHAD** : trois itinéraires :

1-Douala----Yassa----N'Gaoundéré----kousseri----N'Djamena (Ngueli)

2-Douala----Yassa----Touboro----Sarh.

3-Douala----Figuil----Moundou.

- **CAMEROUN-CONGO** : un itinéraire

1-Douala----Ouesso

- **CENTRAFRIQUE –CONGO** : un itinéraire

1-Bangui----Brazzaville (voie fluviale).

CONCLUSION GÉNÉRALE :

VERS LA CONSÉCRATION DE LA NOUVELLE MISSION DE FACILITATION

La facilitation des échanges commerciaux a une grande visibilité institutionnelle et juridique au niveau de la douane camerounaise et sur la place portuaire de Douala. Toutefois, il appartient à la douane camerounaise qui est au centre du commerce extérieur du Cameroun de fédérer, de promouvoir et d'impulser toutes les actions et mesures pour une « *Douane facile* » en étroite collaboration avec les autres acteurs de la chaîne de dédouanement et de la chaîne logistique.

La douane camerounaise apparaît à l'évidence comme le chef d'orchestre de la facilitation sur la place portuaire de Douala et à l'échelle nationale notamment dans ses services opérationnels. Elle est l'acteur majeur de sa réussite en vertu des prérogatives découlant de son statut d'administration publique et de son rôle majeur dans l'élaboration et l'application de toutes les réglementations qui concourent à faciliter le commerce international.

Toutefois, l'impulsion donnée par cette administration doit être relayée et appuyée par tous les autres acteurs de la chaîne de dédouanement y compris la logistique pour imprimer durablement et de façon irréversible la facilitation dans le comportement quotidien de tous leurs personnels respectifs.

Il s'agit en fait de développer chez tout ce personnel, surtout le personnel opérationnel, la culture et le réflexe de la célérité indispensables à l'accompagnement du développement du commerce mondial.

Cette exigence est incontournable et appelle à un changement collectif des mentalités et l'abandon des habitudes bureaucratiques. Il faudra désormais que l'ensemble de ce personnel, pris comme une entité unique, apprenne à « se hâter rapidement », chacun à son niveau, pour l'accomplissement de toutes les opérations directement ou indirectement rattachées à la procédure de dédouanement.

À cet effet, il apparaît nécessaire de promouvoir la ponctualité et l'assiduité et d'y veiller en permanence. De même, il faudra améliorer l'accueil des usagers en adoptant une attitude de courtoisie irréprochable.

Il sera nécessaire de sanctionner sans délai toute dérive ou manquement individuel du personnel susceptible de compromettre la célérité dans le traitement des opérations de dédouanement sur l'ensemble de la chaîne y relative.

Par ailleurs, il faudra passer de la conception de l'usager à celle de client comme l'énoncent les grands principes du marketing moderne, résumée dans la formule célèbre, « *le client est Ro*i ». Ce changement radical de vision est nécessaire pour déclencher tous les mécanismes psychologiques et individuels favorables à un meilleur accueil du client et à la qualité du service.

S'agissant toujours du personnel, il faudra également mettre en place une véritable politique permanente de renforcement des capacités par le moyen des séminaires, stages et formations divers. En effet, le champ du commerce international se caractérise essentiellement par son dynamisme et ses mutations permanentes surtout avec les innovations technologiques qui en découlent.

La célérité doit être consacrée comme objectif global et permanent. Il s'agit fondamentalement de mettre en place au port de Douala une véritable chaîne de la célérité.

À cet effet, il faut harmoniser les horaires d'ouverture des différents services et organismes relevant de ces maillons. Certains acconiers qui travaillent en deux temps devraient adopter le principe de la journée continue comme la quasi-totalité des autres acteurs pour éviter de créer des temps morts.

Cette exigence permanente appelle en conséquence à une évaluation fréquente des délais de passage pour mesurer leur évolution et en cas d'allongement, l'adoption prompte et immédiate des mesures correctives adéquates.

La mise en place des téléprocédures essentiellement basées sur l'usage de l'outil informatique est indispensable. À cet égard, le recours aux nouvelles technologies de l'information et de la communication qui en sont le véhicule, apparaît comme le seul moyen pour accélérer la procédure de dédouanement.

L'objectif de l'avenir est de passer progressivement des délais de passage exprimés en jours à des délais de passage exprimés en heures puis en minutes avec mise à disposition immédiate des marchandises. Tel est le cas aujourd'hui dans beaucoup d'administrations douanières des pays développés.

Dans les douanes françaises, cette réalité est consacrée par le fait qu'« *en 2008, le délai moyen d'immobilisation des marchandises dédouanées dans la journée a été inférieur à 9 minutes, avec un délai moyen de 7mn 43 pour une disponibilité immédiate des marchandises dans la majorité des cas, y compris pour certaines procédures, en dehors des heures de présence des services douaniers* »[148].

Il appartient à l'État en appui à cette politique de promotion de la célérité et d'allègement des procédures, de mettre en place le cadre légal et réglementaire d'accompagnement adéquat. Un tel dispositif à élaborer devrait également définir les mesures d'encadrement du commerce électronique.

En effet, il est important de combler le vide juridique en la matière pour éviter tout déphasage lié au développement de cette nouvelle forme de commerce qui revêt également l'appellation de e-commerce. Dans le prolongement des téléprocédures, il sera nécessaire de les coupler aux télépaiements ou paiements électroniques pour maximiser les gains qui en résultent. Il faut en conséquence développer un véritable système monétique bien élaboré, structuré et sécurisé.

La mise en place des procédures dématérialisées exige l'interconnexion des différents systèmes informatiques ou tout au moins la construction d'une interface adaptée. En effet, il faut mettre un terme au cloisonnement informatique des services et organismes qui sont interdépendants dans la procédure de dédouanement. Il est donc nécessaire que les différents logiciels utilisés soient compatibles.

Il s'agit en définitive de transformer la chaîne de dédouanement en chaîne de célérité avec mise à disposition immédiate des marchandises dédouanées. L'atteinte de cet objectif rendra la place portuaire de Douala plus compétitive et contribuera significativement à améliorer le climat des affaires au Cameroun.

---

[148] Rapport de performance 2008, Douanes Françaises, p.15.

La dématérialisation des procédures se pose et s'impose comme le seul moyen dans un futur très immédiat de réduire les délais de passage des marchandises au port de Douala avec le scanning et la mise en ligne de l'ensemble des documents liés à une opération donnée.

La facilitation apparaît en définitive comme le nom consacré de la nouvelle mission de la douane, une mission de soutien au développement du commerce international. La facilitation est la politique adéquate et *sine qua non* d'accompagnement du libre-échange qui a cours aujourd'hui dans le monde entier. À cet effet, on peut valablement dire que facilitation rime avec libre-échange. En définitive, cette nouvelle mission se caractérise essentiellement par son universalité comme la douane elle-même en tant qu'institution. Sa réussite dépend largement de l'implication et de l'engagement réels de l'ensemble des services et organismes qui constituent les maillons de la chaîne de dédouanement.

Il s'agit de promouvoir une synergie entre la douane, le GUCE, le comité FAL, le PAD, la société DIT, les acconiers, les importateurs, les armateurs, les commissionnaires en douane, la SGS et l'ANOR pour rendre le port de Douala plus compétitif et attractif dans le Golfe de Guinée et en Afrique centrale avec tous les bénéfices connexes pour le Cameroun. C'est au demeurant un processus à inscrire dans les moyen et long termes mais une exigence incontournable de la mondialisation que la douane camerounaise se doit d'intégrer dans son action quotidienne pour être performante et moderne.

BIBLIOGRAPHIE SOMMAIRE

BARBIER, Jean -Pierre et VERON, Jean-Bernard (1991) : Les zones franches d'exportations, Karthala.

BERR, Claude J. et TREMEAU, Henri : *Le droit douanier*, Éditions Economica.

DAILLIER, Patrick, PELLET, Alain et QUOC DINH, Nguyen (1999) : *Droit International Public*, LGDJ, 6e éd.

DJAMEN, Jean Yves (2008) : *Gouvernance et intelligence artificielle*, Éditions Afrédit.

FOUCHER (2000) : *Pratique du Commerce international*, 16e éd.

GRANDCOIN, Cathérine (2007) : *Évolution et Révolution, Communication et Médias*, Paris, Economica.

KAMMOGNE FOKAM, Paul (2000) : *Et si l'Afrique se réveillait ?* Éditions du Jaguar.

KAMMOGNE FOKAM, Paul (2005) : *Misère Galopante du Sud, Complicité du Nord*, Maisonneuve & Larose.

KAMOGNE FOKAM, Paul (2010) : *L'entreprise africaine et la mondialisation*, Éditions Afredit.

KUETE, Jean (1998) : *Le Franc CFA face à l'EURO*, Éditions Saagraph.

JOKUNG NGUENA, Octave (2005) : *Initiative PPTE quels enjeux pour l'Afrique ?* L'Harmattan.

JOUAN, Thierry : *Techniques et management des opérations de commerce international*, Acrobat(PDF) 110 p.

MERCIAI, Patrizio (1993) : *Les entreprises multinationales en droit international*, Éditions Bruylant, Bruxelles.

NEGOU (2007) : *La valeur en douane à l'importation en zone CEMAC*, Imprimerie Saint Paul Yaoundée.

NNa ZE Bayard (1990) : *Les procédures douanières au Cameroun*, Éditions Sopecam,.

NUVAGA FONGOD, Edwin (2002) : *CEMAC Customs Guide*, Editions Design House, Limbe.

NYAMA, Jean Marie (2003) : *Droit douanier de la CEMAC*, CERFOD.

NYAMA, Jean-Marie (2002) : *Éléments de droit des affaires*, Cameroun-Ohada, Presses de L'UCAC, nouvelle édition.

TSUANYO, David : *L'institution douanière au Cameroun 1860-1960*, Éditions Saagraph.

YUNUS, Muhammad (2008) : *Vers un nouveau capitalisme*, JC Lattès.

ZIBI EBANGA Edwin (2003) : *Le transport maritime en Afrique de l'Ouest et du Centre a l'aube du 3e millenaire.*

Guide national des professions maritimes et para-maritimes, 2003.

Commerce maritime et contentieux, Académie Régionale des Sciences et Techniques de la Mer, Abidjan, 2003.

Publication OMD : *Guide pour le développement de l'éthique.*

Incoterms 1990, Chambre de Commerce Internationale, ICC Publishing SA., Publication N°460, avril 1990.

RAPPORTS SPÉCIFIQUES

- Rapport général du comité de réformes de l'administration des douanes (CRAD) 2004.
- Rapport sur la mise en œuvre du système SYDONIA dans les secteurs des douanes du littoral.
- Rapport général de la conférence des pays totalement ou partiellement francophones, Douala les 29,30 et 31 janvier 1991.
- Rapport général de la commission de réforme fiscale 2007.
- Rapport de performance douanes françaises 2007.
- Rapport de performance douanes françaises 2008.
- Rapport annuel, douanes camerounaises 2009, innovation.

TEXTES ET ACTES JURIDIQUES MULTILATÉRAUX

- Code des douanes de la CEMAC.
- Code ISPS.
- Réglementation douanière.
- Tarif des douanes

- Accords de Marrakech,
- Convention sur le système harmonisé de désignation et de codification des marchandises.
- Convention de Kyoto sur la simplification et l'harmonisation des régimes douaniers, version initiale et révisée.
- Convention de Nairobi sur l'assistance mutuelle administrative.
- Convention de Londres sur la facilitation du trafic maritime international, convention FAL, 1965, amendée le 11 janvier 1996.
- Convention d'Istanbul sur l'admission temporaire.
- Convention relative au régime douanier des conteneurs utilisés dans le cadre d'un pool.
- Convention internationale sur la sécurité des conteneurs (1972).

PROTOCOLES D'ACCORDS

- Protocole d'Accord entre l'administration des douanes et les professions maritimes.
- Protocole d'Accord entre l'administration des douanes et les commissionnaires agréés en douane.
- Protocole d'Accord entre l'administration des douanes et la profession bancaire.
- Protocole d'accord entre l'administration des douanes et la société CAMRAIL.
- Protocoles entre l'administration des douanes et certaines sociétés spécifiques.

REVUES ET PÉRIODIQUES

- Revues des Douanes camerounaises n° 4, 1er semestre 1991, Hors Série n°3 et 4 1990 1991, 2e éd., n°1995, n°12 février 1997, n° 13 novembre 1997, n°14 octobre 1998, n° 0015, n°17 décembre 2002 –février 2000, n°18 novembre 2003, n°0019 mars 2005, n°20 décembre 2006, n°22 octobre-décembre 2009, 2e et 3e éd., 1996.
- Bulletin Officiel des Douanes n°001 à 19.
- Customs & Business Challenge, Bulletin mensuel des performances des Douanes camerounaises n°001 à 007.

- Douanes 2000, les Cahiers des Douanes Françaises et Européennes, n°10.
- Publication Spéciale, Le Comité FAL, 10 ans après, décembre 1997-décembre 2007.
- La Lettre de l'AGPAOC, Association de Gestion des Ports de l'Afrique de l'Ouest et du Centre n°18 avril 2010.
- Dynamique Portuaire n°3 avril 2010.
- OMD-Actualités n°52, octobre 2008.
- OMD-Actualités n°61 sur le partenariat Douane- Entreprises.
- OMD-Actualités n° 62 sur : « la gestion des risques : un outil crucial ».

TABLE DES MATIÈRES

PRÉFACE 5

AVANT-PROPOS 9

LISTE DES ABRÉVIATIONS 11

INTRODUCTION 13
I- L'exigence d'orientation vers la facilitation 13
II- La préparation de la réforme vers la facilitation : le CRAD 19

PREMIÈRE PARTIE :
LA RÉFORME INSTITUTIONNELLE DE LA DOUANE ET LES AUTRES ACTEURS D'ACCOMPAGNEMENT DE LA FACILITATION 23

CHAPITRE I : LA CRÉATION D'INSTITUTIONS NOUVELLES CONSACRÉES À LA FACILITATION 27

Section I : Le Guichet unique des opérations du commerce extérieur : le regroupement de la facilitation 27
§1- Création, objectifs et composition 27
A- Création du GUCE 27
B- Les objectifs du GUCE 28
C- Statut juridique et composition du GUCE 29
§2- Les organes de gestion du GUCE 30
A- L'assemblée générale 30
B- Le conseil d'administration 30
C- La direction générale 31
§3- Les cellules du guichet unique et leur statut juridique 31
A- Identification des cellules du GUCE 31
1- Les cellules relevant des services publics 31
a- La douane 32
b- Le trésor 32
c- Le service des changes 32
c- Le service phytosanitaire 32
2- Les cellules relevant des organismes parapublics 32
a- Le Port autonome de Douala (PAD) 32
b- L'Office national du cacao et du café (ONCC) 33
c- Le Conseil national des chargeurs du Cameroun (CNCC) 33
3- Les cellules relevant des organismes privés 33
a- Les banques 33
b- La SGS (Société générale de surveillance) 33

B- Le statut juridique de chaque cellule....33
§4- Les insuffisances du GUCE....34
A- Les insuffisances institutionnelles....34
B- Les insuffisances liées à l'absence d'interconnexions des différentes cellules du GUCE....35
Section II : Le comité national de facilitation : le gendarme des délais....36
§1- Organisation, fonctionnement et missions....37
A- Création et missions....37
B- Statut juridique et composition du comité FAL....39
1- Statut juridique....39
2- Composition du comité FAL....40
C- Les moyens juridiques d'exercice des missions du comité FAL....41
1- Les recommandations à l'importation et à l'exportation....42
a) Les recommandations relatives à l'importation....42
b) Les recommandations liées à l'exportation....42
2- Les recommandations relatives aux corridors, et aux délais de passage....43
a) Les recommandations sur les corridors....43
b) Les recommandations sur les délais de passage....43
3- Les recommandations sur la sécurité et le transit....44
4- Recommandations sur l'audit permanent....45
5- Recommandations sur le guichet unique....45
§2- Les indicateurs spécifiques de mesure des délais de passage élaborés par le comité FAL et leur évolution....46
A- La computation des délais de passage....47
B- L'indicateur du délai de passage ou de séjour des conteneurs mis à la consommation (D3 – IM 4)....48
C- L'indicateur du délai de passage ou séjour des conteneurs en transit (D15 – IM8)....50
D- L'indicateur du délai de passage ou de séjour des véhicules usagés....51
E- L'indicateur relatif aux importateurs majeurs....53
F- La grande fluctuation des délais de passage....56
§3- Les limites du comité FAL....57
A- Les limites relatives aux délais actuels....57
B- Les limites découlant du statut consultatif....57
C- Les limites attachées au champ de mesure des délais....58

CHAPITRE II : LA RÉORGANISATION DES SERVICES OPÉRATIONNELS DE LA DOUANE....61

Section I : Aperçu historique de l'organisation des services opérationnels et objectifs de la réforme organique....61

§1- Aperçu historique de l'organisation des services opérationnels 61
A- Les services opérationnels sédentaires 61
B- Les services opérationnels actifs 63
1- La subdivision active de Douala port 63
2- La subdivision active des douanes de Douala - extérieur 63
3- La subdivision active de Douala-aéroport 64
§2- Les objectifs de la réforme organique des services opérationnels ... 64
A- La spécialisation des bureaux de dédouanement 64
B- L'accroissement de la célérité 65
Section II : Organisation actuelle des services opérationnels à Douala 65
§1- Le secteur des douanes du Littoral I 66
A- Les services opérationnels sédentaires 67
B- Les services opérationnels actifs 70
1- L'ancienne configuration des services opérationnels actifs 70
a) La subdivision des accès portuaires 70
b) La subdivision active des opérations maritimes et portuaires 70
2- La nouvelle configuration des services opérationnels actifs 70
a) La subdivision commerciale de Douala-conteneurs 72
b) La subdivision commerciale des magasins du port 72
§2- Le secteur des douanes du Littoral II 73
A- Les services opérationnels sédentaires 73
B- Les services opérationnels actifs 74
1- L'ancienne configuration des services opérationnels actifs 74
a) La subdivision active des douanes de Douala-extérieur 74
b) La subdivision active des douanes de Douala-transferts 75
c) La subdivision active des douanes de Douala-aéroport 75
2- La nouvelle configuration des services opérationnels actifs 75
a) La subdivision commerciale des magasins extérieurs 75
b) La subdivision commerciale de Douala-aéroport 76
c) Subdivision active de Douala-Akwa 76
d) Subdivision active de Douala-Bassa 76
e) Subdivision active de Bonabéri 76
f) Subdivision active d'Edéa 76

CHAPITRE III : LES AUTRES ACTEURS D'ACCOMPAGNEMENT DE LA FACILITATION 79

Section I : Les acteurs liés à la chaîne de dédouanement 79
§1- Le commissionnaire agréé en douane : un acteur majeur de la facilitation 80
A- La maîtrise technique des outils de la déclaration en détail 81
B- La culture de la célérité 83

C- Le poids statistique variable du commissionnaire en douane comme acteur de la facilitation 84
D- La démarche qualitative de labellisation du commissionnaire en douane 87
§2- Le rôle de la Société générale de surveillance (SGS) dans la procédure de dédouanement 90
A- Le Programme de vérification des importations (PVI) et sa sanction documentaire 91
B- La sanction du programme de sécurisation des recettes douanières : le BDT 93
C- La sanction de l'évaluation des véhicules d'occasion : la fiche CIVIO 97
D- La procédure d'amendement à la SGS 100
§3- Le rôle de l'Agence des normes et de la qualité (ANOR) dans la procédure d'importation et de dédouanement 102
A- Création et missions de l'ANOR 103
B- L'ancienne procédure de levée de la déclaration d'importation 104
C- La nouvelle procédure de levée de la déclaration d'importation 105
D- L'impact de la procédure actuelle de délivrance de l'AVD sur la facilitation 108
Section II : Les acteurs de la facilitation lies à la chaîne logistique 110
§1- Le Port autonome de Douala (PAD) 110
A- La nécessité d'un dragage permanent 111
B- Les portiques de quai comme facteur de célérité 112
C- La facturation et le paiement des prestations du PAD 114
1- La célérité dans la facturation et le paiement 114
2- Le coût des prestations portuaires 116
D- La sécurité et la sûreté portuaires : une source de gain de temps 117
E- L'aménagement des magasins et des aires de stockage des marchandises 118
§2- L'acconier : un acteur clé dans les mouvements des marchandises 120
A- L'exigence de célérité dans la communication et la remise documentaire 121
B- Le coût des prestations de manutention 122
C- Les magasins et les aires de stockage sécurisés 123
§3- La société DIT : le gestionnaire exclusif du terminal à conteneurs 124
A- Aperçu sur la convention de concession 125
1- Objet et champ de la convention 125
2- Les obligations des parties contractantes 127
a- Les obligations du concédant 127

b- Les obligations du concessionnaire 129
B- La taille du parc d'engins de manutention et l'impératif de célérité 130
C- La facturation des prestations de la société DIT et leur coût 131
1- L'étendue des prestations de la société DIT 131
2- La facturation des prestations de la société DIT 132
D- L'accélération de la livraison finale des conteneurs 133

DEUXIÈME PARTIE :
LA MODERNISATION DES OUTILS TECHNIQUES DE GESTION DE LA DOUANE LIÉE À LA FACILITATION 135

CHAPITRE I : LA MODERNISATION DE L'OUTIL INFORMATIQUE DES SERVICES OPÉRATIONNELS 139

Section I : Rétrospective sur PAGODE et la procédure de dédouanement y relative 139
§1- Les principales caractéristiques techniques de PAGODE 140
A- Architecture de PAGODE 140
B- La limitation géographique de PAGODE et sa gestion exclusive par la douane 141
§2- La procédure de dédouanement sous PAGODE 142
A- Les principales étapes de la procédure de dédouanement 142
B- La mainlevée des marchandises 143
§3- Les insuffisances de PAGODE 144
A- La couverture partielle des étapes de la procédure de dédouanement 144
B- Le monopole de la douane dans la validation des déclarations en douane 145
C- La sécurité limitée de PAGODE et son caractère inextensible ... 146
Section 2 : Les adaptations technologiques liées à l'avènement de SYDONIA 147
§1- Historique et architecture technique de SYDONIA 147
A- Genèse de SYDONIA 147
B- Une architecture technique modulaire 148
C- Une application à couverture nationale 149
§2- Les étapes de la procédure de dédouanement sous SYDONIA 149
A- L'enregistrement de la déclaration en détail 150
B- La vérification de la déclaration en détail et la liquidation des droits et taxes 152
C- Le paiement des droits et taxes 154
D- La mainlevée des marchandises 155
Section III : Les adaptations résultant de l'introduction du scanner dans la procédure de dédouanement 157

§1- La procédure de scanning 158
A- Le déroulement du scanning 159
B- Les sanctions du scanning 161
1- La sanction normale 161
2- La sanction litigieuse 161
§2- Prospective sur la position du scanner dans la procédure de dédouanement 162

CHAPITRE II : LA MODERNISATION DES MOYENS LOGISTIQUES ET DE COMMUNICATION 167

Section I : La modernisation et la réhabilitation opérationnelle de l'unité navale 167
§1- Le plan modernisation de l'unité navale 167
§2- La réhabilitation opérationnelle et l'accroissement des patrouilles de surveillance 168
§3- Le rattachement institutionnel de l'unité navale au secteur des douanes de Littoral I 170
Section II : La modernisation des moyens de locomotion 171
§1- Le parc automobile actuel 171
§2- L'élaboration d'un plan d'entretien et de renouvellement du parc automobile 172
Section III : La modernisation des moyens de communication et de transmission 173
§1- L'opérationnalité du service des transmissions 173
§2- Le système de géo-localisation et de transmission NEXUS 174
A- Les supports réglementaires du système NEXUS 175
B- Le dispositif technique de NEXUS 175

TROISIÈME PARTIE :
LES INSTRUMENTS JURIDIQUES SPÉCIFIQUES D'APPUI À LA FACILITATION 179

CHAPITRE I : LES INSTRUMENTS JURIDIQUES UNILATÉRAUX D'INCITATION À LA FACILITATION 183

Section I : Les textes réglementaires et les mécanismes d'origine douanière d'appui à la facilitation 183
§1- Le délai d'enregistrement des manifestes 183
§2- Le délai de traitement des déclarations en douane 184
A- Le délai de dépôt de la déclaration enregistrée 184
B- Le délai de traitement des déclarations à l'importation 185
C- Le délai de traitement des déclarations à l'exportation 185
§3- La célérité découlant des procédures accélérées de dédouanement et la facilitation du transbordement 186

A- Les procédures accélérées de dédouanement 186
B- La facilitation du transbordement 187
1- Précisions terminologiques et fondements juridiques du transbordement 187
2- La procédure de mise en œuvre du transbordement 188
C- La facilité de pompage du blé et sa mise en œuvre 188
1- Le support juridique de cette facilité 189
2- La procédure de mise en œuvre et le délai de régularisation 189
§4- La suppression des visas de procédure et des visas hiérarchiques relevant du circuit des déclarations 190
Section II : L'institution d'un Point unique de contrôle : le PUC 192
§1- Genèse du PUC 192
§2- Le contenu de l'arrêté interministériel instituant le PUC 194
Section III : La rationalisation des contrôles douaniers 196
§1- Typologie des contrôles douaniers 196
A- Les contrôles immédiats 196
B- Les contrôles différés 197
C- Les contrôles *a posteriori* 198
§2- Le déroulement des contrôles douaniers 199
Section IV : Les mécanismes simplifiés de règlement des litiges douaniers 200
§1- Les conditions de la mainlevée rapide des marchandises en cas de litige 200
A- Création du comité d'appel 201
B- Nature juridique du comité d'appel 201
Section V : Les autres mesures unilatérales personnalisées de facilitation 203
§1- Le dédouanement à domicile 203
A- Les conditions d'éligibilité 203
B- La procédure proprement dite 204
§2- L'empotage à domicile 204
§3- La procédure du Canal vert 205
A- Les objectifs du Canal vert 205
B- Le champ d'application du Canal vert 206
C- Les obligations et responsabilités de la SGS découlant du Canal vert 206
§4- Le crédit d'enlèvement 206
A- Aperçu historique 207
B- Pour la restauration du crédit d'enlèvement 207
§5- La limitation réglementaire des visites physiques des marchandises 208
A- Intérêt de la pratique des visites douanières 209

B- Les textes instituant des limites réglementaires 210
§6- Prospective sur le statut d'Opérateur économique agréé (OEA)...211

CHAPITRE II : LES INSTRUMENTS JURIDIQUES CONTRACTUELS DE LA FACILITATION 213

Section I : Le protocole d'accord entre la douane et les commissionnaires agréés en douane 214
§1- Le rôle légal du commissionnaire en douane.................................214
§2- Les syndicats des commissionnaires en douane 216
§3- Les objectifs du protocole d'accord...217
§4- Les engagements de l'administration des douanes 217
§5- Les engagements des commissionnaires en douane 219
§6- Le suivi et la mise en œuvre des engagements issus du protocole 220
Section II : Le protocole d'accord entre l'administration des douanes et les professions maritimes..222
§1- Identification des professions maritimes et précisions terminologiques...222
§2- Les objectifs du protocole d'accord...223
§3- Les engagements des professions maritimes 224
A- Les engagements liés à l'importation 224
B- Les engagements liés à l'exportation 225
C- Les autres engagements plus spécifiques....................................225
§4- Les engagements de l'administration des douanes 226
§5- Le suivi et la mise en œuvre des engagements contractuels..........226
Section III : Le protocole d'accord entre l'administration des douanes et la profession bancaire..227
§1- Les objectifs du protocole...228
§2- Les engagements de l'administration des douanes 229
§3- Les engagements des banques 230
Section IV : Le protocole d'accord de partenariat avec CAMRAIL........231
§1- Les engagements de la société CAMRAIL...................................231
§2- Les engagements de l'administration des douanes 233

CHAPITRE III : LES INSTRUMENTS JURIDIQUES MULTILATÉRAUX LIÉS À LA FACILITATION 237

Section I : Les conventions élaborées par l'Organisation mondiale des douanes (OMD)...237
§1- La convention sur le Système harmonisé de désignation et codification des marchandises (SH)..238
A- Sens et portée de cette convention...239
B- Les mises à jour du système harmonisé 240

§2- La convention internationale sur la simplification et l'harmonisation des régimes douaniers ... 241
A- Les objectifs de la convention révisée de Kyoto ... 242
B- Le contenu de la convention révisée ... 242
§3- La convention d'Istanbul sur l'admission temporaire ... 244
A- Objectifs et champ d'application ... 244
§4- La convention de Nairobi sur l'Assistance mutuelle administrative (AMI) ... 247
§5- Le cadre SAFE des normes de l'OMD ... 248
§6- Le projet de convention du cycle de Doha sur la facilitation des échanges : la coopération OMD-OMC ... 249
Section II : Les conventions élaborées par l'Organisation mondiale du commerce (OMC) ... 251
§1- Les accords de Marrakech et l'avènement de l'Organisation mondiale du commerce (OMC) ... 251
A- L'étendue globale des Accords ... 252
B- L'accord sur l'évaluation en douane : la valeur transactionnelle 252
C- Les implications de l'accord sur la valeur transactionnelle ... 254
D- Les dérogations à l'application de la valeur transactionnelle issues des accords de Marrakech ... 255
Section III : Les conventions et instruments juridiques élaborés et adoptés par la CEMAC ... 259
§1- Les instruments juridiques propres à la CEMAC ... 260
A- Le nouveau Tarif extérieur commun (TEC) ... 260
B- Le Tarif préférentiel généralisé (TPG) ... 262
§2- L'incorporation de certaines conventions internationales dans l'ordre juridique communautaire ... 263
§3- L'adoption de la convention sur le Système harmonisé (SH) ... 264
§4- L'adoption de l'accord sur l'évaluation en douane ... 264
§5- Les nouveaux régimes communautaires de facilitation ... 265
A- Le régime du perfectionnement actif ... 265
B- Le régime du perfectionnement passif ... 266
§6- La facilitation du transit communautaire : le projet FASTRAC ... 268
A- Aperçu sur le projet FASTRAC ... 268
B- Les mécanismes liés à la mise en œuvre du projet FASTRAC ... 269

CONCLUSION GÉNÉRALE : VERS LA CONSÉCRATION DE LA NOUVELLE MISSION DE FACILITATION ... 271

BIBLIOGRAPHIE SOMMAIRE ... 275

L'HARMATTAN ITALIE
Via Degli Artisti 15; 10124 Torino

L'HARMATTAN HONGRIE
Könyvesbolt ; Kossuth L. u. 14-16
1053 Budapest

L'HARMATTAN BURKINA FASO
Rue 15.167 Route du Pô Patte d'oie
12 BP 226 Ouagadougou 12
(00226) 76 59 79 86

ESPACE L'HARMATTAN KINSHASA
Faculté des Sciences sociales,
politiques et administratives
Université de Kinshasa
BP243, KIN XI

L'HARMATTAN CONGO
67, av. E. P. Lumumba
Bât. – Congo Pharmacie (Bib. Nat.)
BP2874 Brazzaville
harmattan.congo@yahoo.fr

L'HARMATTAN GUINÉE
Almamya Rue KA 028, en face du restaurant Le Cèdre
OKB agency BP 3470 Conakry
(00224) 60 20 85 08
harmattanguinee@yahoo.fr

L'HARMATTAN CÔTE D'IVOIRE
M. Etien N'dah Ahmon
Résidence Karl / cité des arts
Abidjan-Cocody 03 BP 1588 Abidjan 03
(00225) 05 77 87 31

L'HARMATTAN MAURITANIE
Espace El Kettab du livre francophone
N° 472 avenue du Palais des Congrès
BP 316 Nouakchott
(00222) 63 25 980

L'HARMATTAN CAMEROUN
BP 11486
Face à la SNI, immeuble Don Bosco
Yaoundé
(00237) 99 76 61 66
harmattancam@yahoo.fr

L'HARMATTAN SÉNÉGAL
« Villa Rose », rue de Diourbel X G, Point E
BP 45034 Dakar FANN
(00221) 33 825 98 58 / 77 242 25 08
senharmattan@gmail.com

JOUVE
1, rue du Docteur Sauvé - 53100 Mayenne
Imprimé sur presse rotative numérique
N° 719965N - Dépôt légal : juillet 2011

Imprimé en France

www.ingramcontent.com/pod-product-compliance
Lightning Source LLC
LaVergne TN
LVHW011256061026
849535LV00005B/1280